JAMPS
Japan Association for
Migration Policy Studies
10th Anniversary

移民政策の
フロンティア
日本の歩みと課題を問い直す

移民政策学会設立10周年記念論集刊行委員会 編

井口 泰／池上重弘／榎井 緑
大曲由起子／児玉晃一／駒井 洋
近藤 敦／鈴木江理子／渡戸一郎

明石書店

はじめに

　2008年5月17日に創設された移民政策学会は、2017年5月をもって創設10周年を迎えた。この間、本学会は、着実に会員数を伸ばすとともに、多くの会員の熱意と努力に支えられ、年数回の学会大会開催と学会誌『移民政策研究』刊行を中心に、順調に充実・発展することができた。そこで創設10年の節目に、その成果を学会の総力を挙げて集成し、広く社会に提起することを目指し、『移民政策のフロンティア──日本の歩みと課題を問い直す』を10周年記念論集として刊行することとなった。

　本学会は多領域の研究者と実践者が参集して設立されたが、「設立の趣旨」は次のようなものであった。

　①グローバルな人の移動の時代の到来を迎えて、日本においても、出入国管理政策のあり方と同時に、国内に居住する外国人および民族的少数者に対する政策のあり方が本格的に問われる段階を迎えていること。②日本では、体系的な政策理念がないまま外国人労働者を受け入れてきたため、その定住化に伴い数々の問題や矛盾が増大してきており、包括的な移民政策が求められるようになったこと。しかし③移民政策の本格的な研究機関がなく、研究者と実践者との十分な情報の共有や交流・議論の場が構築されていないこと。また④移民政策は、人間の活動領域すべてに関わる広範なものであり、学際的、実証的な研究を必要とすること。⑤こうした現状認識に立ち、さまざまな学問分野の研究者のみならず、実践者とりわけ法律家や国際機関、NGO／NPOの活動者、さらに政策担当者などを含む、開かれたフォーラムとして本学会を立ち上げること。

　この間の学会大会のシンポジウムなどで取り上げられたテーマを振り返ると、出入国管理政策と社会統合政策／多文化共生政策を交互に取り上げてきたことがわかる（なお、2013年度まで開催されていた春季大会は自由報告のみで、シンポジウムは行われていない）。また、学会誌『移民政策研究』も、会員の尽力によって毎年順調に刊行されてきた。

　本書は、上記のようなミッションを掲げて出発した本学会の10年の歩みを振り返るとともに、日本における移民政策の展開と課題を体系的に掘り下げることを目指して編纂された。刊行委員会における議論を通じて、取り上げるべきテーマや項目は体系的に整理され、また各執筆者の尽力によって内容的にも充実した

ものとすることができた。

　本書が日本の移民政策のあり方を学術的に、あるいは実践的に問い直し、より
よい方向に前進させるひとつの礎になることを、刊行委員会として念じている。

　最後に、初代事務局長として学会草創期に尽力され、学会の重要な担い手とし
て期待されていたにもかかわらず、病に斃れた故栖原暁氏（東京大学国際センター
長・教授）のお名前を記し、改めてその功績に感謝の意を表したい。また、学術
出版をめぐる諸事情が困難な折、本書の出版を快くお引き受けいただきました明
石書店の石井昭男顧問ならびに大江道雅社長、きめ細かな心配りと丁寧な作業で
編集の労をとってくださいました遠藤隆郎氏に、厚く御礼申し上げる次第である。

　　　2018 年 2 月
　　　　　　　　　　　　　　　　移民政策学会設立 10 周年記念論集刊行委員会
　　　　　　　　　　　　　　　　井口 泰　池上重弘　榎井 縁
　　　　　　　　　　　　　　　　大曲由起子　児玉晃一　駒井 洋
　　　　　　　　　　　　　　　　近藤 敦　鈴木江理子　渡戸一郎

移民政策のフロンティア
——日本の歩みと課題を問い直す

目 次

はじめに ……………………………………………………………………… 3

I 日本の移民政策はなぜ定着しないのか

1 多文化共生政策の展開と課題【駒井洋】…………………………… 12

2 日本の社会と政治・行政における
エスノ・ナショナリズム【柏崎千佳子】……………………………… 18

   Column　日本の移民政策はなぜ立ち遅れているのか【石川クラウディア】 24

3 人口政策と移民 ………………………………………………………… 25

   ⑴低出生力下における国際人口移動【是川夕】 25

   ⑵日本における人口政策と移民／外国人【鈴木江理子】 31

II 出入国政策

4 入国審査、退去強制、在留管理の政策 ……………………………… 38

  4-1　歴史的概観【明石純一】…………………………………………… 39

  4-2　情報法としての出入国管理及び難民認定法・「情報の
収集（取得）」に関する一考察【髙橋済】……………………… 45

  4-3　入管収容の目的は何か──「在留活動禁止説」を批判する
【児玉晃一】…………………………………………………………… 51

   Column　外国人管理の歴史と在日コリアン【全泓奎】 58

5 外国人受入れ政策──選別と排除 ………………………………… 59

  5-1　サービス産業と外国人女性 ……………………………………… 60

   ⑴看護師・介護士【小川玲子】 60

   ⑵家事労働者【鹿毛理恵】 66

  5-2　外国人技能実習制度の歴史と今後の課題【上林千恵子】…… 71

Column　司法の現場から【大坂恭子】 77

5-3　日系人 ·· 78

(1) 日系南米人【松宮 朝】 78

(2) 日系フィリピン人【高畑 幸】 83

5-4　日本の外国人高度人材受入れ政策の検証
【倉田良樹・松下奈美子】 ··· 88

5-5　留学生政策【佐藤由利子】 ··· 94

6　戦後日本の難民政策——受入れの多様化とその功罪
【人見泰弘】 ··· 101

Column　シリア難民【橋本直子】 108

Ⅲ　社会統合政策／多文化共生政策

7　歴史と展望 ·· 110

7-1　永住と国籍取得【近藤 敦・陳 天璽】 ·························· 111

7-2　日本の統合政策——外国人政策の改革の展望と課題【井口 泰】 ········· 121

7-3　中国帰国者、インドシナ難民に対する初期指導と課題
【長谷部美佳】 ·· 127

7-4　自治体の外国人住民施策 ·· 133

(1) 自治体と外国人住民【渡戸一郎】 133

(2) オールドタイマーと自治体政策【山田貴夫】 140

Column　インターカルチュラル・シティと多文化共生 2.0【山脇啓造】 145

8　言語・教育政策 ··· 146

8-1　日本語習得支援【野山 広】 ··· 147

8-2　子どもの教育【佐久間孝正】 ······································· 154

Column　外国ルーツの子どもと学校【小島祥美】 160

8-3　外国人学校 ⋯⋯⋯⋯⋯⋯⋯⋯⋯⋯⋯⋯⋯⋯⋯⋯⋯⋯⋯⋯⋯ 161

⑴朝鮮学校【山本かほり】　161

⑵ブラジル学校【リリアン テルミ ハタノ】　164

⑶多文化共創社会における外国人学校の可能性【郭 潔蓉】　167

9　差別禁止法制【窪　誠】 ⋯⋯⋯⋯⋯⋯⋯⋯⋯⋯⋯⋯⋯⋯⋯⋯⋯⋯ 172

Ⅳ　移民政策の確立に向けて

10　諸外国の移民政策に学ぶ ⋯⋯⋯⋯⋯⋯⋯⋯⋯⋯⋯⋯⋯⋯⋯⋯ 180

10-1　アメリカとカナダの移民政策
──移民・非正規移民・難民の受入れと統合政策【手塚沙織】⋯⋯⋯ 181

10-2　オセアニア──オーストラリアの移民政策を中心に
【塩原良和】⋯⋯⋯⋯⋯⋯⋯⋯⋯⋯⋯⋯⋯⋯⋯⋯⋯⋯⋯⋯⋯⋯⋯⋯ 188

10-3　ヨーロッパ ⋯⋯⋯⋯⋯⋯⋯⋯⋯⋯⋯⋯⋯⋯⋯⋯⋯⋯⋯⋯⋯⋯ 194

⑴ドイツの移民政策──「非移民国家」からの転換【昔農英明】　194

⑵フランス【宮島 喬】　197

⑶イギリスと EU【柄谷利恵子】　200

10-4　アジア ⋯⋯⋯⋯⋯⋯⋯⋯⋯⋯⋯⋯⋯⋯⋯⋯⋯⋯⋯⋯⋯⋯⋯⋯ 203

⑴東アジア（韓国・台湾）【宣 元錫・武田里子】　203

⑵東南アジア【石井由香】　207

⑶西アジア【錦田愛子】　210

11　日本社会を変える ⋯⋯⋯⋯⋯⋯⋯⋯⋯⋯⋯⋯⋯⋯⋯⋯⋯⋯⋯⋯ 213

11-1　社会を変える市民運動ネットワークの土台
──政策形成・決定者が移住者の権利保護とその促進を
高らかに訴えられる「雰囲気」のために【大曲由起子】⋯⋯⋯⋯⋯ 214

Column　非正規滞在者の支援活動【加藤丈太郎】　221

11-2　地域の国際交流協会による外国人支援【榎井 縁】 ⋯⋯⋯⋯⋯ 222

Column　移住者と家族の心の拠り所としての「教会」【津田友理香】 228

11-3　結婚移住女性と地域社会 ……………………………………………… 229

⑴都市型結婚【小ヶ谷千穂】 229

⑵地方（農村）の結婚移住女性【賽漢卓娜】 234

11-4　当事者による活動／運動／組織化 ……………………………………… 239

⑴兵庫県の「外国人」コミュニティの自助活動【吉富志津代】 239

⑵東北における「多文化・多民族共生」の課題と展望【李善姫】 244

Column　在日コリアンの当事者活動【金朋央】 250

11-5　移住者の第二世代による日本社会への発信
──浜松市のニューカマー第二世代を中心に【池上重弘】………………… 251

Column　多様な子どもたちと考える名古屋の未来【近藤大祐】 256

V　学会設立10周年記念座談会

移民政策学会のこれまで、これから ……………………………………… 257
【井口泰・石川えり・児玉晃一・駒井洋・近藤敦・鈴木江理子・
吉富志津代・渡戸一郎】

移民政策学会と栖原氏【原田麻里子】 ……………………………………… 271

資料篇　戦後の日本と諸外国における外国人／移民政策関連年表
【鈴木江理子】 ……………………………………………………………… 273

索引 ………………………………………………………………………… 284

執筆者等一覧 ……………………………………………………………… 290

I

日本の移民政策はなぜ定着しないのか

Ⅰ　日本の移民政策はなぜ定着しないのか

1　多文化共生政策の展開と課題

1.　多文化共生政策の展開

　カナダを例外として、欧米諸国では、至るところで反移民感情が高まり多文化主義に対する逆風が強まっている。それに対して、日本では「多文化共生」に対する反対論はほとんどなく、この政策は黙認されていると言ってよい。

　1990年代の初めまで、日本政府は、日本には少数民族は存在せずただ日本民族だけが存在しているとする単一民族主義を公式見解としていた。それを動揺させたものが、先住民族であるアイヌ民族の抵抗、とりわけ大きな影響を与えた在日コリアンによる異議申し立て、さらには新来外国人の到来と定住化であった。このような現実を前にして、2000年代に入ると日本政府も単一民族主義ではなく多文化共生を唱えざるをえなくなった。

　2000年に出された法務省の出入国管理基本計画の第2次計画において、初めて「日本人と外国人が心地よく共生する社会」という表現が登場した。さらに2006年には、総務省により「地域における多文化共生推進プラン」が発表された。こうして、日本は単一民族主義から脱却して多文化共生主義へとようやく一歩を踏みだした。

　この転換の背景を D. ミリーによってみると、日本では1990年代以降中央から地方自治体への権限委譲（devolution）が増大し、両者の権限は対等化していった。さらに、非営利団体に対する法的地位の付与と、地方レベルにおける自治体と非営利団体との協働活動は、地方レベルでの移民政策の意思決定を可能にした。これらの変化によって、地方自治体は国レベルの移民政策の変化に対する主要な政策提言者となった。なお、それぞれ別個に活動する人道主義的市民社会組織の国レベルでの政策提言のためのネットワークは、地方自治体をこえる課題に相当の影響力を持ってきてはいるが、これら組織は国レベルの政策や行政にはいまだ強くは関与できていない（Milly 2014: 31-32）。すなわち、日本では中央政府の無策にもかかわらず、自治体と市民社会組織とが、多文化共生政策の展開に大きく寄与したのである。

そのため、日本の移民政策は、①入国管理政策のひとり歩き、②移民受入れ政策のほぼ全面的な欠落、③体系的移民包摂政策の不在という顕著な特徴を持つことになった。

ここで「包摂 (inclusion)」という用語を使用するのは、近年「統合 (integration)」という概念に対する疑念が広く発生してきていることを受けている。移民をホスト社会に統合するということは、結局のところその社会のマジョリティが支配的な権力関係のなかに移民を組み込むことにほかならないのではないかという疑念である。

「包摂」は「排除 (exclusion)」の反対概念であり、もともとは「排除」についての理論的実証的考察から発生したものである。排除論の代表的論客である D. バーンは、主として 1990 年代半ば以降のイギリスの貧困を分析しながら、社会的排除は多数の人々の劣悪な労働と大多数の人々の不安定性に基づく排除的なポスト工業資本主義の発展により生みだされるとされる。それに対しては、排除と経済制度の本質に挑む真に包摂的な政治と政治的実践がなされなければならない (Byrne 2005=2010: 9-10, 320)。

また、A. S. バラと F. ラペールによれば、「排除」には経済的、社会的、政治的な次元があり、排除に対抗するためには、人々に能力を付与 (empower) し潜在能力 (capability) を高めるとともに、信頼や社会的ネットワークという形態をとった社会関係資本の獲得が重要であるとする (Bhalla and Lapeyre 2004=2005: 32-33, 50-51)。

2. 入国管理政策のひとり歩きと移民受入れ政策の欠落

1795 年に出版された『永遠平和のために』の中で、I. カントは永遠平和のためにはわれわれ人類はコスモポリタニズム、すなわち世界市民主義という原理に立たなければならないということを鮮明に主張した (Kant 1795=2009: 49-51)。この著作の第三確定条項では、「世界市民法は普遍的な歓待 (hospitality) をもたらす条件の明確化である」とされている。そこでカントは、無条件的で唯一無二であり家族と同じようにそこで寝泊まりして食事できるという賓客としての歓待と、ある国を危害なしに訪問できる権利としての歓待という二種類を区別している。後者はその国の主権を認めてその国の法に従うという条件での歓待である。

無条件の歓待を受ける権利がなぜ生じるかというと、地球はもともと人間全部が共同に所有する権利を持っているからである。国家主権が支配するとされる領土も、その国民が偶然そこに住みついたために成立したにすぎない。アルジェリア生まれのユダヤ系フランス人である J. デリダは、無条件の歓待と歓待への

国家主権を認めるカントには二律背反があるとしながらも、無条件の歓待を理想として国家主権を制限していく日々の努力を怠らないようにしようと主張する（Derrida 1997=1996: 311-312）。

M. ウォルツァーは、政治的共同体の成員が相互に負っている義務と、その他の者は負っていない義務のゆえに、成員資格（membership）が重要であると主張する（Walzer 1994=1996: 109）。一定の領域内で国家が持っている成員資格の付与に関する権限は、クラブのそれと類比できる。クラブの特徴は、退会を禁じることはできないが、入会は規制できるという点にある。それと同様に、国家は成員資格を持つ個人が正当な形でその国家から離脱することを妨げることはできないが、成員資格の付与は規制できるとする（同 : 73-75）。

現在に至るまでの日本の移民政策の基本的方向を決めたものは、1990 年に改定施行された「出入国管理及び難民認定法」（以下、入管法）であった。この法により確立された移民政策のあり方は「90 年体制」と呼ばれることが多い。90 年体制の基本構造は、現在に至るまでほとんど変わることなく維持され続けてきた。90 年体制の大きな特徴は、外国人に対する厳格な管理体制をとるとともに、いわゆる「高度な人材」以外は、原則として移民を受け入れないとしたことにある。いわゆる単純労働者については、一定期間ののち帰国を強制して定住を認めない「研修・技能実習制度」（現在は「技能実習制度」）が設けられた。ただし、日系人については偶然的事情が重なって例外的に受入れが認められた。

3. 体系的移民包摂政策の不在

マイノリティに人権を保障すべき法秩序としては、各自が固有な善を追求できる均等な機会を保障する倫理的に中立な自由主義の秩序と、倫理的中立性を否定し特定の集団的目標についての構想を積極的に促進する共同体主義とが、論争を続けてきた。もっとも影響力を持つ自由主義者は J. ロールズであるが R. ドゥウォーキンも自由主義の代表的論客であり、共同体主義者としては C. テイラーや M. ウォルツァーがいる。ここでは、かれらの議論によって、包摂政策を移民への平等な権利付与と移民の文化的承認という 2 つの柱から一応構成することにしたい。

(1) 包摂政策（平等な権利付与）の立ち遅れ

ロールズの『正義論』は、社会的公正のあり方に対してもっとも基底的なものは正義であると述べる。その議論の中心に位置する原理は 2 つあり、第一原理

（公正な機会均等の原理）は、人々に基本的な権利と義務を平等に割り当てることを要求し、第二原理（格差原理）では、富と権力などの配分における経済的・社会的不平等は、もっとも不遇な立場に置かれている人々の便益を大きくするように補正されなければならないとされる（Rawls 1971=2010: 21-22）。

ドゥウォーキンも「もし、我々の法や法制度が一定の基本的ルールを提供し、そのルールの内部でこれらの問題が争われることをわれわれが望むのであれば、これらのルールは、……支配階級が弱者に押しつける征服者の法であってはならない。……というのも、法は、少数派の尊厳や平等が尊重されることを保障する、多数派の約束の表明だからである」（Dworkin 1977=1986: 273）と述べる。

J. ハーバーマスもまた、多数派文化と少数派文化とからなる社会は、「もはや価値についての実質的な合意によって団結するのではなく、正当な法制定や正当な権力行使のための手続きについての合意によってのみ団結することができる」とする法体系の中立性から離れてはならないとする（Habermas 1996=2012: 190-191）。

日本では、すでにみたように地方自治体と市民社会組織が平等な権利付与のための包摂政策の主要な担い手であって、国レベルの政策はきわめて不十分にしか存在していない。

（2）包摂政策（移民の文化的承認）の立ち遅れ

テイラーは、現代の政治が、少数派ないし従属的集団による承認の要求によって大きく動かされ、そこでは承認とアイデンティティとのあいだに結びつきが想定されているとする。こうして、集団的アイデンティティの保護のために文化の差異に配慮する政治が現れる（Taylor 1994=1996: 37, 71 以下）。

W. キムリッカも、カナダにおけるフランス系カナダ人の事例を参照しながら、以下のように民族（nation）文化へのアクセスの重要性を指摘している。すなわち、「個人の有意味な選択を可能にするために諸個人は……社会構成的文化へのアクセスを必要としている。したがって、このアクセスを確保し強化する集団別の措置には、自由主義的な正義の理論において果たすべき正当な役割がある」（Kymlicka 1995=1998: 124）。

「自由主義の理想は、自由かつ平等な諸個人からなる社会である。……大部分の人びとにとって、それは自分たちの民族（nation）であるようにおもわれる。かれらがもっとも価値があると考え、もっともよく利用することのできる種類の自由と平等とは、自分たち自身の社会構成的文化の内部における自由と平等である。しかもかれらは、みずからの民族の存続を確保するためには、それ以上に広

範な自由と平等を断念することを嫌わないのである」(同:139)。

　キムリッカによれば、マイノリティが行う可能性のある権利要求には2種類ある。ひとつは、ある集団の成員からなされる異論に対してその集団を保護しようとして行われるものであり、他のひとつは外部の決定による衝撃から集団を保護しようとするものである。前者は「対内的制約 (internal restrictions)」、後者は「対外的防御 (external protections)」と呼ばれている (同:51)。

　ただし、移民については、キムリッカは「たしかに移民は自分たちの遺産の多くの側面を維持し、大切にするだろうが、このことは社会構成的文化を別個に再創造するという形をとるのではなく、……主流文化に新たな選択肢と視点をもたらし、それをより豊かで、より多様なものにするという形をとるだろう」(同:116) として、民族との違いを強調しているが、これについては疑問が残る。

　マイノリティ集団に優位性を与える場合、その成員の権利が集団により抑圧される可能性があるが、これについてテイラーは、強い集団的目標を持つ社会にあっても、多様性を尊重することができれば自由主義的でありうると主張する (Taylor 1994=1996: 81-82)。

　同様に、ウォルツァーはテイラーの提案を受けて、個人の諸権利については法によって万人が平等となるような権利と保護を〈自由主義Ⅰ〉と呼び、文化の差異の尊重と公的空間内でのその承認を〈自由主義Ⅱ〉と呼ぶ (Walzer 1994=1996: 145-146)。そして、〈自由主義Ⅱ〉のもとに、以前の共同体から創造された共同体は、「自由主義的な個人の権利という理念によって形成」されたものであって、もとのそれとは異なっているとする (同:151)。

　なお、それぞれの文化は独自の侵すことのできない絶対的な価値を持っているという文化的本質主義とは訣別して、マイノリティ、マジョリティ双方の文化の相互豊富化によるハイブリッド化が指向される必要がある。なお、日本では、エスニック集団別や在留資格別に、集団への凝集力が異なっていることにも留意されなければならない。

　日本では、移民の文化的承認のための包摂政策についても、平等な権利付与のための包摂政策と同じような立ち遅れが存在する。その出発点となる移民の言語権や教育権については、自治体や市民社会組織の努力により一定の進展が見られるものの、その他の権利については特に国レベルにおいて立ち遅れが著しい。

4.　むすび

　欧米諸国と異なって、日本で多文化共生主義が黙認されてきた背景としては、

この 20 年以上にわたる経済的停滞により労働力需要が低迷したため移民人口の伸びも相対的に停滞したこと、外国人犯罪についての排外的キャンペーンにもかかわらず外国人犯罪率が低下したこと、滞日ムスリムとの関係が友好的であったことなどが挙げられよう。

　人口の減少や高齢化への対応、日本社会の活性化の可能性などを考慮すると、多文化共生政策の中でも移民受入れ政策の確立は焦眉の急である。さしあたって難民の本格的受入れと、留学生の勉学環境の改善による受入れから着手すべきであろう。それと同時に国レベルも含む体系的包摂政策が樹立されなければならない。

（駒井　洋）

《文 献》

Bhalla, A. S. and Lapeyre, F., 2004, *Poverty and Exclusion in a Global World,* second edition, London: Palgrave Macmillan.〔=2005, 福原宏幸・中村健吾訳『グローバル化と社会的排除――貧困と社会問題への新しいアプローチ』昭和堂〕

Byrne, D., 2005, *Social Exclusion,* second edition, Berkshire: Open University Press.〔=2010, 深井英喜・梶村泰久訳『社会的排除とは何か』こぶし書房〕

Derrida, J., 1997, "Cosmopolites de tous les pays, encore un effort!" Le Parlememnt international des Ecrivains〔=1996, 港道隆訳「万国の世界市民たち、もう一努力だ！」『世界』1996 年 11 月号、岩波書店〕

Dworkin, R., 1977, *Taking Rights Seriously,* Cambridge, Mass.: Harvard University Press.〔=1986, 木下 毅ほか訳『権利論』木鐸社〕

Habermas, J., 1996, *Die Einbeziehung des Anderen. Studien zur Politischen Theorie.* Frankfurt am Mein: Suhrkamp Verlag.〔=2012, 高野昌行訳『他者の受容――多文化社会の政治理論に関する研究〈新装版〉』法政大学出版局〕

Kant, I., 1795, *Zum ewigen Frieden. Ein philosophischer Entwurf.*〔=1985（2009 改版）, 宇都宮芳明訳『永遠平和のために』岩波文庫〕

Kymlicka, W., 1995, *Multicultural Citizenship: A Liberal Theory of Minority Rights,* Oxford: Oxford University Press.〔=1998, 角田猛之・石山文彦・山崎康仕訳『多文化時代の市民権――マイノリティの権利と自由主義』晃洋書房〕

Milly, D. J., 2014, *New Policies for New Residents: Immigrants, Advocacy, and Governance in Japan and Beyond,* Ithaca and London: Cornell University Press.

Rawls, J., 1971, *A Theory of Justice,* Cambridge, Mass.: Harvard University Press.〔=2010, 川本隆史・福間 聡・神島裕子訳『正義論【改訂版】』紀伊國屋書店〕

Taylor, C., 1994, "The Politics of Recognition," In Gutman, A., ed., *Multiculturalism: Examining the Politics of Recognition,* Princeton, NJ: Princeton University Press.〔=1996, 佐々木毅・辻康夫・向山恭一訳「承認をめぐる政治」エイミー・ガットマン編（佐々木毅ほか訳）『マルチカルチュラリズム』岩波書店〕

Walzer, M., 1994, "Comment," In Gutman, A., ed., op. cit.〔=1996, 佐々木毅ほか訳「二つの自由主義」佐々木毅ほか訳、同上書〕

I 日本の移民政策はなぜ定着しないのか

2 日本の社会と政治・行政における エスノ・ナショナリズム

はじめに——移民政策への抵抗

　外国人の受入れに関わる動きが近年、活発化している。日本政府は、2012年に高度人材ポイント制を導入したほか、その後も国家戦略特区を利用した家事支援者の受入れ、技能実習制度の拡大、「介護」の在留資格創設など、「外国人材」の受入れ推進策を矢継ぎ早に打ち出してきた。その中で注目されるのが、外国人の受入れは「移民政策と誤解されないように」進めていくという姿勢である[1]。ここでの「移民政策」は、学術上の一般的な用法とは異なり、永住目的の外国人（「移民」）を積極的に受け入れる政策という意味合いで用いられている[2]。そして、「誤解されないように」という部分からは、そのような政策が国民の支持を得られないとの判断がうかがえる。

　本章では、そのように「移民」の議論が回避される傾向を、エスノ・ナショナリズムの発現と結びつけて考察する。エスノ・ナショナリズム（ethno-nationalismあるいは ethnic nationalism）とは、共通の民族的出自を持つ人々による国民国家（ネーション・ステイト）を志向するナショナリズムの型であり、出自よりも共通の価値観と平等な市民権に基づく紐帯を強調する市民的ナショナリズム（civic nationalism）と対比される[3]。日本の文脈に即していえば、この国が「日本人（＝日本民族）」によって成り立つ（べき）との見方にエスノ・ナショナリズムが反映している。以下で論じるように、そうしたエスニック・ネーション志向（単一民族国家志向）は、社会に浸透した「日本人」と「外国人」の二分法と相俟って、移民の社会統合という課題への取り組みの足かせとなっている。

1. 移民の受入れとナショナリズム

　移民の受入れへの懸念や反対が、どのようにナショナリズムと結びつくかは、それぞれの国家の形態や成り立ちにより異なる。米国、オーストラリアなどの伝統的な移民国家では、さまざまな民族的・文化的背景を持つ人々をひとつのネーションのなかに包摂する市民的・領域的ナショナリズムが発達した。そのため、

反移民の運動は、エスノ・ナショナリズムの形では表面化しにくく、主にネイティビズムあるいは人種主義で特徴づけられてきた。

　これに対して非移民国家として成立した欧州諸国では、外国人・移民・難民に対する反発が、エスノ・ナショナリズムの性格を帯びやすい。「われわれ××人の」文化や伝統が移民によって脅かされるという言説は、日本で同じように国の「主人」意識を持つマジョリティ「日本人」には感情移入がしやすいものであろう。

　しかし、民主主義を標榜する国においては、たとえエスニック・ネーション志向が有力であっても、移民や民族的マイノリティを市民的ネーションに包摂する構想がそれと競合しうる。市民権に基づく紐帯という観点からすると、実質的な社会の構成員である人々が、移住の背景ゆえに、あるいは文化・宗教の違いを理由に、社会の資源へのアクセスを阻まれたり、市民としての権利を行使できなかったりするのは克服すべき課題である (Hammar 1990=1999)。また、外国出身者や移民2世らの社会参画が進めば、国家が持つエスニック・ネーションの性格がその分、弱まることにもなる。

　欧州における移民・難民について、日本では、マス・メディアを通じて「多文化主義の失敗」といった言説をはじめ、社会問題として提示されがちである。しかし、移民の社会統合に向けた政策や取り組みは、その重点を移行させつつ続いており、特に1990年代以降、国籍取得制度の改革を通じた国民としての包摂も進んだ (佐藤 2009)。

　日本は他の先進諸国に比べると、移民・難民の受入れ規模が相対的に小さいものの、外国出身者とその子孫は増加傾向にある。しかし、市民的ネーションの構想は乏しく、むしろエスノ・ナショナリズムの強さが顕著である。

2.　日本におけるエスノ・ナショナリズムの発現

(1) 日本人／外国人の二分法

　エスノ・ナショナリズムの作用は、社会生活のさまざまな分野で観察できる。そのひとつの特徴は、民族カテゴリーに対応した「日本人／外国人」の二分法である。外見や民族名ないしカタカナの名前などの徴表（しるし）をもとに、「日本人」でないとみなされる人が「外国人＝外国に帰属する人」と分類されるのは、エスニック・ネーションを前提とした認識枠組みゆえと考えられる。

　法制度におけるエスノ・ナショナリズムは、主に外国人の権利の制限をめぐって顕在化してきた (田中 2013)。国家が国籍を持たないことを理由に外国人の社会

的・政治的な権利に制限を設けるとき、その基礎にあるのは、国民のみが完全な市民権を享受するという近代的な市民権の論理である。しかし、それが民族的「日本人」の集まりと想定される日本国籍者を優遇する姿勢と一体となっているところに、エスノ・ナショナリズムの発現がみてとれる。

こうした構図が生まれた背景として重要なのは、戦後の国籍・市民権に関わる法的地位の再編である。帝国日本の時代には、朝鮮人・台湾人が対外的には「日本国民」であったので、「国籍＝民族」という等式は成り立たなかった。しかし戦後、日本政府が旧植民地出身者の日本国籍を一律に喪失させたことにより、民族カテゴリーと国籍が概ね重なり合うようになった[4]。

近年、深刻化したヘイトスピーチは、そうした植民地支配の歴史とも結びついており、エスノ・ナショナリズムの暴力的な発現でもある。日本国内の民族的マイノリティのうち、とりわけ日本が歴史認識をはじめとする外交上の問題を抱える隣国とエスニックなつながりを持つ人々が、排外主義の標的にされてきた（樋口 2014）。

たとえあからさまに暴力的なものでなくても、「血統」による「日本人」のみをネーションの正統なメンバーとみなす傾向は日常的に見られる。大相撲における「日本人（日本出身）力士」の横綱昇進に向けたマス・メディアや世論の盛り上がりは、わかりやすい例であろう。そこには国技とされる競技の担い手として、「日本人の血」を引く者がより望ましいという価値観が表れており、エスノ・ナショナリズムの発動の一形態を示す[5]。さらに「文化力」や「ソフト・パワー」の旗印の下、日本の文化を国際社会に発信する政策もまた、エスニックな「日本人」による文化の所有を前提としている点で、エスノ・ナショナリズムを促進するものである（岩渕 2007）。

(2) エスニック・ネーションの外観の維持

しかし、エスノ・ナショナリズムの作用は、血統を基準にネーションの成員を線引きするものに限られない。むしろ民族的に同質な「外観」を保ち、ひいては社会秩序の安定を図る目的で発動されもする。これは、1980年代まで在日外国人の大多数を占めていた在日コリアンの経験において顕著である。

例えば帰化行政では、日本人への同化が重視されてきた。その背景には、在日朝鮮人が民族性を維持したまま日本国民になると少数民族問題を惹起する、すなわち治安上の脅威になると認識されてきたことがある。これは、帰化後の氏名として「日本人らしい名前」を選ぶよう求める指導にも表れていた（金英達 1990;

佐々木 2006）。

　帰化後の氏名についての制限は、1984 年の国籍法改定を機に緩和されてはいる。しかし、法制度の問題とは別に、在日コリアンの多くが社会生活を営むうえで通名を使ってきた。出自を理由とする直接的な差別だけでなく、異民族性を表に出さない限りにおいて許容されるという社会関係もまた、エスノ・ナショナリズムの形として理解されるべきであろう。

　ニューカマーの外国人・移民の場合には、渡日の背景の違いもあり、同化と差異化の作用の仕方は一層複雑化している。そうしたなか、カタカナ名を使って自らのルーツを「主張」したり、通名で「自己防衛」を図ったりする若者の行為（川上 2016: 182）からは、オールドカマーの場合と同様、マジョリティ社会の側が示す日本人／外国人の二者択一に各自が何らかの対処を迫られている様子がうかがえる。一方で、研究者からは、多様なエスニシティを持つ「マルチ・エスニック・ジャパニーズ」の活躍に光を当てようとする視角も提示されている（駒井監・佐々木編 2016）。そうした国民の多様性を積極的に評価する言説をもって、エスニック・ネーションの外観を崩すのは容易でないが、ひとつの突破口にはなるかもしれない。

（3）乏しい市民的ネーションへの回路

　エスニック・ネーション志向も、民族的マイノリティに対するエスノ・ナショナリズムの発現も、日本に特有の現象ではない。しかし、エスノ・ナショナリズムへの対抗軸として市民的ナショナリズムが弱いことは日本の特徴といえよう。

　戦後、保守の自民党政権が続いたことは、日本におけるエスノ・ナショナリズムの強さのひとつの要因ではある。しかし、そもそもネーションのあり方に関する対立が少ないことも指摘できる。戦後の日本で、左翼系の政党や知識人は、一民族による「民族自決」を理想としてきた（小熊 1995: 355-356）。また、当事者運動や支援組織の活動も「外国人」の権利の擁護に重点を置き、国民の多様性と統合を主要な課題とはしていない。さらに、メディアの報道で「移民」という語はほとんど使われず、世論調査での設問も、「外国人（労働者）」の受入れへの賛否を問うにとどまる。国民である、あるいはいずれ国民になっていく存在としての「移民」が議論の対象とならないのは、エスニック・ネーションの前提が政治的立場を横断する形で共有されているからであろう。C. ヨプケ（2010=2013）は、移民の受入れが進んだ結果のひとつとして、先進国における国籍やネーション概念の「脱エスニック化」を論じるが、日本の場合、そうした力学は働きにくいとい

えそうである。

おわりに

　本章では、社会統合政策を含む移民政策の構築が日本で進みにくいことを、エスノ・ナショナリズムと結びつけて論じた。エスニック・ネーションの性格が強い国であっても、外国人・移民の受入れが進むことで社会の実態が変化していき、ネーションの形に揺れが生じうる。しかし、日本では、民族的同質性がきわめて高い国民国家という認識が強固である。

　戦前から日本に暮らす旧植民地出身者とその子孫の場合も、またニューカマーの移住者の場合にも、「日本人」とは異なる民族性の表出は、社会的圧力により抑制されるか、もしくは「外国人・外国の文化」とカテゴライズされる傾向にある。エスノ・ナショナリズムに関わるこの 2 つの作用により、「単一民族国家」の外観が維持されてきた。

　「移民」には、将来、とりわけ第二世代以降が国民になっていくという語感が含まれる。日本の政府内・経済界ともに、外国人のさらなる受入れが必要であり、就労環境の整備や子どもの教育支援を含めた取り組みにより定着を図るべきとの意見も強まっている。しかし、対象は「移民」ではなく「外国人材」であり、日本のネーションの内部への包摂という視点は欠けている[6]。日本人／外国人の二分法に基づくエスニック・ネーション志向を見直す契機が乏しいなか、行政も社会も、実質的な「移民」の増加とそれに伴う社会統合の課題に向き合わない状態が続いているのではないだろうか。

（柏崎千佳子）

注

1) 「中長期的な外国人材の受入れの在り方については、移民政策と誤解されないように配慮し、かつ国民的なコンセンサスを形成しつつ、総合的な検討を進めていく」（「日本再興戦略」2014 年、50 頁）。2016 年版の「日本再興戦略」その他、日本政府や自民党の公式見解で同様の言い回しが繰り返されている。

2) 「移民政策（immigration policy）」は、出入国政策と社会統合政策を包括する概念である（近藤 2009）。また、国連や OECD 等の国際機関の統計における「移民（international migrant, immigrant）」は、移動先の国での滞在期間が 6 か月ないし 1 年以上の人を指す。

3) ここでは A. D. スミスによるネーション・モデルを参考にしている。「ナショナリズム」は、組織的な運動や言説に限らず、「ネイションへの帰属意識とその安全や繁栄をもとめる感情や熱望」（Smith 1991=1998: 133）も含めて捉える。

4) この法的地位の再編は、実際には戸籍を単位として実施されており、いわゆる「血統」や民族的出自とは必ずしも一致しないが、「国籍＝民族」という観念が支配的になった点が重要

である。
5) 2015年のミスユニバース日本代表が、外国人の父親を持つことで非難の対象となったのも、同様の例である。
6) 例えば経団連の政策提言は「日本型移民政策」(2008: 15) という表現を用いて、海外からの人材・労働力の確保と定着促進を求めているものの、「外国人の受け入れ」および「外国人材との共生」(2015: 39) という視点にとどまっている。

《文 献》

岩渕功一 2007『文化の対話力——ソフト・パワーとブランド・ナショナリズムを越えて』日本経済新聞出版社

小熊英二 1995『単一民族神話の起源——「日本人」の自画像の系譜』新曜社

川上郁雄 2016「ベトナム系日本人——『名付けること』と『名乗ること』のあいだで」駒井 洋監修・佐々木てる編『マルチ・エスニック・ジャパニーズ』明石書店、168-184頁

経団連 2008「人口減少に対応した経済社会のあり方」http://www.keidanren.or.jp/japanese/policy/2008/073.pdf (2017年3月30日閲覧)

経団連 2015「人口減少への対応は待ったなし——総人口1億人の維持に向けて」http://www.keidanren.or.jp/policy/2015/037.html (2017年4月29日閲覧)

金英達 1990『在日朝鮮人の帰化』明石書店

駒井 洋監修・佐々木てる編 2016『マルチ・エスニック・ジャパニーズ——〇〇系日本人の変革力』明石書店

近藤 敦 2009「移民と移民政策」川村千鶴子・近藤 敦・中本博皓編『移民政策へのアプローチ——ライフサイクルと多文化共生』明石書店、20-27頁

佐々木てる 2006『日本の国籍制度とコリア系日本人』明石書店

佐藤成基 2009「国民国家と移民の統合——欧米先進諸国における新たな『ネーション・ビルディング』の模索」『社会学評論』60巻3号、348-363頁

田中 宏 2013『在日外国人——法の壁、心の溝【第三版】』岩波新書

「日本再興戦略」(各年)、首相官邸 http://www.kantei.go.jp/jp/singi/keizaisaisei/kettei.html (2016年9月18日閲覧)

樋口直人 2014『日本型排外主義——在特会・外国人参政権・東アジア地政学』名古屋大学出版会

Hammar, T., 1990, *Democracy and the Nation State: Aliens, Denizens and Citizens in a World of International Migration,* Aldershot: Avebury.〔=1999, 近藤 敦監訳『永住市民と国民国家——定住外国人の政治参加』明石書店〕

Joppke, C., 2010, *Citizenship and Immigration,* Cambridge and Malden: Polity.〔=2013, 遠藤 乾・佐藤崇子・井口保宏・宮井健志訳『軽いシティズンシップ——市民、外国人、リベラリズムのゆくえ』岩波書店〕

Smith, A. D., 1991, *National Identity,* London: Penguin Books.〔=1998, 高柳先男訳『ナショナリズムの生命力』晶文社〕

Column 日本の移民政策はなぜ立ち遅れているのか

1990年に施行された改正入管法は、戦後からやっと脱出した日本初の「国策」としての出入国管理政策をもたらした。それは、ニューカマー受入れへのシフトであり、法の改正によって新設・整備された在留資格が表す意図は、日本の経済社会の活性化という新方針であった。それは、先進国同様に国益に着目した結果であった。

一方、「出入国管理政策」から「移民政策」への流れは閉ざされたままである。「90年体制」が設けられてから25年以上が経過した今も、働き手の受入れが急速に整いつつあるものの、在留外国人の主流社会への「統合」に向けた法整備はいまだ手つかずのままである。移民政策の策定は国家の特権であり、社会の調和や一体性を重んじる国家からすれば、外国人の定住化への懸念は理解できないことではない。しかし、日本の在留外国人数はすでに240万人に達し、彼らの中には家族形成や高齢化が以前よりも目立つようになってきた。この状況では、法に基づいた生活基盤づくりを故意に回避することは、もはや日本にとって得策ではない。

ひと昔前、「多文化共生」の概念が総務省によって喧伝され、国籍の異なる人々が地域社会の構成員として共に生きていくことを目指した事業が日本各地に広まった。ところが、標榜された「コミュニケーション支援」「生活支援」などの活動は、一方通行的なもので、共生の本来の意味にはほど遠い。結果として、共生推進活動は今でも地方任せにとどまり、時間の経過や財政削減によって勢いが鈍ってきた。

他方、近年に著しく進展してきた国際化に伴い、多くの先進国では定住外国人への地方参政権が供与され、二重国籍を認めることもまた通例となってきている。日本もそろそろ「多文化共生推進プラン」から卒業し、ある程度の政治参加権を与える等の取り組みを検討すべきであろう。現状は、短期的な観点からは好都合と思えるかもしれないが、このままでは疎外されている在留外国人は、生活の拠り所である社会への貢献手段がなく、単なる労働力や納税者として扱われたままに終始し、グローバル化を目指す日本の将来のためには大きな損失になりかねない。

「移民政策」およびそのかなめとなる法整備の進まない現状は、もちろん日本が比較的移民受入れ国としてレートカマーであることと同時に、固有のエスニシティ（民族性）で判断する気質を持っているからである。その意識改革に着手できるのは、急増している在留外国人の発言力ならびにニューカマーと日本人の間に生まれ、成人している参政権を持った子どもである。いずれにしても、外国人のマンパワーや経済力への依存が強まってきた日本はもはや後戻りができない。筆者は、「出入国管理政策」にしか及ばなかった「90年体制」が終焉を迎える日は、存外、そう遠くないと思うのである。

(石川 クラウディア)

I 日本の移民政策はなぜ定着しないのか

3　　人口政策と移民

(1) 低出生力下における国際人口移動

1. 国際人口移動と人口変動

　移民の動向（＝国際人口移動）は人口変動と密接なかかわりを持ちつつ展開してきたと言ってよいだろう。例えば、近代以降見られた人口転換においては、乳幼児死亡率をはじめとする死亡率は出生率に先行して低下することが多く、その結果、若年層を中心として急速な人口増加が見られることが知られている（河野2007: 111-113）。同現象は高齢者が少ないまま生産年齢人口のみが増加し、経済成長に好条件であることから「人口ボーナス（demographic dividend）」と呼ばれることもある。その一方、国内労働市場で生産年齢人口の増加を吸収できない場合には余剰人口となり、海外への人口送出し圧力が強まることもあるとされている。19～20世紀における欧米や日本の人口増加、およびその結果としての海外植民地獲得に向けた動きはその典型であるといえよう（塩出2015: 163; Richard 1996: 75-77）。

　その一方で、戦後は人口増加圧力が低下した欧米先進諸国に代わって、南アジア、中東、アフリカ諸国といった国／地域で死亡率の低下－人口転換が進み急激な人口増加が見られたことから、こうした国々では国内失業率の低下、および外貨獲得といった目的のための移民の送出しが積極的に行われている（Castles and Miller 2014: 153-154）。また、先進国における出生力の低下は、人口構造の高齢化と生産年齢人口の減少（人口オーナス）、あるいは一部の国では総人口の減少といった現象を引き起こしており、そうしたなか、高度人材を中心とした選別的な移民受入れが積極的に進められている（Hollifield et al. 2014: 7）。

　これを概念的に図示したものが図1である。人口転換の初期においては、多産多死の状態で自然増加率がほぼ0であったものが、死亡率の低下に伴い、多産少死の状態へと移行し、自然増加率が急上昇する。この時期、当該社会は低い従属人口指数を維持したまま生産年齢人口の急速な増加を経験することから経済

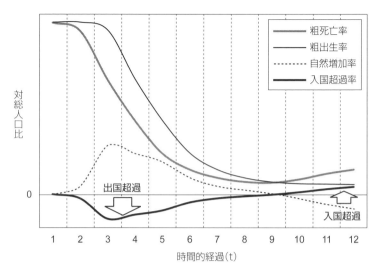

図1 人口転換と国際移動の関係に関する概念図
注：粗出生率－粗死亡率＝自然増加率の関係が成り立つ。また、自然増加率の低下の一部が国際移動（入国超過）によって調整されると考えられる。
出所：Ven de Kaa（1999: 37-38; 2002: 24-25）などを参考に筆者作成

成長に適した人口ボーナスを享受することとなる。その一方で、国内労働市場で吸収しきれない余剰人口の一部は海外移民として国外へ流出する。しかし、その後出生率が低下することで自然増加率の伸びが鈍化し、さらに高齢者人口が一定数を超えると死亡者数が出生数を上回り、自然増加率はマイナスに転じる。その結果、こうした人口減少の一部は海外からの移民流入によって置き換えられる（Ven de Kaa 1999: 37-38; 2002: 24-25）。つまり、明示的であるかどうか別として、移民政策は常に人口変動と深く関連するという意味で、人口政策的な含意を持ってきたといえるであろう。

2. 人口学的不均衡下における国際移動転換

　こうしたなか、1980年代後半以降、国際的に注目を集めている現象が国際移動転換（Migration Transition）である（Castles and Miller 2014: 16）。これは南ヨーロッパ諸国のようにこれまで移民送出し国であった国が受入れ国へと変化する現象であり、1980年代後半以降、グローバルに見られるようになった現象とされる（図2）。また、特に国際移動転換は、米国、カナダ、およびオーストラリアと

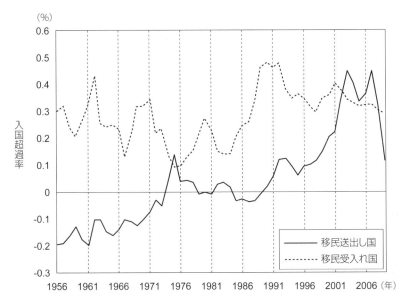

図2 OECD加盟国における入国超過率の推移
注：移民受入れ国とは、米国、ドイツ、フランス、オーストリア、英国、スイス、スウェーデン、ニュージーランド、ベルギー、ルクセンブルク、オランダ、オーストラリアを指す。移民送出し国とは、チェコ、イスラエル、ノルウェー、デンマーク、フィンランド、スロバキア、ポーランド、日本、ギリシア、ハンガリー、アイルランド、ポルトガル、イタリア、スペインを指す。
出所：OECD（2011）

いった移民によって建国された国々や、戦後、外国人労働者の受入れによって一挙に移民受入れ国となったドイツ、フランスなどの西欧諸国の例に見られるように、大きな社会変動のきっかけとなっている。

このような変化が起きた理由としては、冷戦の崩壊に伴う国際環境の変化など、さまざまな要因が考えられるものの、大きな理由の一つとして、先進国と途上国の出生力格差による人口学的不均衡が挙げられている。これは、人口転換誘発理論（Demographic-Change Induced Theory）（Bean and Brown 2015: 73-74）と呼ばれ、近年注目を集めているものであり、低出生力状態が続く先進諸国において、生産年齢人口の減少から労働市場の需給が逼迫し、外国人労働者の流入が拡大しているとするものである。

こうした現象を捉え、英国の人口学者の D. コールマンは「第三の人口転換（the Third Demographic Transition）」という概念を提唱しており、近年の大量の移民受入

れにより、先進各国が大きなエスニシティの多様化を経験することで、大きな人口社会変動が起きるとしている（Coleman 2006）。また、世界最大の移民国である米国においても、社会人口学者の D. リヒターが 1965 年、および 1986 年の移民法改正による戦後最大の移民受入れの結果、米国は近い将来マジョリティとマイノリティが逆転するほどのエスニシティの多様化を経験すると指摘している（Lichter 2013）。

こうした視点は、2000 年に国連人口部より公表された報告書「補充移民（*Replacement Migration*）」（Population Division Department of Economic and Social Affairs United Nations Secretariat 2001）と異なり、低出生力状態や高齢化の影響を直接解消するための移民受入れという視点ではなく、むしろ少子化の結果生じた（と考えられる）移民流入の社会人口学的影響に注目したものであるという点が大きく異なる。つまり、少子高齢化への解決策になるかどうかはさておき、それがもたらす実際のインパクトの大きさがより重視されているのである。

3. 日本における国際移動転換とその人口学的影響

このような視点を日本に向けた場合、1990 年代以降の外国人人口の急増が注目されるだろう。この変化は日本では主に 1989 年の入管法改正によるものとされてきており、同時期に世界的に見られた国際移動転換の一つであるとの認識は薄い。しかしながら、日本が 1980 年代以降、人口置換水準を下回る低出生力状態にあったことや、慢性的な人手不足を経験してきたこと、および同時期にアジア諸国において積極的な労働移民送出し政策がとられたことを考慮すると（Castles and Miller 2014: 153-154）、こうした変化をひとり入管法の影響に還元することは適当ではなく、むしろ入管法改正に至った経緯も含め国際移動転換を経験したと考えるのが妥当であろう（石川 2005）。

実際、戦後の在外邦人数、在日外国人人口の推移を比較すると、1959 年には在日コリアンを中心とした旧植民地出身者を除けば、在日外国人（中長期滞在者）人口は 4 万 1000 人と、同時期（1960 年）の在外邦人人口の 24 万 1000 人と比較してもだいぶ少なく、依然として移民送出し国（emigration country）であったといえるが、1980 年代後半以降、在日外国人人口の増加ペースが強まり、94 年には在外邦人数を抜いて以来、その差は拡大する一方である（図 3）。2016 年末では在日外国人（中長期滞在者）は 204 万 3872 人と、すでに 200 万人以上のニューカマー外国人が居住している。これは新しい移民国としての日本という位置づけを可能にするものである（Hollifield et al. 2014: 20-25）。

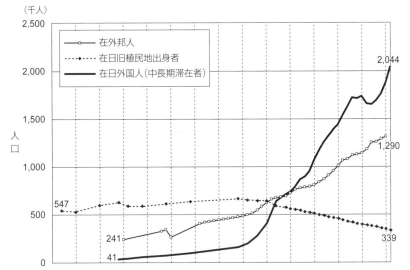

図3 日本における在留外国人、および海外在留邦人数の推移
注：在外邦人は永住、および長期滞在の合計。在日旧植民地出身者とは特別永住の資格、ないしはそれに該当する資格で在留する外国籍人口の合計。中長期滞在者とは安定的に本邦に在留する外国籍人口の総称で法務省の定義によるもの。2011年以前については中長期滞在者に該当するものを独自に算出。
出所：法務省（1959b-2017）、外務省（1961, 71, 76-2016）

4. 多様化する日本社会

　以上のように、国際人口移動と人口変動の間には密接な関連が存在する。これは日本においても例外ではなく、1990年代に国際移動転換を経験した日本は、現時点でもすでに多くの在日外国人人口を擁している。今後も低出生力状態が続き、さらなる高齢化や総人口の減少が予想されるなか、外国人の流入圧力はより強まり、その結果として日本社会は今以上に多様化していくと考えられる。つまり、日本においてもこのような中長期的展望に立った、地道な移民研究が行われることがより一層、望まれるだろう。こうした状況を踏まえたうえで、以下では歴史も含め、日本における状況をより詳細にみていきたい。　　　　（是川　夕）

《文献》

石川義孝 2005「日本の国際人口移動の転換点」石川義孝編『アジア太平洋地域の人口移動』明

石書店、327-351 頁

外務省 1961, 71, 76-2016『海外在留邦人統計』外務省

河野稠果 2007『人口学への招待――少子・高齢化はどこまで解明されたか』中公新書

塩出浩之 2015『越境者の政治史――アジア太平洋における日本人の移民と植民』名古屋大学出版会

法務省 1949a-2016a『出入国管理統計年報』法務省

法務省 1959b, 64b, 69b, 74b, 84b, 86b, 88b, 90b, 92b, 94b-2016b, 2017『在留外国人統計（登録外国人統計）』法務省

Bean, F. D. and Brown, S. K., 2015, "Demographic Analyses of Immigration," In Brettell C. B. and Hollifield, J. F. ed., *Migration Theory, Talking Across Disciplines,* third edition, pp.67-89, Oxford: Routledge.

Castles, S. and Miller, M. J., 2014, *The Age of Migration: International Population Movements in the Modern World,* fourth edition, London: the Macmillan Press Ltd.

Coleman, D., 2006, "Immigration and Ethnic Change in Low-Fertility Countries: A Third Demographic Transition," *Population and Development Review* 32(3): 401-446.

Hollifield, J. F. et al., 2014, *Controlling Immigration A Global Perspective,* third edition, Redwood City, CA.: Stanford University Press.

Lichter, D., 2013, "Integration or Fragmentation? Racial Diversity and the American Future," *Demography* 50: 35-91.

OECD, 2011, *International Migration Outlook 2011,* OECD

Richard, G. et al., 1996, *Ailleurs, L'herbe Est Plus Verte: Histoire des Migrations dans le Monde,* Paris: Arléa-Corlet.〔=2002, 藤野邦夫訳『移民の一万年史――人口移動・遙かなる民族の旅』新評論〕

Population Division Department of Economic and Social Affairs United Nations Secretariat, 2001, *Replacement Migration: Is it a Solution to Declining and Aging Population?* United Nations Publication.

Van de Kaa, D. J., 1999, "Europe and its population: the long view," In Van de Kaa, D. J., Leridon, H., Gesano, G. and Okolski, M., *European Populations: Unity in Diversity, Dordrecht etc.,* pp.1-194, Dordrecht: Kluwer Academic Publishers.

Van de Kaa, D. J., （福田亘孝訳）2002「先進諸国における『第二の人口転換』」『人口問題研究』58 巻 1 号、22-56 頁

⑵ 日本における人口政策と移民／外国人

1. かつて送出し国であった日本

　人口政策は、「人口問題」の認識を前提とし、出生力に係る政策（自然増減への働きかけ）と、人口移動に係る政策（社会増減への働きかけ）によって、問題解決を目指す。

　日本においても、明治維新から1970年代にかけて、ハワイやアメリカ、ブラジルやペルーなどの南米、旧満州への移住が推奨された[1]。土地と資源が限られた日本では、農業技術の改良や工業化による人口収容力の拡大をもってしても、急速な人口増加（1872年3480万人⇒1920年5596万人⇒40年7193万人）と農村部での貧困を解消するには十分でなかった[2]。つまり日本は、相対的に「貧しい国」であり、移民送出し国であったのだ。1896年、日本政府は、移住先での困難や搾取を防ぐために移民保護法を制定しているが（1982年廃止）、そこでは、「移民」を「労働目的で海外移住する者とその家族」と定義している。

　戦後は、植民地や占領地、戦地からの引揚げが人口過剰の圧力として働いた。1949年の世論調査では、87%が日本の人口は多すぎると回答し、人口過剰への対応として71%が海外移住を、56%が産児制限を選択している（複数回答）[3]。当時の日本の人口は、人口減少に悩む現在よりも少ない8320万人であったが（1950年国勢調査）、人口増加が問題として認識されていたのである。出生数を政策的に抑制するために、経済的理由による中絶が合法化されたり、避妊などの受胎調節知識の普及などが行われるとともに、1952年4月のサンフランシスコ講和条約発効後には、南米などへの移住が再開された。すなわち、人口増加という問題への対応として、出生力低下を目指す政策に加えて、移民送出しという政策が選択され、国民からの支持も得ていたのである。

2. 外国人労働者受入れ国への転換

　その後、経済成長を遂げるなかで、日本人は、生存のために海外に移住しなければならない状況から解放されていく。そして、1980年代後半のバブル景気の労働力不足の時代、日本は、外国人労働者受入れ国へと転換し、1987年に刊行された『昭和61年度版 出入国管理』では、今後の課題として「外国人労働者の入国問題」が取り上げられることになる。

　当時、急増した外国人労働者は、工場や建設現場、飲食店などで働く外国人であったが、外国人労働者受入れの公式な根拠は「我が国経済社会の活性化、国際

化に資する」(「第 6 次雇用対策基本計画」1988 年 6 月) であり、少なくとも政策上は、国内労働力の需給バランスとは切り離されて論じられるのが常であった。続く、第 7 次 (1992 年 7 月) から第 9 次 (1999 年 8 月) 計画においても[4]、労働力不足への対応といった視点から外国人労働者受入れを検討することは適当ではなく、労働力供給の不足に対しては、女性や高齢者等が活躍できるような雇用環境の改善、省力化・効率化等の推進をすべきであることが繰り返し主張されている。出入国管理基本計画をみても、第 1 次 (1992 年 5 月)、第 2 次 (2000 年 3 月) 計画とも、外国人労働者の受入れに労働力不足という視点はない。

つまり、労働政策においても、出入国管理政策においても、外国人労働者の受入れは、労働力不足とは異なる文脈で捉えられていたのである。このような姿勢に変化が見られるのは、2000 年代半ばのことであるが、その前に、政策的な移民送出しが一段落して以降の、人口をめぐる状況を概観しておきたい。

3. 少子高齢化の進行

出生力抑制を促す政策にも後押しされ、合計特殊出生率 (Total Fertility Rate: TFR) は、1947 年の 4.54 から急速に低下し、1974 年以降、人口置換水準を下回り続けているが、長く、この状況が「問題」として認識されることはなかった。1990 年の 1.57 ショックを契機に、ようやく少子化への取り組みが始まるものの、実効性ある対策とはいえず、2005 年には 1.26 まで落ち込んだ。

これに対して、1947 年に男性 50.1 歳、女性 54.0 歳であった平均寿命は急上昇し、1970 年代になると男女とも 70 歳を上回り、高齢化社会を迎え、政策的対応の必要性が議論され始めた。1989 年には、高齢社会・超高齢社会に備えるために「ゴールドプラン」[5]が策定されたが、その後も、予想を上回る速さで高齢化が進行している (高齢化率:95 年 14.6% ⇒ 2005 年 20.2% ⇒ 15 年 26.6%)[6]。

平均寿命が延びているとはいえ、TFR が人口置換水準を下回っている状況が続けば、やがて人口減少社会が到来することは明らかである。人口減少に先だって、すでに 1996 年に生産年齢人口が、1999 年に労働力人口が減少に転じていたが、少子化対策が討議されることがあっても、人口減少が「問題」として議論されることは、少なくとも 1990 年代まではほとんどなかった。

2000 年には、国連人口部が「補充移民」[7]の報告書を公表し、新聞等のメディアによってセンセーショナルに報じられたが、人口減少への対応としての移民／外国人受入れ議論を触発する十分な契機とはならなかった。

4. 人口減少時代の到来

　出入国管理政策に人口減少への対応という視点が持ち込まれたのは、2005 年 3 月に策定された第 3 次出入国管理基本計画においてである。生産年齢人口の減少に対して「単に量的に外国人労働者で補おうとすることは適切ではない」としつつも、「出入国管理行政としても、人口減少時代における外国人労働者受入れの在り方を検討すべき時期に来ていると考えられる。…（中略）…現在では専門的、技術的分野に該当するとは評価されていない分野における外国人労働者の受入れについて着実に検討していく」と記されている。奇しくも 2005 年は、1920 年の国勢調査開始から初めて、1 年前の人口推計を人口統計が下回った年でもある。

　これに前後して、各省庁や自由民主党のプロジェクトチーム、経済団体などが、外国人受入れに関する報告書をとりまとめ、現在あるいは将来の労働力不足に対応するため、これまで公式に受け入れていなかった分野における外国人労働者の受入れに言及するようになった。なかには、単なる労働者ではなく、「移民」として受け入れるべきだという提言もあった[8]。これを機に移民／外国人受入れをめぐる国民的議論が深まることが期待されたが、折しも、リーマンショックに端を発した深刻な景気停滞に見舞われたことから、人口減少が確実に進行しているにもかかわらず、人口減少・労働力不足への対応に関する議論は沈静化してしまった（鈴木 2014）。

5. 成長戦略と「外国人材の活用」

　2012 年 12 月、成長戦略を掲げる第二次安倍内閣発足とともに、人口減少が対処すべき問題として大きく取り上げられるようになった。将来人口推計（出生中位・死亡中位）によれば、2040 年には総人口 1 億 1092 万人、生産年齢人口 5978 万人、高齢化率 35.3%、2065 年にはそれぞれ 8808 万人と 4529 万人、38.4% になる（国立社会保障・人口問題研究所 2017）。都道府県、あるいは市区町村レベルでの人口減少や高齢化の進行は一層深刻であり、過去 5 年間の人口減少率が 2 割超、高齢化率が 5 割超の自治体もある。このような人口事情を踏まえ、日本の「稼ぐ力」を取り戻すために、女性も高齢者も若者も、全員参加で担い手となることが求められ、この文脈において「外国人材の活用」も推進されている。

　高度人材認定要件の緩和、オリンピック・パラリンピック開催準備と震災復興に向けた建設・造船分野の外国人労働者の時限的受入れ、日本人女性活躍のための国家戦略特区における外国人家事労働者の受入れ、製造業の国際競争力強化と国内製造業空洞化防止のための製造業外国従業員受入事業の開始、介護分野にお

ける留学生活躍を目指した在留資格「介護」の創設、国際貢献を目的（タテマエ）とする技能実習制度の拡大、強い農業の実現に向けた国家戦略特区における外国人農業就労者の受入れ——。

　これらのうち、労働者逼迫への対応を公式に掲げているのは建設・造船就労者のみであるが、それ以外の「活用」にも、受入れ職種や受入れ地域をみれば、背後に労働力不足解消への期待を読み取ることができるであろう。

　2016 年に共同通信が実施したアンケートによれば、全国自治体（有効回答 1612 市区町村）の 31.8%（513 自治体）が、自治体にとって外国人受入れ拡大が必要であると答えており、その理由として 67.3%（345 自治体）が「地域の産業を支える働き手が確保できる」を選択している（2 つまで選択）（鈴木 2017）。

6. 先送りされ続ける結論

　他の先進諸国においても、少子高齢化に伴う生産年齢人口減少という問題に対して、労働市場における「有用性」という経路から移民／外国人受入れが進められる傾向にあり、外国人労働者の受入れ拡大を図ることは妥当な政策といえよう。

　だが、日本の場合、他国以上に喫緊の人口問題に直面しているにもかかわらず、滞在期間に上限を設定した単身者、すなわち還流型を中心に受入れが推し進められていることは、適切な選択といえるであろうか。還流型労働者では、短期的な労働力需要に対応することができても、中長期的な人口減少を抑制する効果は期待できない。加えて、還流型受入れの代表ともいえる技能実習生は、制度上、労働力不足を補うものではない[9]。

　一方で、移民受入れについては、政府内の委員会で俎上に載せられたこともあったが[10]、2014 年 6 月、「外国人材の活用は、移民政策ではない」として、移民に頼ることなく「50 年後に 1 億人程度の安定した人口構造を保持することを目指す」閣議決定がなされた（経済財政諮問会議「経済財政運営と改革の基本方針」）。シナリオでは、TFR が 2030 年に希望出生率[11]である 1.8 程度（2016 年実数値は 1.44）に、2040 年に人口置換水準である 2.07 程度にまで上昇すると仮定されている。もちろん、子どもを産み育てたいという希望が叶えられる社会的基盤を整備することに異論はないが、希望出生率を超える TFR は、実現困難な目標設定と言わざるをえない。

　現実と向き合うことを避け、まやかしの看板を掲げるのは、いわゆる「単純労働者」受入れに対するこれまでの姿勢と同じ構造ではないだろうか（鈴木 2009）。政府は、専門的・技術的分野に該当するとは評価されていない分野での受入れ

に関して、1992 年の第 7 次雇用対策基本計画や第 1 次出入国管理基本計画以降、「国民的コンセンサス（合意）」や「国民的議論」を楯に、結論を先送りし続けているが、それと同様のことを、移民受入れに対しても行っているのである。

7. 建設的な国民的議論の場を

果たして、日本に移民はいないのであろうか。

「移民」の定義が明確ではないが、還流型に対して、定住可能で家族を形成できる外国人（定住型外国人）と捉えれば、在留外国人 247 万 1458 人（2017 年 6 月末）の 8 割以上は「移民」であるし、43.4% は永住資格──「特別永住者」という在留の資格を持つオールドタイマーと、永住権を取得したニューカマー──を有している。さらに、日本国籍を取得した者（1952 年の主権回復から 2016 年まで累積で 54 万 67 人）や、日本人と外国人との間に生まれた日本国籍者（1987 年から 2016 年まで累積で 59 万 2210 人）など、移民の背景を持つ日本人も少なくない。

人口指標をみると、2000 年国勢調査の日本人人口と外国人人口を 100 とした場合、2015 年調査ではそれぞれ 99.1 と 133.7 である。2015 年の高齢化率は日本人 26.9% に対して外国人 7.6% で、外国人の年齢構成によって日本全体の高齢化率は 26.6% に押し下げられている。日本の総人口（2016 年 10 月 1 日現在の人口推計）は 6 年連続で減少し、減少幅は 6 年連続で拡大しているが、社会増減では 4 年連続社会増であり（自然増減では 10 年連続自然減）、その要因は外国人の社会増（入国者数＞出国者数）である。さらに、2016 年に日本で生まれた子どものうち、両親のいずれかが外国人である日本籍の子ども（1 万 9118 人）と外国籍の子ども（1 万 7039 人）が占める割合は 3.6% である。人口政策的意図での受入れではないにせよ、結果として、移民（家族を形成しうる定住型外国人）が人口減少や出生数減少を抑制しているのである。

移民受入れに関しては、社会的コストの増大や日本人の雇用環境への悪影響、地域社会におけるトラブルや治安悪化等に対する懸念の声も聞かれるが、日本が直面している人口問題を踏まえれば、議論を回避し続けることは決して賢明ではない。すでに日本で暮らす移民の存在に目を向け、単なる量的な「補充」という視点を超えて、彼／彼女らが日本社会にもたらしている多様性を正当に評価したうえで、今後の受入れについて建設的な国民的議論の場をつくっていく必要があるだろう。

（鈴木江理子）

注

1) 旧満州への移住は、植民地拡大という軍事的意図もあった。

2) ただし、「人口政策確立要綱」（1941 年 1 月）に見られるように、軍事的な見地から人口増加が求められ、出産が奨励された時期（第二次世界大戦参戦から敗戦まで）もあった。

3) 内閣府政府広報室「人口問題に関する世論調査」（1949 年 9 〜 10 月実施）。

4) 2007 年の雇用対策法改定に際して、雇用対策基本計画は廃止され、代わりに、雇用政策基本方針が策定されることになった。

5) 厚生省（現厚生労働省）と大蔵省（現財務省）、自治省（現総務省）の 3 省合意で策定された「高齢者保健福祉推進 10 ヵ年戦略」の通称であり、その後「新ゴールドプラン」（1995 年）、「ゴールドプラン 21」（2000 年）と続いた。

6) 高齢化率は、国勢調査の数値を用いて、年齢不詳を除して算出している。

7) 当該報告書によれば、日本が 1995 年の総人口を維持するためには、2000 年から 2050 年までの 50 年間に毎年 34.3 万人、生産年齢人口を維持するためには毎年 64.7 万人の移民を受け入れる必要がある。

8) 自由民主党国家戦略本部日本型移民国家への道プロジェクトチーム「人材開国！日本型移民国家への道」（2008 年 6 月）は、「通常の居住地以外の国に移動し、少なくとも 12 ヵ月間当該国に居住する人」を「移民」と定義し、今後 50 年間で総人口の 10% 程度の移民受入れを求めている。

9) 2016 年 11 月に制定された外国人の技能実習の適正な実施及び技能実習生の保護に関する法律では「技能実習は、労働力の需給の調整の手段として行われてはならない」（第 3 条の 2）と明記されている。

10) 経済財政諮問会議「選択する未来」委員会の第 3 回会議（2014 年 2 月）に提出された内閣府資料には、人口推計シナリオの一つとして、移民受入れケース（年間 20 万人）が示されている。また、2017 年の将来推計人口では、条件付推計として、外国人の年間純移入数に応じた将来推計を初めて行っている（国立社会保障・人口問題研究所 2017）。

11) 希望出生率とは、結婚や出産の希望がすべて叶えられた場合の TFR であり、国立社会保障・人口問題研究所「第 14 回出生動向基本調査」（2010 年 6 月実施）の結果をもとに算出した数値である。

《文 献》

国立社会保障・人口問題研究所 2017「日本の将来推計人口（平成 29 年推計）」国立社会保障・人口問題研究所

鈴木江理子 2009『日本で働く非正規滞在者——彼らは「好ましくない外国人労働者」なのか？』明石書店

鈴木江理子 2014「人口政策としての外国人政策——将来推計人口から考える」宮島 喬・藤巻秀樹・石原 進・鈴木江理子編集協力『なぜ今、移民問題か』〈別冊環⑳〉藤原書店、70-86 頁

鈴木江理子 2017「共同通信『外国人住民に関する全国自治体アンケート』の結果と分析」外国人人権法連絡会編『日本における外国人・民族的マイノリティ人権白書　2017 年』88-99 頁

Population Division Department of Economic and Social Affairs United Nations Secretariat, 2001, *Replacement Migration: Is it a Solution to Declining and Aging Population?* United Nations Publication.

II
出入国政策

Ⅱ　出入国政策

4 入国審査、退去強制、在留管理の政策

　1965 年、法務省入国参事官であった池上努はその著書『法的地位 200 の質問』（京文社）の中で外国人の永住許可に関連して、「煮て食おうが焼いて食おうと自由」と記した（同 167 頁）。

　この言葉は、池上個人の見解とされているが、それ以前、それ以後今日に至るまでの日本政府の外国人に対する姿勢を端的に表しているように思われる。外国人はあくまで管理の対象として捉えられており、主体的な人格を持つ存在であるという観点は蔑ろにされている。

　その政府の姿勢を司法の場においても許容しているように読めるのが、1978 年 10 月 4 日のマクリーン事件最高裁判決である。同判決では、外国人が憲法上の人権享有主体であることを認めながら、「外国人に対する憲法の基本的人権の保障は、右のような外国人在留制度のわく内で与えられているにすぎない」と判断した。あたかも、最高法規である憲法で保障される人権が、在留制度という憲法よりも下位規範の法律（出入国管理及び難民認定法）で定める在留制度の枠内でしか保障されていないという理解を導きかねない判断であり、その克服は憲法学にとっても喫緊の課題であるなどと指摘されている（愛敬 2013: 5）。

　本章では、まず、入国「管理」の歴史について概観し（4-1）、続いて、日本政府による外国人在留管理のための情報収集制度について俯瞰する（4-2）。

　そして、最後に、生命に次ぐ重要な権利であるにもかかわらず、管理の対象でしかないとの根本的な考えから軽視されている外国人の人身の自由に関連して、入管法による収容の目的が在留活動の禁止まで含むものであるのか否かについて考察する（4-3）。

（児玉晃一）

《文 献》

愛敬浩二 2013「外国人の政治活動の自由」長谷部恭男・石川健治・宍戸常寿編『憲法判例百選　Ⅰ【第 6 版】』有斐閣、4-5 頁

4-1 歴史的概観

はじめに

　入国管理政策・法制（以下、入管政策）の歴史的変遷は、日本社会と外国人の関係性、そしてその経年的変化を物語る過程のひとつである。入国管理の実施主体は、ホスト国の国家・政府機関であり、管理の対象は、さまざまな目的でホスト国へ渡航する、また、すでに移り住んでいるホスト国の国籍を持たない人々、すなわち「外国人」である。入国管理を管轄する当局は、受入れの基準と条件を定め、入国と滞在の可否を決める。その意味で管理する側の国家と管理される側の外国人の関係は構造的に固定化されているのであるが、その関係の性質を理解するにあたっては、入国管理に関係する諸法令の展開を通観することが一助となるであろう。国家は、誰を、何のために、いかに管理してきたのか。

1．入国管理の起源

　入管政策の歴史の範囲をどのように捉えるべきだろうか。入国管理という以上、そこには近代的な領域主権国家の成立が分かちがたく結びついている。ただしここでは、1918 年に制定された「外国人ノ入国ニ関スル件」という内務省令を日本の入管政策の起源の一案としておこう。執筆時よりおよそ 1 世紀遡った時期に制定された同省令は、その第 1 条に「帝国ノ利益ニ背反スル行動ヲ為シ又ハ敵国ノ利便ヲ図ル虞（おそれ）アル者」を禁じるとしている。当時の世相を想起させる文言が綴られているものの、外国人の入国には旅券や査証を要するといった基本事項は現在の入国管理にも継承されている。戦前の入国管理を特徴づけるのは、同省令を構成する全 5 条の内容には詳細な手続規定がなく、当局に広範な裁量が認められていたこと、そして、第二次世界大戦後 GHQ によって解体されることになる内務省、その警察機構が入国管理を管轄していたことである。戦時下の 1939 年に定められた「外国人ノ入国、滞在及退去ニ関スル件」は、防諜的で国防的な様相をさらに強く帯びている。入管政策は時代を映し出す鏡でもある。

2．戦後の入国管理

　終戦後、日本が自治独立を回復するにあたり、入管政策もその姿かたちを変えていく。具体的には、1951 年 10 月に公布、翌月に施行されたポツダム命令の

ひとつであり、法律としての効力を持つ「出入国管理令」(昭和26年政令第319号)によって、日本の入管政策の根幹を成す在留資格制度が整えられた。上陸拒否や退去強制といった現代の入国管理制度にも続く手続き等も定まった。ただし戦後長らく、もっぱらの管理の対象は、1952年4月のサンフランシスコ講和条約の発効とともに日本国籍を喪失した朝鮮半島出身者、現在では「在日コリアン」と称するところの人々であった。

在日コリアンを念頭に置き始動した日本の入国管理であったが、日本は、1970年代後半から1980年代前半に、ボートピープル、すなわちインドシナ難民の流入を経験している。この人道的課題に対する日本の貢献を促す国際社会の圧力も高まり、日本は、1981年から1982年にかけて、難民の地位に関する条約と議定書に加入している。難民の認定に関する所定の手続きを法制化するために成立させたのが、1981年6月の「難民の地位に関する条約等への加入に伴う出入国管理令その他関係法律の整備に関する法律」(昭和56年法律第86号) である。これにより従前の「出入国管理令」は、現在のそれと同じ「出入国管理及び難民認定法」と改称されるに至った。上の経緯が示すように、入管政策の変遷とは、自発的な対応か外発的な契機によるものかはともかくとして、その対象を追加し拡大していく歴史でもある。

3. 1989年入管法改正と入管政策の新たな役割

日本の入管政策は、それから10年を経ることなく、さらなる制度整備の必要に迫られる。1989年の入管法改正である。同年12月に成立、翌年6月に施行された改正入管法 (平成元年法律第79号) は、日本の入管政策の土台を成す在留資格制度が戦後初めて大幅に拡充されたものであり、その形は現在のそれに近い。

当時の日本政府は、労働集約的な産業・職種における人手不足解消のためのいわゆる「単純労働者」と呼ばれていた外国人の受入れについて、それを公的には認めないとした。一方で、日系3世、団体監理型の下の研修生、1993年以降には技能実習生という身分の外国人が日本で働けるルートを設けた。雇用政策上の判断と入管政策上のルールの間に整合性を欠きながら現実に応答したのである。これらは上述の入管法改正と密接に絡み、以降、日本の労働市場の開放を局所的ながら促していく。

事実上の労働者として日本社会に根付くことになる、南米系日系人を中心とする彼 (女) らニューカマーが登場した時期は、オールドカマーである在日コリアン等の法的地位が変化する時期でもあった。例えば、入管特例法、正式名「日本

国との平和条約に基づき日本の国籍を離脱した者等の出入国管理に関する特例法」（平成3年法律第71号）が1991年4月に制定され、同年11月に施行されている。この法制定の目的は、1965年の日韓法的地位協定の締結と実施に伴う入管特別法、正式名「日本国に居住する大韓民国国民の法的地位及び待遇に関する日本国と大韓民国との間の協定の実施に伴う出入国管理特別法」（昭和40年法律第146号）が規定していたオールドカマーの法的地位の安定化にある。

1991年の入管特例法は、オールドカマーの直系として日本で出生した韓国籍・朝鮮籍等の住民を、退去強制や再入国許可などの要件で特例的適用を受ける「特別永住者」として一括りにした。この法的措置に合わせて、先述のサンフランシスコ講和条約、すなわち平和条約に関連する「国籍離脱者の子」が、入管法上の在留資格を羅列的に記載する「別表」と呼ばれる欄から削除されている。既存の入国管理からオールドカマーが部分的に切り離されたのである。その翌年6月には外国人登録法が改正されている。1993年1月の施行日より、特別永住者等に対する指紋押捺を廃止したこの法改正もまた、上述の入管特例法と同じく、オールドカマーを従前の入管法制の枠の外へ移そうとする潮流に合致するものであった。

つまり戦後日本の入国管理の主眼は、久しく、オールドカマーの圧倒的多数を形成する在日コリアンの「在留管理」に置かれていた。しかしニューカマーの急増は、オールドカマーのプレゼンスを相対的に低下させ、これ以降の日本の入管政策に、文字通り「入国管理」としての新たな役割を要請するのである。

4. 1990年代以降の管理強化

1990年代前半は、外国人の就労を前提とする仕組みが日本において整えられた時期であった。その後半以降の日本の入管政策の変遷に観察できるのは、治安上の懸念や安全保障上の脅威認識が色濃く反映されていく経過である。

まず1997年5月に成立した改正入管法（平成9年法律第42号）は、集団密航に係る罪を新設している。また同改正は、密航を助長する行為を罰するために、営利目的等不法入国等援助罪と不法入国者等蔵匿・隠避罪を定めた。その2年後、1999年8月に成立した改正入管法（平成11年法律第135号）は、不法在留罪を設けた。以前であれば3年経過すれば公訴時効により刑事責任に問えなかった不法入国または不法上陸を経た滞在者に対して、当該期間後も罰則を科すことを規定したのである。さらに、不法残留等により強制退去された外国人に対する上陸拒否期間を1年から5年へと伸長している。その2年後、2001年11月にも入管法は改正（平成13年法律第136号）されている。この改正はその翌年に控えた日韓ワー

ルドカップ開催を意識したものであり、国際競技会等で暴動などを起こす可能性がある外国人の入国や滞在を防ぐために、上陸拒否や退去強制に関わる事由、いわゆる「フーリガン条項」を新設している。加えて、外国人による犯罪や偽変造文書への対策として、退去強制事由を変更している。

2001年9月に米国で生じた同時多発テロは、治安や国家安全保障の論理が入管政策の中身と方向性を規定していくという傾向を一層強めていく。2004年6月の入管法改正（平成16年法律第73号）は、不法入国や無許可資格外活動などに関する罰金を大幅に引き上げたほか、超過滞在のリピーターなど特定の不法滞在者に対する上陸拒否期間を10年まで延長するなど、入管法違反者への厳罰化を徹底するものであった。同改正により、出国命令制度や在留資格取消制度といった新規の仕組みも導入されている。翌年6月にも入管法は「刑法等の一部を改正する法律」（平成17年法律第66号）と併せて改正され、他人の不法入国等を助長するための旅行証明書等の不正受交付に対する罰則が定められている。また、運送業者による旅券等の確認義務を怠った場合の過料について規定を置いた。1990年代後半から世紀を跨ぐ10年間は、それまで超過滞在や不法就労に対して主たる懸念を示してきた日本政府・入管当局が、外国人犯罪、さらには国際テロ対策のための法制度整備に入念に取り組んだ期間として捉えることができるだろう。

5. 2000年代後半の動向

外国人に対する管理の強化と取り締まりの厳格化という入管政策の基調は現在まで続いている。そして直近の10年間、入管当局は、罰則の新設や違反者への重罰化といった法的手法に訴えることよりも、外国人の入国、在留、就労に対する管理機能を技術的に追及している。

例えば2006年5月の入管法改正（平成18年法律第43号）は、外国人の個人識別情報の提供に関する規定を新たに導入するものであった。具体的には、施行日である2007年11月20日から、外国人に対する入国審査の際に、当人の指紋を含むバイオメトリクス認証が実施されている。在留資格「外交」と「公用」、16歳未満、特別永住者は対象外である。2009年7月には、「新しい在留管理制度」の導入を含む改正入管法（平成21年法律第79号）が成立している。3年後の2012年7月に施行された同制度は、日本に中長期的に在留する外国人の情報について、入管当局が継続的かつ正確に把握することを目的としたものである。外国人登録を法定受託事務として市区町村に委ねることで生じていた管理手法上の制約を、外国人の在留に関する情報管理の中央集権化によりその解消を図ったのであっ

た。なお、不法滞在者に対して在留カードは交付されず、この点は、日本に在留する外国人の身分証明書としてそれまで用いられていた外国人登録証との大きな違いである。また、特別永住者には別の身分証明書が発行され、これには携帯義務はない。歴史的事情から生じた固有の身分・法的地位に配慮がなされた結果であり、オールドカマーとニューカマーの入管政策上の分離を決定づけた。

あらためて振り返ると、1989年の入管法改正を軸とした当時の政策動向は、その主たる力点をオールドカマーの「在留管理」からニューカマーの「入国管理」へと移すものであった。20年後、2009年の入管法改正を中心とする昨今の入管法制の整備は、オールドカマーに対する管理全般をさらに後景に退かせる一方で、ニューカマーの「在留管理」についてはその機能を拡張させていったのである。なお、出入国管理インテリジェンス・センターの開設（2015年10月）や、2016年11月の入管法改正（平成28年法律第88号）による在留資格の取消事由の拡充など、管理の強化という趨勢は今も続いている。

6. 現在の入管政策と今後の展望

現在の日本政府は、入国・滞在管理の強化と合わせて、かつてよりも頻繁に就労目的の外国人を呼び入れるためのスキームを打ち出している。その傾向は、2012年12月に成立した第二次安倍晋三内閣以降執筆時現在（2017年4月）までの入管政策の展開に顕著に現れている。

在留資格に関わるものとしては、2014年6月の入管法改正（翌年4月施行）により「高度専門職」（平成26年法律第74号）が、また前述の2016年11月の同法改正により「介護」が新設されている。入管法それ自体の改正を要さないが、外国からの働き手の呼び寄せに関わるものでは、建設・造船就労者の受入れに関する緊急特例措置（2015年4月）、国家戦略特別区域法における入管法上の特例として、特区制度を利用した「家事支援人材」「創業外国人材」「クールジャパン外国人材」の受入れのほか、昨今では農業分野にも同制度による受入れ解禁の波が及んでいる。

なお、技能実習の期間は2016年11月公布の「技能実習法」（外国人の技能実習の適正な実施及び技能実習生の保護に関する法律）により条件付で3年から5年に延長されているが、その後ほどなくして技能実習に「介護」が追加され、さらに同分野の国家試験の合格を条件に、介護実習生が「就労」のための在留資格を取得できる方向で見直しも進められている。さらに2017年4月には「日本版高度外国人材グリーンカード」の運用が始まっている。日系4世の就労を認める方針も

すでに定まっている。こうした一連の動向からは、海外からの働き手の確保のために、条件付特例や例外的措置を重ねる入管政策の現在の姿かたちが看取される。

経済成長路線を掲げる政権は、このように入管政策の規制緩和を相次いで進め、海外からの人材や人手の確保を試みている。並行して、日本の観光立国化を目指している点も付言したい。海外からの旅行客誘致のためにビザ取得の緩和を相次いで進めているほか、船舶観光上陸許可制度（2015年1月開始）や観光目的で来日する外国人富裕層向けのロングステイ（2015年6月開始）といった入管政策上の対応が頻繁になされているのも、経済効果優先の政策を選好する同政権に特徴的な動きである。

おわりに

冒頭に、管理する国家と管理を被る外国人の関係の固定性について述べた。しかし昨今の入管政策の展開は、外国人を規制する立場にある国家もまた、外国人により選別される時代に突入していることを物語っている。入管政策の要諦が結局のところ外国人の入国と滞在の管理にあることは否定できない。ただし現在のそれは、外国人の受入れをめぐる人権・人道への配慮は言うまでもなく、産業競争力の向上や経済効果の追求など、多方面から発せられる要請への共時的な応答を強いられている。それをもって、日本の入管政策が質的に変化を遂げているといえるだろうか。

もちろん、以上の内容は、入管政策の展開に対する数ある通史的解釈のひとつである。ここで触れることができなかった入管政策に関連する事柄は無数にある。さらに、入管政策が持つ高度な階層性と裁量性に留意したい。本節で主に言及したのは法律の成立・改正の内容と背景であったが、入管政策には、必ずしも明示化されていなくても、外交・政治的な判断が作用している。下位の法令（政省令など）や告示・通達も入国管理の現場に実質的に影響する。その現場では行政裁量に基づく解釈・運用がなされている。つまりさまざまなレベルで、外国人の法的地位から社会的境遇に至るまで、入管政策の影響は及ぶ。それは、ホスト社会と、その社会に海外から移り暮らす人々のつながり方を左右する。

上述の性質は、日本の入国管理に特有のものではない。ただし周知の通り、近年の日本では、外国人の来日者数と在留者数が過去最高を塗り替えている。ゆえに現在、この国の入管政策に期される役割はかつてよりも広く、また重い。今後はさらに切実なものとして、そのあり様が問われていくであろうことは、想像に難くない。

（明石純一）

4　入国審査、退去強制、在留管理の政策　45

4-2　情報法としての出入国管理及び難民認定法・「情報の収集（取得）」に関する一考察

1. 情報法としての出入国管理及び難民認定法

　我が国の外国人の出入国管理には、外国人の在留（滞在）の「管理」も含まれ、その管理は厳格な方向に向かっている[1]。在留資格の取消制度が創設され、近年、第6次出入国管理政策懇談会の報告書は「在留資格取消制度を積極的に活用するとともに、現行制度における中長期在留者の届出事項に係る事実の調査の積極的な実施、保有情報の分析能力並びにその他の情報収集能力の強化、偽装滞在に係る在留活動実態の解明及び悪質事案への対応能力強化、在留資格取消手続に関する調査権限等の法的整備など、偽装滞在への対策強化の実現が必要不可欠となっている」と指摘している[2]。

　以上の傾向は立法事実の認識の当否はともかく、今後もより一層、強まるものと思われる。

　本節ではこれら外国人の在留「管理」のうち、外国人に係る「情報」の「管理」（収集〔取得〕・管理・提供〔利用〕を含む）の側面を考察したい。

　「情報」は、伝統的な行政の行為形式との関係で整理すると、典型的な行政の行為形式である行政行為を基礎づける事実を「証明」する資料（証拠）と整理されるが、これに限られず「行政準則」（例えば出入国管理及び難民認定法施行規則〔省令〕〔法規命令〕や考慮事情列挙型の裁量基準たる「在留特別許可に係るガイドライン」〔行政規則〕等）の制定・内容を基礎づける事実・資料[3]、「行政計画」（例えば出入国管理基本計画）の策定・内容を基礎づける事実・資料もまた「情報」と整理できる[4]。

　従前、出入国管理及び難民認定法（以下、入管法）における「行政調査」は、このうち特に行政行為の処分要件を基礎づける事実、これを「証明」[5]する資料（証拠）の「取得」（収集）するものと位置づけられてきた。

　そのうえで本節は、この外国人に係る「情報」の「取得」・「保有（管理）」、「利用・提供」を軸に、行政法各論としての入管法の再整理を試みるものである[6]。

　しかしながら入管法の「情報」に係る「取得」、「保有・管理」[7]、「利用・提供」[8]につき制定時から現在までのすべてを考察することは紙幅の関係からも筆者の能力からも困難であるため、本節では情報の「取得」（収集）段階の現行法の到達点を確認するにとどめ、取得規制の沿革、取得以外の管理規制・提供規制（利用規制）の考察は今後の検討課題として別稿に譲ることとしたい。

2. 外国人に係る情報の取得（申請型）

(1) 上陸時（指紋・顔写真など個人識別情報の提供）

上陸（許可を申請）しようとする外国人[9]は、入国審査官に対し、両手の人差し指の指紋、顔写真など個人を識別できる情報（個人識別情報）を提供しなければならない（入管法6条3項本文、規則5条7項、同8項、同10項）。これを拒絶すればいずれにせよ退去命令が発せられる仕組みになっている（入管法7条4項、同10条1項及び7項並びに同11条6項）。

つまり原則としてすべての外国人は指紋・顔写真のデータを記録させなければ我が国に上陸できない仕組みになっているのである[10]。

また上陸許可申請の際に有効な旅券を所持しなければならず（入管法6条1項）、これを提示しなければならないこととなっている（規則5条3項）。この旅券には氏名および生年月日、国籍が記載されており、これによって氏名・生年月日・国籍と、指紋・顔写真が紐付けされることになる（もっとも、①上陸審査を経ない上陸〔不法上陸〕、②旅券の氏名・生年月日が真正であるかという問題はなお残る。なお②についてはそれでも指紋および顔写真の画像により「その人」として特定できることになる）[11]。

なお、不法入国など上陸審査を経ずに上陸した場合には、個人識別情報を提供していないこととなるが、収容の際に、当該外国人（16歳未満の者を除く）は、指紋を採取され、かつ、写真を撮影されることになる（被収容者処遇規則12条）。

(2) 在留時（「点」の管理から「線」の管理へ）

(1) 在留期間の更新時（および在留資格の変更時）の情報の取得

従来は、在留期間の更新申請時（また在留期間中等の在留資格変更申請）において情報を取得し、保有情報を更新していた（いわゆる「点」の管理）。しかしながら、在留期間中の事実の変動などの情報の管理が必要であるとされ[12]、2009年改正において以下の通り在留期間中であっても居住関係・家族関係・雇用関係などを適時情報提供することが刑事罰と取消処分によって担保される仕組みとなった（いわゆる線の管理）。

(2) 在留期間中の情報の取得

ア　居住関係

2009年改正により外国人登録法は廃止され、「外国人登録原票」ではなく住民基本台帳法に基づく住民基本台帳により居住関係の情報が把握されることとなった（住民基本台帳法30条の45）[13]。

当該外国人が「中長期在留者」（入管法 19 条の 3）に該当する場合には、本邦に上陸した後に、居住地の市町村長に対して住民基本台帳法 30 条の 46 の規定により届出をした場合には、法務大臣に対する届出とみなされることとなった（入管法 19 条の 7 第 3 項、第 1 項）[14]。これにより住民基本台帳と法務大臣の二元管理が連動することとなった[15]。これに違反すると、在留資格の取消事由に該当し、刑事罰が用意されている（懈怠につき入管法 22 条の 4 第 1 項 8 号及び 9 号、同 71 条の 3 第 1 号・第 2 号、虚偽につき同 22 条の 4 第 1 項 10 号、同 71 条の 2 第 1 号）。

イ　家族関係（身分関係）（家族関係）

さらに、日本人の配偶者など（永住者の配偶者、家族滞在のうち配偶者）は、配偶者と離婚（又は死別）した場合には 14 日以内に配偶者と離婚（又は死別）した年月日等を法務大臣に対して届け出なければならないとされ（入管法 19 条の 16 第 3 号、規則 19 条の 15 第 1 項、規則別表第 3 の 3 の 3）、これらの届出義務の懈怠と虚偽の届出には刑事罰が規定されることとなった（入管法 71 条の 3 第 3 号及び 71 条の 2 第 1 号）[16]。

ウ　活動状況（雇用関係等）

（ア）中長期在留者側

一般的な就労の在留資格である「技術・人文・国際業務」「技能」等の外国人は、所属機関が倒産などにより消滅した場合・外国人自身が所属機関との契約が終了した場合（解雇・辞職）等には、14 日以内に届出義務を負い（入管法 19 条の 16 第 1 号及び 2 号、規則 19 条の 15 第 1 項、規則別表第 3 の 3 の 1 及び 2）、これらの届出義務の懈怠と虚偽の届出にも刑事罰がある（入管法 71 条の 3 第 3 号及び 71 条の 2 第 1 号）[17]。

（イ）所属機関等側

他方で、入管法は一定の企業など（別表第一の在留資格をもつて在留する中長期在留者を受け入れている本邦の公私の機関等）に、法務大臣に対して当該中長期在留者の受入れの開始および終了その他の受入れの状況に関する事項（規則 19 条の 16 第 2 項、別表第 3 の 4 の表の下欄）を届け出るよう努めなければならないとしている（入管法 19 条の 17）。

エ　その他社会保障等

国民健康保険の対象は、2004 年 6 月 8 日の国民健康保険法施行規則改正[18]により、原則として、①日本の国籍を有しない者であって、在留資格を有しない者

等または②日本の国籍を有しない者であって、外国人登録法第4条第1項の登録を受けていない者は、被保険者から除外された（2004〔平成16〕年改正後同施行規則1条1号・2号）。その後、外国人登録制度の廃止と同時に住民基本台帳制度による管理への以降に伴い、国民健康保険の被保険者は原則として「外国人住民」（住民基本台帳法30条の45）でなければならないとされた（国民健康保険法6条11号、2012〔平成24〕年改正後同施行規則1条1号）。番号法（マイナンバー法）により「外国人住民」には「個人識別番号」が付与されることになった（番号法7条、附則3条）。

3. 外国人に係る情報の取得（職権型）としての行政調査（事実の調査）（第19条の19）

　また上記の情報の正確性の確保のため、行政調査として事実の調査の権限が付与されるに至った。これは沿革としては1969年に廃案となった出入国管理法案における事実の調査の包括的な根拠規定の五月雨式の立法化・実現の一環といえる。

　政府は国会に提出した1969年出入国管理法案（法案73条）には事実調査規定があり、刑事罰が用意されていたこと、権限の範囲が包括的なものであったことから批判がなされ[19]廃案となった。さらに1971年出入国法案において制裁はなくなり任意調査となったものの実現しなかった。

　しかしながら2001年改正では廃案から約30年の時を経て「事実の調査」が幅広く規定されることとなり（59条の2、10条6項の新設）、在留資格認定証明書の交付（7条の2第1項）、在留資格の変更許可（20条3項）、在留期間の更新許可（21条第3項）、在留特別許可（50条第1項）等につき任意調査の対象となった。さらには2004年改正では、在留資格取消処分（22条の4）等が調査範囲として拡大され、この流れのなかで2009年改正により法19条の19が新設されたのである。なお、2014年改正では再入国許可（取消し）、退去強制執行に関し公私の団体に対する照会（52条7項）、さらに2016年改正では事実の調査の主体が「入国審査官」のみならず「入国警備官」まで拡大されることとなった。

　以上により「事実の調査」として「外国人」の動静監視、情報取得が可能であることが確認され、他方これに応じる「行為義務」を概念上は外国人のみならず「国民」も負担することとなったのである。

4. 個人の権利利益の保護との関係

　最後に、公権力が情報の取得を広く行う必要性は否定できないが、これが外国

人のプライバシーとの緊張関係にあることも自明である。外国人であっても、日本国籍を有しないあるいは「在留資格」という法技術的な地位を有しないただその一事によってプライバシーが保障されないとすべきものではなく、またその保障の程度も軽視されてよいものでもない。

　その意味で、外国人に係る情報の取得規制のみならず、管理規制（保管規制）、さらには利用提供規制こそが今後、検討されるべきものであり、本稿がその端緒となれば望外の幸せである。

（髙橋　済）

注

1) 特に退去強制事由（行政実務たる行政処分説からすると処分要件、多数説たる即時強制説からも法律上の要件）の沿革につき、髙橋（2016）参照。
2) 第6次出入国管理政策懇談会・報告書「今後の出入国管理行政の在り方」（2014）26頁。
3) 内閣提出法案という意味では「立法」についてもその根拠となる事実（立法事実）を基礎づける資料も行政の「情報」と整理できる。
4) 個別事案に係る情報の取得を「個別調査」、これ以外の情報の取得を「一般調査」に分けられる。こういった視点は山村（1984: 95）にすでに見られる。
5) 本来的には「事実認定」「証拠」「証明」といった用語は司法手続を想定するものと思われるが、行政手続においてもこれらの概念を観念できる。入管法7条2項、同46条。アメリカ移民国籍法240(c)(2)は行政手続における証明責任を規定する（なお同法291条も参照）（山本 2016: 309）。
6) 藤原（2009: 177）、曽和（2003: 57頁以下）がこれらの視点を提示しており、本稿は行政法各論たる出入国管理及び難民認定法にこの視点を導入するものである。
7) 情報の管理につき、入管法19条の18は「法務大臣は、中長期在留者の身分関係、居住関係及び活動状況を継続的に把握するため、出入国管理及び難民認定法その他の法令の定めるところにより取得した中長期在留者の氏名、生年月日、性別、国籍の属する国、住居地、所属機関その他在留管理に必要な情報を整理しなければならない」と規定する。その他難民事務取扱要領上「申請受付台帳」などがある。
8) 本稿の考察範囲外であるが「取得・収集」された情報の「利用・提供」が重要である。具体的には、①法務大臣から外国入国管理当局への情報提供等（入管法61条の9）（他方、情報取得の契機として関係行政機関への協力要請につき入管法61条の8）、②裁判所への情報提供（文書送付嘱託、文書提出命令等）がある。また③外国人本人による個人情報保護開示請求がある。なお、藤原（2009: 191）を参照のこと。
9) 特別永住者、未成年者のうち16歳未満のもの、在留資格「外交」「公用」の者などは提供義務から除外される（入管法6条3項ただし書各号参照）。
10) 管理に係るが、個人識別情報は「個人識別情報システム」（Japan Biometric Identification System: J-BIS）なるシステムにより「管理」されている。また、利用に係るが、当該個人識別情報は退去強制歴（上陸拒否事由）などブラックリストとの照合を行っている（杉浦正健法務大臣発言、第164回国会衆議院法務委員会7号13頁〔平成18年3月17日〕）。
　　なお、「入国・在留審査要領」によれば「外国人出入国情報システム」（Foreigner Entry

and Departure Information System: FEIS）が包括的なシステムとして存在していることがわかる。同要領 2 編 14 頁（定義に係る）、同 10 編 22 頁（申請に係る）、8 編 7 頁（進行管理に係る）（法務省入国管理局編 2004: 97）。

11) 機械読取式旅券（Machine Readable Passoport: MRP）または機械読取式査証（Machine Readable Visa: MRV）などについては、機械による読み取りが行われている。

12) 多賀谷一照参考人発言（第 171 回国会参議院法務委員会 14 号 9 頁〔平成 21 年 7 月 2 日〕）。

13) 正確には「外国人住民」概念であり、①中長期在留者、②特別永住者、③一時庇護上陸許可者又は仮滞在許可者、④出生による経過滞在者又は国籍喪失による経過滞在者をいう。

14) 入管法の建前は同条 1 項が規定するように法務大臣に対する住所の届出とされている。

15) 市町村（長）は法務省に対し、住民票の記載・消除・修正につき通知し（入管法 61 条の 8 の 2）、他方、法務省は市町村に対し、氏名・出生年月日、国籍等、外国人住民であることの変更、誤り等につき通知する仕組みとなっている（住民基本台帳法 30 条の 50）。

　　「住民基本台帳法施行令第 30 条の 30 及び出入国管理及び難民認定法施行令第 6 条第 3 項等に規定する通知の方法を定める省令」（平成 24 年 6 月 15 日総務省・法務省令第 1 号）でインターネットによる送信などを規定する。

16) 日本人の配偶者又は永住者の配偶者（であって日本人の配偶者等・永住者の配偶者等の在留資格のもの）が「配偶者の身分を有する者としての活動を継続して 6 月以上行わない」で在留している場合に、当該活動を行わないで在留していることにつき正当な理由がないときには、取消事由に該当する（入管法 22 条の 4 第 1 項第 7 号）。

17) 雇用関係に係る在留活動等を継続して行っていない場合には、取消制度が用意されている（入管法 22 条の 4 第 1 項第 6 号及び第 5 号）。

18) 最高裁（平成 14（受）687 号・損害賠償請求事件、2004〔平成 16〕年 1 月 15 日民集第 58 巻 1 号 226 頁）が在留資格なき人にも事情により国民健康保険へ加入する余地を肯定したため、敗訴した厚生労働省は平成 16 年 6 月 8 日厚生労働省令第 103 号により日本の国籍を有しない者であって入管法に定める在留資格を有しないものを明確に被保険者から除外した。後に平成 24 年 1 月 20 日厚生労働省令第 7 号により、本文のように「外国人住民」の概念を用いることとなった。

19) 藤島ほか（1969: 48 の松山発言）。1971 年出入国管理法案に対するものとして、宮崎（1971: 79）。

《文 献》

曽和俊文 2003「行政調査とプライバシー保護――捜査との接点にある問題を中心として（特集 捜索・差押えの現代的諸問題）」『現代刑事法』5 巻 5 号、57 頁

髙橋 済 2016「我が国の出入国管理及び難民認定法の沿革に関する一考察」『中央ロー・ジャーナル』12 巻 4 号（通巻 46 号）、63-117 頁

藤島宇内・松山 正・和田英夫 1969「出入国管理法案批判」『法律時報』41 巻 4 号、40-50 頁

藤原静雄 2009「行政調査論の現状と課題――行政情報管理の視点を踏まえて」『筑波ロー・ジャーナル』5 号、177 頁

法務省入国管理局編 2004「平成 16 年度版出入国管理白書」

宮崎繁樹 1971「出入国管理法案の問題点」『法律時報』43 巻 6 号、76-81 頁

山本隆司 2016「行政手続および行政訴訟手続における事実の調査・判断・説明」宇賀克也・交告尚史編『小早川光郎先生古稀記念　現代行政法の構造と展開』有斐閣

山村恒年 1984「現代行政過程論の諸問題（七）」『自治研究』60 巻 7 号、94-105 頁

4 入国審査、退去強制、在留管理の政策 | 51

4-3 入管収容の目的は何か
――「在留活動禁止説」を批判する

はじめに

退去強制事由に該当する疑いのある外国人については、主任審査官の発する収容令書により最長で60日間収容することが可能であり（入管法39条、同41条）、退去強制令書が発付された場合には送還可能となるときまで収容が可能である（入管法52条5項）。

この収容の目的をいかに捉えるかが、近時、被収容者の行った仮放免申請（入管法54条）に対する不許可処分取消訴訟で重要な争点となっている。ここでは、収容の目的を、退去強制を円滑に実施するためのものと捉える考え方（「執行保全説」という）と、それに加えて在留資格のない者の在留活動を禁止することも収容の目的であるとする考え方（「在留活動禁止説」[1]という）とが対立している。執行保全説によれば、被収容者に日本人の配偶者や子どもがいて住居もあり、在留を争う訴訟も係属しているなど、逃亡の危険が一切ないのに仮放免申請を不許可にするのは裁量の逸脱で違法であるという論理を展開できるのに対し、在留活動禁止説によれば、逃亡の危険がないとしても収容の目的は在留活動を禁止する目的もあるのだから、逃亡の危険がないとしても仮放免申請を不許可にするのは問題ないという結論が導かれる。

そこで、以下では、執行保全説の論拠について述べ、続いて、在留活動禁止説の論拠を上記訴訟の国側の主張から引用したうえで、それが誤りであることを述べていくこととする。

1. 執行保全説の論拠

(1) 現行法の条文解釈

(a) 在留資格がなくても人権は保障されること

まず、国がいかなる意味で「在留活動を禁止」と述べているのか不明確であるが、「在留活動」という語には、収容施設外で呼吸をしたり、食事をしたり、睡眠を取ったり、家族・知人と会話をすることも含まれるはずである[2]。

しかし、在留資格がない外国人が本邦に滞在する資格がないために、日本国籍を有する者や在留資格を有する者よりも人権制限の程度が一定限度厳しくなるのはやむをえないとしても、人身の自由は、生命に次ぐ重要な基本的人権である

から、その制限をするのは必要最小限でなくてはならない。在留資格がない外国人について「在留活動」を禁止するというのは、不明確かつ過度に広範な人身の自由という基本的人権への制限で許されない。もし、国の立論が許されるのであれば、それは在留資格のない外国人が人権享有主体であることすら否定されることになり、極論すれば命も奪えるということに帰結してしまうはずである。

(b) 収容令書による収容に期限があること

また、入管法41条は収容令書による収容の期限を原則として30日間、延長してさらに30日間と定めている。この間に退去強制令書が発付されれば収容の継続は可能であるが、入管法は収容令書による収容期間内に退去強制令書の発付をしなくてはならない旨の規定を設けていない。したがって、入管法上は収容令書の収容期限が経過し、それまでに退去強制令書の発付がされない事態も生じうる。その場合には無条件で当該外国人を解放しなくてはならないのである。このことは、収容令書による収容が、あくまで退去強制手続を円滑に進めるためのものにすぎないことを如実に表している。在留活動を禁止する目的なのであれば、60日を超えた後に在留活動を許容する余地はないはずだからである。

(c) 退去強制令書による収容の条文構造

入管法52条3項は退去強制令書を発付された者を「速やかに」送還しなければならないとしており、ただ、同5項はそのうちで、「直ちに」送還することができない者については送還可能なときまで収容することができるとし、送還することができないことが明らかになったときには、条件を附して特別放免することができるとしている（同6項）。

この条文構造からして、入管法52条5項による収容は、「速やかに」（同3項）送還すべき退去強制の対象者を「直ちに」送還できない場合に、送還するために身体拘束をし続けることを認めた付随的な作用であることは明らかである。もし、退去強制令書による収容が在留活動を禁止する目的もあるのであれば、「直ちに送還できない場合」という要件は不要なはずである。在留活動禁止説によるならば、直ちに送還できる場合であるか否かにかかわらず、退去強制令書が発付された外国人は在留活動を禁止しなくてはならないはずである。したがって、在留活動禁止説によるならば、直ちに送還できるか否かにかかわらず収容できると規定されるはずであるのに、現行法がそうはなっていないのは、執行保全説に立っているからである。

（d）仮放免取消の規定

仮放免の取消しに関する入管法 55 条 1 項は、「仮放免された者が逃亡し、逃亡すると疑うに足りる相当の理由があり、正当な理由がなくて呼出に応ぜず、その他仮放免に附された条件に違反したときは、仮放免を取り消すことができる」と定めている。これは仮放免を受けた者に逃亡のおそれが生じた場合には、仮放免が取り消されて再収容がなされること、裏返せば入管収容は逃亡を防止するために行うことを意味するにほかならない。

（e）出国命令制度

さらに、2004 年の法改正で設けられた出国命令制度（入管法 55 条の 2）は、オーバーステイの外国人が自主出頭をしてきた場合は、収容をすることなく出国させる制度である。当該制度は、自主出頭をしてきた者については逃亡のおそれがないため、収容をすることなく出国を認めた制度と解することができる。当該条項も、収容の目的は強制送還までの逃亡防止にあることを裏付けるものである。

（2）政府側の見解

（a）出入国管理令制定当時の国会答弁

1952 年 4 月 15 日における鈴木一入国管理庁長官（当時）は、現行入管法のもととなった出入国管理令の審議過程において、「収容と申しますのはこれは極く一時的なものでございまして、身柄の拘束をするということには変わりないのでありますが、審査のために必要な収容ということであります」と述べている（第 13 回国会参議院外務・法務委員会連合委員会）。

また、同委員会における林修三法務府法制意見第 2 局長（当時）や佐藤達夫法制意見長官（当時）の政府答弁でも、収容の目的が在留活動の禁止だという説明は一切存在しない。これらの答弁からも、収容令書による収容が審査を円滑に進めるための手段であることは明らかである。

（b）法務大臣の国会答弁

2003 年 2 月 27 日、森山真弓法務大臣（当時）は、衆議院予算委員会において、「入国管理局の収容施設は、あくまでも退去強制事由に該当する者を実際に送還するまでの間、その身柄を確保しておくことを目的としているわけでございます」と答弁している。執行保全説に立っていることは明らかである。

(c) 自由権規約委員会での国の説明

1998年の自由権規約委員会における政府報告書審査で、当時の法務省入国管理局警備課長西川克行は、「収容の目的は送還のための身柄の確保でございます」と明言している（日本弁護士連合会編 1999: 183）。さらに、同委員会に提出した2006年政府報告書[3]パラグラフ338では、「特に、退去強制手続を受ける未成年者については、従来から『児童の権利に関する条約』の趣旨に則り、人道的配慮と退去強制の実現確保との調整を図りつつ」、仮放免を弾力的に運用するなどの記載がある。ここでの考慮要素は「人道的配慮と退去強制の実現確保との調整」であり、在留活動の禁止という観点は挙げられていない。

(d) 入国管理局（元）職員による解説書

元東京入国管理局局長の坂中英徳らが執筆した『出入国管理及び難民認定法逐条解説（改訂第4版）』は、収容令書による収容について、「収容の目的は、退去要請手続において容疑者の出頭を確保して容疑事実に係る審査を円滑に行い、かつ、最終的に退去強制の処分が確定したときにその者の送還を確実に実施するため、その身柄を確保することである」としている（坂中・齋藤 2012: 636）。また、退去強制令書の収容の目的についても、「収容の目的は、被退去強制者の送還を確実に実施するため、その身柄を確保することである」（同: 712-713）としている。

さらに、法務省入国管理局参事官室補佐官（当時）の齋藤利男らが執筆した法務省入国管理局出入国管理法令研究会『出入国管理法講義』は、入管職員の教材と位置づけられているが（法務省入国管理局出入国管理法令研究会 1995:「はしがき」）、そこでは、「退去強制令書の執行は被退去強制者を送還することが主たる目的ですが、この目的を達成するために必要な被退去強制者の護送、身柄の拘束・収容を行うことも、退去強制令書の執行に含まれます」（同: 272）、「被退去強制者の収容は、送還のためのいわゆる飛行機待ち・船待ちのために収容するものです」（同: 275）と記述されている。

さらに、同書では、「収容令書により収容できる期間は最長60日間（30日プラス30日）ですが、退去強制令書による収容には期間の制限はありません。しかし、退去強制令書が発せられた場合には、すみやかに送還すべきこととされています（法第52条3項）」（同: 275-276）とされている。これは、つまり、退去強制令書による収容は飛行機待ち・船待ちのためのものなのだから、期限が定められていなくて速やかに送還するべきという趣旨であって、在留活動禁止説とはまったく異質な考え方であり、執行保全説そのものである。

(e) 第71回国会に提出された「出入国管理法」案

1973年の第71回国会に提出された「出入国管理法」案では、人権尊重の観点から、収容令書による収容につき、逃亡のおそれがある場合に限って容疑者を収容することとするものとされた（1973年5月11日衆議院法務委員会における田中伊三次法務大臣および吉岡章法務省入国管理局局長の答弁）。同法案では、収容令書が発付されない者についての在留活動を制限ないし禁止する規定は存在しない。収容の目的が在留活動の禁止も含むという立場からは、同法案の内容を説明できない。当時の政府も、執行保全説を採っていたことを表すものである。

（3）裁判例

（a）最高裁

最決2002（平成14）年2月28日（判タ1089号133頁）は、「収容令書による収容は、退去強制手続において容疑事実である退去強制事由に係る審査を円滑に行い、かつ、最終的に退去強制令書が発付された場合にその執行を確実にすることを目的として行われるものである」としており、収容令書による収容の目的について執行保全説によることを明示している。また、この文脈からしても、退去強制令書の収容の目的もその執行を確実にすることが目的であると理解するのが素直である。

（b）下級審

東京地決1955（昭和30）年12月9日（行集6巻12号2955頁）、神戸地決東京高決1970（昭和45）年3月25日（行集21巻3号579頁）、札幌高決1970（昭和45）年12月28日（行集21巻11・12号）、大阪高決1971（昭和46）年1月21日（訟務月報17巻5号）、広島地決1971（昭和46）年11月8日（訟務月報18巻2号340頁）、東京高決1972（昭和47）年4月19日（判時671号46頁）、東京地決1975（昭和50）年4月26日（判時787号58頁～明示はしていないが、国が、収容の目的には在留活動の禁止も含まれ収容の執行停止を認めることは野放しの在留活動を認めることになり公共の福祉に反するとの主張を排斥している）、東京高決1976（昭和51）年2月20日（判時809号20頁）、大阪地決2007（平成19）年3月30日（判タ1256号58頁）は、いずれも収容の目的について、執行保全説によることを明らかにしている。

（4）国際法──自由権規約委員会一般的意見35[4]

2014年12月16日に採択された自由権規約委員会[5]の一般的意見35・パラグ

ラフ 18 では、入国管理局による収容について、「（身体拘束の）決定に際しては、事案ごとに関連要素を考慮しなければならず、広範な類型の強制的なルールに基づくものであってはならない。また、決定に際しては、逃亡を防止するための報告義務、身元引受人又はその他の条件など、同じ目的を達成する上でより権利侵害の小さい手段を考慮に入れなければならない」とされている[6]。在留活動禁止説によるとすれば、およそ退去強制事由に該当する疑いがある者について事案ごとの関連要素を考慮せず、広範な類型の強制的なルールに基づく収容を許容することになり、引用したパラグラフの 1 文目に反する。また、同 2 文目は、収容の目的を逃亡の防止と捉えていることが明らかであり、自由権規約委員会の見解も執行保全説に立っていることがわかる。

2. 在留活動禁止説の論拠および批判

　これに対し、国は、在留活動禁止説の根拠として、近時の仮放免不許可処分取消請求事件において、次のような主張をしている。

　　「法は、外国人の入国及び在留管理の基本となる制度として在留資格制度を採用している。在留資格制度とは、外国人が本邦に入国し在留して特定の活動を行うことができる法的地位又は特定の身分若しくは地位を有する者としての活動を行うことができる法的資格として『在留資格』を定め、外国人の本邦において行おうとする活動が、在留資格に対応して定められている活動のいずれかに該当しない限りは入国及び在留を認めないこととして、この在留資格を中心に外国人の入国及び管理を行うものである（法 2 条の 2、19 条 1 項、坂中英徳ほか・出入国管理及び難民認定法逐条解説（改訂第 4 版）57 ないし 59 ページ）。
　　そして、退去強制は、国家が自国にとって好ましくないと認める外国人を強制力をもって国外に排除する作用であるから、このような作用を有する退去強制令書を発付したにもかかわらず、当該容疑者を収容しないことは、同人の本邦内における在留活動を事実上認めることとなり、背理であるから、収容の目的に在留活動の禁止が含まれることは、自明の理である。」

　しかし、前記の通り、国が参考文献として挙げている坂中・齋藤の『出入国管理及び難民認定法逐条解説』では、執行保全説を採ることを明言している。したがって、在留資格制度の存在が在留活動禁止説を必然的に導くものではない。

退去強制令書の効力として在留活動を禁止するのは、まさに強制送還により本邦から国外に退去させることによって実現するべきものであり、収容はそれに向けた手段にすぎない。国の主張する在留活動禁止説は、目的と手段を混同していると言わざるをえない。

結 語──在留活動禁止説は誤りである

　以上の通り入管法の収容の目的は退去強制手続を円滑に進めるためのものと捉えるほかない。国の主張する在留活動禁止説は誤りである。　　　　（児玉晃一）

注

1) 各説の名称は、児玉ほか編（2012: 309）に倣った。
2) 筆者が代理人を務めた事件で、国が禁止すると述べている在留活動とは、以下のどのレベルのことを言うのか明らかにするよう求めたが、国は回答する必要がないと述べ、釈明に応じなかった。
　　①呼吸をすること、②睡眠を取ること、③食事をすること、④家族・知人と会話をすること⑤運動をすること、⑥買物をすること、⑦就労をすること
3) http://www.mofa.go.jp/mofaj/gaiko/kiyaku/pdfs/40_1b_5.pdf（2017年2月21日閲覧）
4) 英国の Hardial Singh 事件判決（1983年12月13日）で Wolf 判事が示した、Hardial Singh 原則と呼ばれる以下の基本原理も参考になる。同原則は、2011年3月23日の英国最高裁判決でも採用された（イングランドの入管収容施設及び制度の現状と課題研究会 2016: 372）。
　　1　所管大臣は、当該人物を送還することを意図しなくてはならず、また、その目的のためだけに収容を用いることができる。／2　被送還者は、あらゆる状況から見て合理的な期間のみ収容される。／3　もし、合理的な期間満了前に所管大臣が合理的な期間内に送還をすることができないときには、収容の権限を行使しようとするべきではない。／4　所管大臣は、送還を達成するためには、あらゆる注意と迅速さをもって行うべきである。
5) 日本から選出された岩沢雄司氏も18人の委員のうちの1人である。http://www.ohchr.org/Documents/HRBodies/CCPR/Membership/Membership1977_2014.pdf（2017年2月22日閲覧）
6) http://www.nichibenren.or.jp/library/ja/kokusai/humanrights_library/treaty/data/HRC_GC_35j.pdf（2017年2月22日閲覧）

《文 献》

イングランドの入管収容施設及び制度の現状と課題研究会 2016「イングランドの入管収容施設及び制度の現状と課題」日弁連法務研究財団編『法と実務』Vol.12、359-424頁
児玉晃一・関 聡介・難波 満編 2012『コンメンタール 出入国管理及び難民認定法 2012』現代人文社
坂中英徳・齋藤利男 2012『出入国管理及び難民認定法逐条解説【改訂第4版】』日本加除出版
日本弁護士連合会編 1999『日本の人権　21世紀への課題──ジュネーブ1998　国際人権（自由権）規約第4回日本政府報告書審査の記録』現代人文社
法務省入国管理局出入国管理法令研究会 1995『出入国管理法講義』日本加除出版

Column　外国人管理の歴史と在日コリアン

戦前期の朝鮮人在留者に関する初めての記録は、『日本帝国統計年鑑』から推測することができる。それによると、1896年までは二桁にとどまっていたが、朝鮮半島からの留学生の派遣もあり、1897年には155名となっている。同年は、九州地方の炭鉱地帯の労働力不足を補うため、朝鮮人労働者が初めて日本に渡ってきた年でもある。1910年の韓国併合後は、各地で大規模な土木工事が行われるようになり、朝鮮で労働者を募集し、日本に連れてくるようになった。併合後に「帝国臣民」となった朝鮮人だが、渡航や居住に関して日本人とは別の扱いをされ、「戸籍」についても、日本人のそれとは区別され、両者間の移動は、結婚や養子縁組を除いて禁止された。そんななか、「内地」の警察当局は、併合前から在留朝鮮人名簿を作成し、併合後も監視・警戒の対象としていた。

一方、併合後における朝鮮人労働者は、集団募集によって内地に渡り、朝鮮人女子労働者の場合、関西地方では紡績工場で働く人が増えるようになった。男性は、土木工事等に集団募集の形で渡日した場合が多かった。こうした朝鮮内での労働者の募集に、朝鮮総督府は府令「労働者募集取締規則」（1918年）を定めて関連規定を設け、内地における労働力の需給調整を行うため、労働者の集団募集と渡航を管理する制度として機能させた（水野直樹・文京洙『在日朝鮮人——歴史と現在』岩波新書、2015年）。

筆者が行った和歌山県における調査（全泓奎「和歌山在住在日コリアンの暮らしと生活課題」こりあんコミュニティ研究会『コリアンコミュニティ研究』2011年）から、前記した管理政策との関連で一例を紹介する。

同県で朝鮮人の居住が最初に確認できるのは1913年で、当時38名の居住者がいたことが報告されている（金静美『和歌山・在日朝鮮人の歴史』〈在日朝鮮人史研究14〉在日朝鮮人運動史研究会、1984年）。この地域への移住は、紡績関係の各工場の募集人が朝鮮半島から女工を募集し、和歌山に連れてきた場合と、親や親戚など先に渡日していた人々を頼りに来日した場合がほとんどである。就労は、男性は土建業関連、女性は紡績工場の女工というステレオタイプが見られた。土建業に関連しては、和歌山築港埋め立て工事にも朝鮮人が多く関わっており、その後、河原工事、砂・砂利採集で蓄えを増やし、和歌山市内でも名が知られるほど成功を収めた場合もあった。

女性の場合、御坊にあった日之出紡績と大和紡績で働いていたという証言がもっとも多く、中には、姑や実家の母、本人と夫など一家の全員が紡績工場で働いていた場合もあった。しかし、ほとんどの仕事は、「在日のできる仕事ってゆうたらね、もう下請けの下請けみたいな、きついとこばっかになってくるみたいな感じやね」という証言のように劣悪な労働環境であった。　　　　（全　泓奎）

II　出入国政策

5　外国人受入れ政策
——選別と排除

　日本の外国人「受入れ」政策に関する議論は、「労働者」の受入れを中心に展開されてきた。「第6次雇用対策基本計画」（1988年）において、専門的・技術的労働者を受け入れ、いわゆる「単純労働者」は受け入れないという基本方針が閣議決定され、1989年に入管法が改定された（翌90年施行）。「90年体制」の成立である。

　一方で、いわゆる「単純労働」を求める労働市場の需要に対しては、日系人や研修生・技能実習生などが、その供給源として「活用」されている。

　国際貢献を目的とする研修・技能実習制度は、2009年の入管法改定で両制度が分けられ（翌10年施行）、16年には技能実習法が制定された（翌17年施行）。技能等の移転という趣旨を維持しつつも、受入れ人数枠の拡大、移行対象職種の追加、実習期間の延長など、労働力供給源としての機能を強化している。

　単身の技能実習生に対して、「日本人とのつながり」を根拠に受入れが認められている日系人は、家族を形成したり、永住資格を取得することも可能な外国人である。けれども、「生活者」としての視点を欠く「受入れ」政策ゆえに、日系人のみならず、彼／彼女らが暮らす地域社会もさまざまな困難に直面している。

　90年体制が十分に総括されることがないまま、第二次安倍内閣発足（2012年12月）以降、「外国人材の活用」がなし崩し的に進められている。その一つは、超高齢社会や女性の活躍推進を支えるための、再生産労働（介護・家事・育児）分野での外国人（主に女性）の受入れである。家庭内の無償労働とみなされてきた再生産労働において、外国人女性が脆弱な立場に置かれることが懸念されている。

　加えて、グローバル戦略の一環として、高度人材や留学生の受入れが促進されている。けれども、ポイント制度による高度人材受入れの実態は、政府が求めるグローバル人材とは乖離したものである。さらに、高度人材の潜在的予備軍である留学生については、日本での就職が政策的に後押しされている一方で、在学中の資格外活動（アルバイト）が、貴重な「単純労働力」の供給源として活用されている。

（鈴木江理子）

5-1 サービス産業と外国人女性

(1) 看護師・介護士

1. グローバル化するケア労働

　育児や介護や家事などのケア労働は、私たちの生命の維持に関わるもっとも本質的な生の営みである。最近では男性も家事や子育てに関わるようになってきたが、ケア労働の多くは無償労働として女性によって担われており、経済活動よりも劣位のものとして位置づけられてきた。しかし、国内におけるジェンダー不平等が解決される前に、現在、ケア労働はグローバル化という新たな装いのもとで私たちの前に立ち現れている。

　日本を含む多くの先進国においては、少子高齢化、世帯規模の縮小、女性の労働力率の上昇、福祉国家の後退、社会保障費の抑制、ケアの商品化などが進行している。また、途上国においては、金融危機や構造調整プログラムなどの影響により、女性の海外就労が増大している。現在、香港、台湾、シンガポールには約80万人近い移住家事ケア労働者が就労しており、その多くはインドネシア、フィリピン、ベトナム出身の移住女性たちである。急速な発展を遂げてきたアジア新興工業経済地域 (Newly Industrializing Economies: NIES) においては女性の就労促進が経済成長の鍵を握っており、移住女性たちは、社会進出を進める現地の女性たちの再生産労働を低賃金で肩代わりしている。

　一方、日本でも 2008 年以降、経済連携協定 (Economic Partnership Agreement: EPA) により東南アジアからの看護師・介護福祉士が病院や介護施設などで就労をしており、日本人の配偶者として永住・定住している結婚移住女性らもケア労働に従事している。ケア労働は機械化も効率化もできず、海外移転もできないことから、多くの国で移住女性が担うようになり、その結果、ケア労働はジェンダー化されただけでなく、「人種化」された労働の最前線となっている。

2. 経済連携協定 (EPA) による外国人看護師・介護福祉士の受入れ

　日本における外国人看護師・介護福祉士の受入れは、移民政策でも労働政策でもなく、EPA の下で行われた。EPA とはモノやサービスの貿易に加えて投資の自由化や人の移動、知的財産などを含む広範囲な経済連携を推進する政府間協定

である。日本政府は「経済的利益」および「政治・外交上の関係強化」に資する
ものとして、2002年のシンガポールとの協定を皮切りに、次々とEPAの締結を
推進していく。日本フィリピン経済連携協定（JPEPA）の交渉において、フィリピ
ン政府は家事労働者、ベビーシッター、看護師、介護の分野における労働市場の
開放を求めてくるが（安里 2007: 33）、日本はそれに対して、「専門的・技術的分野
の労働者を受け入れる」（雇用対策基本計画）とする方針に照らし、国家資格がある
看護師と介護福祉士の受入れを政治的に決定する。JPEPAの枠組みを踏襲し、日
本インドネシア EPA および日本ベトナム EPA に基づいて、これまでに 3800 名
を超える看護師・介護福祉士（候補者）が来日している[1]。

　看護師と介護職の国際移動の枠組みが政府間の協定によって決定されたこと
により、日本政府は協定の枠組みを遵守することが求められた。外国人看護師・
介護職は日本人と同等待遇で雇用され、労働関係法令や社会保険等が適用され
る。さらに、一定期間内に日本語による国家試験に合格することが求められるた
め、1年間無料で日本語研修を受けた後、配属された病院や施設において就労し
ながら国家資格の取得に向けて勉強し、合格すれば引き続き滞在が認められる
が、不合格の場合は帰国しなければならない。滞在期間は、看護師は3年、介護
福祉士は国家試験の受験資格に3年間の就労を要するため4年とされ、斡旋は民
間の仲介業者ではなく、送出し国側も日本側も政府関係機関が行うこととなった。

　来日した東南アジアの看護師・介護職は看護学校か4年制大学を卒業しており、
高学歴である。しかし、初年度の看護師国家試験の合格率は 1.2%、介護福祉士
国家試験の合格率は 37% だったことから、政府は対応を迫られることになる。
その後、厚生労働省と斡旋機関の国際厚生事業団（Japan International Corporation of
Welfare Services: JICWELS）が中心となり、国家試験対策や適正な労務管理の制度
づくりが進められ、巡回訪問、集合研修、模擬試験、国家試験問題の疾病名への
英語やふりがな付記と時間延長、滞在期間の延長などが行われ、帰国者に対して
はジョブフェアや再受験支援などの対策が矢継ぎ早に打ち出されていく。

　このように日本政府が迅速に対策を講じたのは、看護師・介護職の受入れが二
国間協定の一部であり、失敗すれば相手国との外交・経済関係に悪影響を及ぼす
からである。しかも、看護や介護分野は人間の命を預かる仕事であり、高い専門
性と日本語能力が要求され、国内の業界団体やメディアの注目度も高い。日本側
は相手国の看護制度に関する基礎知識もないまま、協定の締結を優先したが、国
内外から批判を受けないためには人権侵害が起きないように労務管理を徹底し、
国家試験の合格率を上げることが喫緊の課題であった。

筆者らの調査では、政府予算を除き、受入れ病院や介護施設が給与以外で負担する費用は教育費、手数料、面接や研修の旅費、管理費などを含めて看護師は3年間で1人当たり平均230万円、介護職は4年間で平均218万円という結果になった（Tsubota et al. 2015）。外国人看護師・介護職の国際移動は、日本政府・病院・介護施設にとって大きな経済負担であり、移住ケア労働者は決して「低賃金労働者」ではない。

また、来日した外国人看護師・介護職にとっても日本語というマイナーな言語で、日本以外では通用しない「介護福祉士」という資格を取得する機会費用は大きい[2]。限られた期間内に国家試験に合格しなければ就労が継続できないという条件の下で、外国人看護師・介護職と受入れ病院や介護施設のプレッシャーは大きく、合格しても帰国してしまう人も多い。帰国したインドネシア人看護師・介護職約200名の調査によれば、国家試験の合否にかかわらず、帰国後に看護師として就労しているのは約半数であった。一方、看護師として就労しない・できない理由としては、「労働条件が悪いから」（86%）、「給与が安いから」（74%）、「看護技術に不安」（62%）、「看護師として就職するのは難しい」（58%）、「キャリアパスが見えない」（55%）、「日本での経験が評価されない」（40%）などが挙げられている（Efendi 2017: 57-58）。

また、別の帰国インドネシア人介護職15名の調査では、来日前は7名が看護師として就労していたにもかかわらず、帰国後に看護師として就労したのは3名であり、6名は他業種で職を得ており、6名は調査時には職がなかった（Kurniati et al. 2017）。国家試験に合格したにもかかわらず帰国した人は、日本で介護職として就労することに疲れ、帰国後も看護の仕事からも離れたり、インドネシアでは看護師でも、日本では介護の仕事に従事していたため看護技術が失われ、看護師として復帰することに不安を感じる、などのジレンマを抱えていた。EPAの介護職たちは移動の自由があるため、日本で働くことにメリットを感じない限り定着はしない。しかも、医療の人材が十分ではない途上国からの看護師の受入れには倫理的な配慮が必要であり[3]、帰国した人材をどう活かすかについては、今後の課題である。

以上のように、政策的には矛盾の多い制度ではあるが、ケアの現場からみると異なった風景が見えてくる。EPAを受け入れた多くの施設では、受入れが始まる前からインドネシアやフィリピンの社会や文化についての学習会や入所者の家族に対する説明会を行ったり、職員や近所の人たちに生活用品の寄贈を求めたり、地域の日本語教師や専門学校との連携を進めるなど受入れの準備を整えてきた。

準備が整ったところで受け入れられた外国人介護職は、数か月後には仕事にも日本語の方言にも徐々に慣れていった。受入れから1年後に筆者らが行った調査によれば、約半数の施設では「入所者が生き生きとしてきた」と答えており、日本人介護職や高齢者からの評判も良い（Ogawa 2012）。JICWELSの調査も同様の結果を示しており、受入れ施設の日本人職員への影響については「良い影響があった」(43%)、「どちらかといえば良い影響があった」(40%)、利用者は「サービスに対して十分満足」(19%)、「概ね満足」(65%) と答えており、約8割の職員および利用者・家族がEPA介護職に対して良好な反応を示している（JICWELS 2015）。また、同程度のキャリアの日本人介護職と比較して利用者・家族からのクレームが「多い」と報告したのは1.7%であり、「全くない」が46.8%、「少ない」が31.8%と172施設の7割以上において日本人よりもクレームが少なくなっている（JICWELS 2014）。

就労中のEPAの介護職（n=729）に対する調査でも、現在の職場が「働きやすい」と答えたのは28%、「普通」は68%、「働きにくい」は4%であり（JICWELS 2015）、斡旋機関による調査であるという点を差し引いたとしても、良好な雇用環境であることがうかがえる。摩擦やトラブルがないわけではないが[4]、国家試験に合格すれば雇用主の変更も可能であり、家族を呼び寄せて定住することも可能であり、外国人介護職たちは「優秀な専門職」として介護現場に包摂された。

その理由としては、①来日した看護師・介護職は高学歴であり、特に看護教育を受けた人々は専門職としてのプライドがあったこと、②受入れ施設は適切な労務管理および研修ができることが条件であり、JICWELSによるモニタリングが定期的に行われたこと、③日本語教育や国家試験対策に対する政府の支援があったことが挙げられる。海外でも移住労働者の問題が外交関係に影響を及ぼすケースは多数あるが、EPAの場合、経済・外交関係を良好に保つことが求められた結果、政府と民間が協働して受入れに尽力し、日本人と同等の待遇も保障された。

筆者は、多様なアクターによる同床異夢の産物として生まれたEPAによる人の移動は、外国人を治安と結びつける傾向が強い日本において政策の意図を越え、東南アジア出身者が肯定的なイメージで受け入れられたケースではないかと考えている。結果的に外国人看護師・介護職は比較的規模の大きな安定した法人に雇用され、「専門職」として支援され、制約はあるものの市民権を得る機会が開かれた。そして、日本人高齢者とかけがえのない関係性を構築し、介護施設にとってはなくてはならない人材となっていった。「国家試験合格後も当施設で働き続けて欲しい」と希望する受入れ施設は、91%にのぼっている（JICWELS 2015）。

3. 結婚移住女性によるケア労働

　日本には日本人と結婚して定住している外国人が多数暮らしているが、2000年代中盤以降、全国で外国人向けの介護研修が行われるようになり、結婚移住女性たちが初級レベルの介護資格を取得するようになっていく。その背景には、度重なる介護報酬の改定によって生じた介護現場の人手不足と、移住女性たちのライフスタイルの変化が挙げられる。例えば、結婚移住女性に比較的多いフィリピン人の場合、80年代以降にエンターテイナーとして来日したが、それまで正規の日本語教育を受ける機会がないままに暮らしてきた。しかし、家族を形成して子どもが生まれると、工場やホテルなど昼間の仕事に切り替える人も出てくるなかで、日本語を学び、介護の資格を取得することが一つの選択肢になっていく。すでに結婚移住女性たちの中には介護福祉士資格を取得し、正職員やリーダーになっている人たちもおり、EPAで来日した介護職の先輩として多くの施設で活躍している。

4. ケアのグローバル化の未来

　EPAにより外国人の介護分野への受入れが順調に進んだことから、将来の介護人材の確保をにらんで、3つのケア労働分野での人材受入れの枠組みが創設された。①技能実習制度の介護分野への拡大、②在留資格に「介護」を含める、③国家戦略特区における外国人家事支援人材の受入れ、である。①の受入れの目的について政府は「介護人材不足への対応ではなく、相手国への技能移転」とするが、「介護」という職種は日本以外には存在しないため、仮に認知症ケアなどの専門的技能形成ができたとしても、技能移転をする労働市場はほとんど存在しない[5]。また、日本語能力試験N4程度を要件として課すこととなっているが、この研修費を誰がどのように負担するのかは不明である。介護の技能形成には日本語能力が不可欠であるが、3～5年で雇い止めという雇用形態では、EPAのような支援は望めない。EPAにおいては日本人と同等以上の要件で受け入れられた外国人介護職は、技能実習生として介護現場の二重労働市場を形成するのではないかと危惧される（上林 2015 参照）。②においては多くの介護福祉士の養成校が定員を満たしていないことから、外国人留学生を受け入れ、介護施設でアルバイトをしながら資格を取得し、卒業後は就労を継続することとなる。③については海外ですでに多くの問題が指摘されており、受入れにあたっては家事労働者の権利を擁護するILO189号条約を批准することが求められる。

　4人に1人が高齢者というアンバランスな人口構造から考えれば「日本人の介

護は日本人で」というのはすでに幻想にすぎない。EPA の経験を最大限活用し、後続の人材育成を進め、専門職・管理職へのキャリアパスを準備しない限り、介護労働は単純職種として固定化されていく。介護は人間の尊厳を守るという行為である。移住ケア労働者のケアのニーズと人権が保障されなければ、日本人高齢者の人権も守られないという認識に立ち、社会統合を含めた本格的な移住労働者の受入れ政策が必要である。また、時間差を伴って高齢化が進行するアジア諸国と協力し、看護や介護人材を使い捨てにしないような人材育成政策や頭脳還流政策を考える時期に来ている。　　　　　　　　　　　　　　　　　　　　（小川玲子）

注

1) 国家試験に合格するまでは看護師・介護福祉士候補者が正式名称である。本稿では有資格・無資格を含めた介護職を中心に論じる。
2) 看護師は送出し国にもある資格だが、資格の相互認証は行われていない。
3) 国際保健機関（WHO）は保健医療人材の国際的リクルートメントに関するグローバルな実施規範を採択している。
4) 雇用問題や宗教に配慮を欠いたケース等の問題も生じている。
5) 2016 年度より日本の介護を輸出するアジア健康構想が推進されている。

《文献》

JICWELS（国際厚生事業団）2014「EPA による外国人介護福祉士候補者等受入れについて」http://www.mhlw.go.jp /file/05-Shingikai-12201000-Shakaiengokyokushougaihokenfukushibu-Kikakuka/0000065985.pdf（2016 年 12 月 5 日閲覧）
JICWELS 2015「平成 27 年度 外国人介護福祉士候補者受入れ施設巡回訪問実施結果について」https://jicwels.or.jp/files/junkai-report_C-H27（2016 年 12 月 5 日閲覧）
安里和晃 2007「日比経済連携協定と外国人看護師・介護労働者の受け入れ」久場嬉子編『介護・家事労働者の国際移動──エスニシティ・ジェンダー・ケア労働の交差』日本評論社
上林千恵子 2015『外国人労働者受け入れと日本社会──技能実習制度の展開とジレンマ』東京大学出版会
Efendi, F., 2017, Factors Associated with Career Decisions of Indonesian Nurses Returned from Japan, 国立台南大学提出博士論文
Kurniati A., C. M. Chen, F. Efendi, R. Ogawa, 2017 "A Deskilling and Challenging Journey: the Lived Experience of Indonesian Nurse Returnees," *International Nursing Review*, Online.
Tsubota, K., Ogawa, R., Ohno, S., Ohara-Hirano, Y., 2015, "A Study on the Cost and Willingness to Recruit EPA Foreign Nurses and Care Workers in Japan: from the Angle of Hospitals and Care Facilities," 保健学研究 27: 45-53.
Ogawa, R., 2012, "Globalization of Care and the Context of Reception of Southeast Asian Care Workers in Japan," *Southeast Asian Studies*, 49(4): 570-593.

(2) 家事労働者

はじめに

　家事労働者のディーセントワーク（働きがいのある人間らしい仕事）は世界中で欠けている。家事は子どもでも誰でもできる活動で、手伝いも含めば労務供給は無尽蔵と仮定でき、近代経済学による賃金設定は低い。法律は労働者保護法規等の対象となる「労働者」とみなさない[1]。ゆえに労働条件の決定段階から業務遂行の局面に至るまで雇用者が優位に立つ。家事労働は女の仕事とされ、女性差別撤廃の流れにあっても男女の関係性の改善は進まない。そのなかで移住女性の家事労働者の受入れが先進国や新興国では目立つ。彼女たちにはジェンダーと外国人ゆえの制約が立ちはだかる。現代消費社会において、雇用企業は家事サービスを低価格帯で消費者に提供することで市場拡大を図る。法的保護の欠如と市場原理の下では、家事労働者の賃金は低く、社会保障もない状況に陥りやすくなる。

　国際労働機関（International Labour Organization: ILO）は基本的権利を国際的に保障する必要があるとし、家事労働者条約（第189号）および同条約に付随する同名の勧告（第201号）を2011年6月16日の第100回ILO総会で採択した。しかし批准国は数十か国にとどまる。アジアではフィリピンが批准した。日本政府は同条約を批准していないことについて、労働基準法など国内法との整合性に検討すべき点があるためとした[2]。

　第二次安倍内閣発足（2012年12月）以降、急速に高度人材をはじめ建設、製造、造船、介護の分野で外国人材受入れ議論が進み、出入国管理及び難民認定法（入管法）の改正や省令の制定が行われている。この流れのなかで外国人家事労働者の受入れ制度の導入も急ピッチで進められた。

1. 外国人家事労働者受入れの背景と経緯

　2025年に団塊世代が後期高齢者に達して高齢化率30%の少子高齢人口減少社会の到来に危機感が募る日本。医療保険制度改革のほか、介護保険制度の改正案が出され、軽度要介護者のサービス縮小に向けた議論が本格化した。高齢者や女性の労働力の活用の議論も活発化した。IMFの「女性は日本を救えるか？」（2012年10月）では、キャリアコースの女性労働者の拡大と働く母親への支援を通して女性の労働力率をG7レベルに引き上げれば、1人当たりGDPが4%増えるとの試算を出している（宮島・鈴木2014参照）。日本の性別役割分業を前提とした雇用慣行や社会保障制度、社会慣習や意識の変革が迫られる時期が来ているのだ。し

かし21世紀以降、政府は女性の活躍推進をスローガンに掲げてきたが実現できなかった（山田 2015: 7 参照）。2014年1月、安倍首相は世界経済フォーラム（ダボス会議）の場で「女性の活躍推進」のために外国人家事労働者が必要との演説を行った。2014年6月に閣議決定した「『日本再興戦略』改訂 2014」に「女性の活躍推進」が取り上げられ、「家事支援ニーズへの対応のための外国人家事支援人材の活用」「安価で安心な家事支援サービスの実現」が明記された。

2013年6月の在日米国商工会議所の意見書は、外国人家事労働者受入れ議論のきっかけになったと言われる[3]。報道資料によれば、入管法の緩和で日本人を家事労働者の身元引受人として認めることや、高度専門人材の誘致を進める方策として外国人家事労働者受入れ制度の設置を求める提案が盛り込まれていた[4]。2015年2月に「女性の職業生活における活躍の推進に関する法律（女性活躍推進法）」が閣議決定されると、同年7月の「国家戦略特別区域法の一部改正」に入管法改正があり、日本人が利用できる家事支援外国人受入事業が本格始動となった。一方、2012年5月より高度外国人材受入促進で導入されたポイント制度に入国管理上の優遇措置が講じられ、外国人家事使用人の帯同も認められた。2013年12月の入管法見直しで家事使用人帯同の年収要件は引き下げられた。

2. 外国人家事労働者の受入れ条件と法的地位

日本の外国人家事労働者は4つのタイプが考えられる（表1参照）。タイプ1の「高度専門職」は優遇措置を利用した外国人家事労働者の雇用数が今後増える可能性がある。一方、タイプ3とタイプ4は統計的に可視化できない。ここではタイプ2の国家戦略特別区域家事支援外国人受入事業を中心にみたい。

家事支援外国人受入事業とは、女性の活躍促進や家事支援ニーズへの対応、中長期的な経済成長の観点から、国家戦略特別区域内において、第三者管理協議会による管理体制の下、家事支援活動を行う外国人を特定機関が雇用契約に基づいて受け入れる事業のことである。2017年3月に第一陣となる25名のフィリピン人女性が来日し、東京都と神奈川県、大阪市の国家戦略特区で特定機関（家事代行サービス企業や人材派遣会社など）に雇われ、日本人家庭で家事サービスを行う。彼女たちは特定機関と現地マグサイサイグループとの業務提携のもと研修所で研修を受けて来日した一団である[5]。雇用構造を図1に示した。第三者管理協議会の認可を受けた特定機関が、家事支援外国人材と雇用契約を結ぶ。彼女たちは労基法の適用を受ける。特定機関は家事サービスを発注した国家戦略特区内の日本人などの利用者と請負契約を結ぶ[6]。よって家事支援サービスを発注した利

68 | II 出入国政策

表1 外国人家事労働者とその使用者との雇用関係

	家事労働者	使用者／利用者	契約関係
タイプ1	・在留資格「特定活動」 ・使用者の使用言語による日常会話が可能 ・18歳以上	(A)「外交」「公用」外交官等や国際機関の公務員等（使用者） (B)「公用」アメリカ合衆国軍隊等の少佐以上の階級（使用者） (C)「高度専門職」世帯年収1千万円以上の者。または「経営・管理」「法律・会計業務」事務所の長等	・使用者が外国人「家事使用人」を直接雇用する。 ・労基法の適用除外。 ・(B)(C)の使用者が雇える家事使用人は1人まで。 ・(C)は家事使用人に給与月額20万円以上を支払う。 ・(C)は13歳未満の子又は病気等により日常の家事に従事することができない配偶者を有する。
タイプ2	・在留資格「特定活動」 ・「家事支援外国人材」 ・1年以上の実務経験 ・送出し機関で研修受講 ・18歳以上	（使用者）国家戦略特別区域家事支援外国人受入事業における特定機関 （利用者）国家戦略特別区域内の日本人ほか	・使用者は、利用者と請負契約。家事支援外国人材を常勤で雇用契約。家事支援外国人材に業務と日本語能力等の研修を行う。日本人と同等額以上の給与。保証金等の徴収を行わない。 ・家事支援外国人材は、労基法適用。仕事内容は一定の日本語能力で家事一般、子どもの世話、身体介護以外の高齢者補助。最長3年まで契約更新可能。 ・利用者は、家事支援外国人材を指揮命令下に置かない。
タイプ3	・在留資格「日本人の配偶者等」「永住者の配偶者等」「永住者」等の就労に制限のない者	（使用者）（利用者） 日本人ほか	・家事労働者が18歳未満の場合、原則、午後10時から午前5時まで働かせてはならない。 ・個人の雇用は労基法適用除外。
タイプ4	・在留資格「留学」「家族滞在」等の資格外就労が認められた者	（使用者）（利用者） 日本人ほか	・家事労働者が18歳未満の場合、原則、午後10時から午前5時まで働かせてはならない。 ・週28時間以内の就労。 ・個人の雇用は労基法適用除外。

出所：「出入国管理及び難民認定法第七条第一項二号の規定に基づき同法別表第一の五の表の下欄に掲げる活動を定める件」「国家戦略特別区域家事支援外国人受入事業における特定機関に関する指針」『出入国管理実務六法（平成29年版）』日本加除出版（2016年）を参照し筆者作成。

用者は、家事支援外国人材に対して指揮命令はできない。

3. 現状と展望

　2016年末、特定活動の在留資格で外交官または高度人材が雇う外国人家事使用人は合計1093人であり、フィリピン人が全体の8割以上を占める[7]。家事サービス利用は約3%で日本人家庭の利用はまだ一般的ではない[8]。家事代行サービス企業は人材不足ではないとの報告もある[9]。国家戦略特区の家事支援外国人受入事業は、明らかに日本のニーズ調査に立脚して導入されたものではない[10]。諮問会議の民間議員である大手人材派遣会社社長が積極的に進めたものと言われる[11]。しかし海外赴任中に現地で家事労働者の雇用を経験した日本人や中間

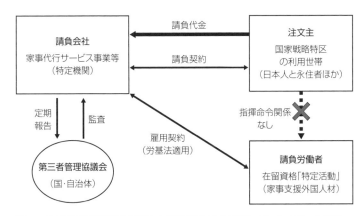

図1　国家戦略特別区域家事支援外国人受入事業（タイプ2）の構造
出所：筆者作成

層の間でニーズは存在する。また、家事使用人の帯同条件に満たないが、子を持つ外国人女性高度人材からは高齢の親の招聘ができず、家事代行サービスを時間単位で手頃な価格帯で利用したいというニーズもある。日本人でも時間単位で安く利用できるならば利用したいという本音もないわけではないが、あえて外国人家事労働者を求める意見は少数ではないだろうか。

　国家戦略特区のコンセプトは立地競争力を国際的に高めることである。核家族化と少子高齢人口減少の進む日本が国際競争力を高めるには、外国人家事労働者の受入れも避けられないのかもしれない。しかし一般の日本人世帯の所得やニーズ状況から、外国人家事労働者の利用はそれほど進まないと思われる。むしろ導入によって、日本人女性や高齢者の働く場を奪ってしまうのではないか。また、社会福祉制度の財源を抑制する動きのなかで、家事・育児・介護サービスの民営化が進むとなると、市場原理が生活環境の隅々に浸透する。低賃金でも働く移住労働者の受入れを拡大するとなると、将来的に家事・保育・介護分野の賃金率をさらに引き下げるなどの影響が懸念される。

おわりに

　再生産労働がその他すべての労働の下位に置かれる現状に対する上野の問題提起は実に的を射ている（上野 2011: 155）。国家戦略特区の労基法が適用される家事支援人材であっても、彼女たちのディーセントワークはどこまで保障されるだろうか。竹信は、政策決定の場に女性がきわめて少ない状況が女性の働きにくさ

を助長する政策を温存させてきたと指摘し、女性の真の活躍のためには女性が安心して力を発揮できるための条件整備と権利の確立なしにはありえないと述べている（竹信 2017: 21）。移住女性家事労働者は脆弱であるため、今後の成り行きを注意深く見守る必要があろう。

（鹿毛理恵）

注

1) 日本の労働法等には「家事労働者」でなく「家事使用人」を用いる。労働基準法（労基法）では、事業又は事業所に使用される者を「労働者」とし、「家事使用人」を適用除外とする。
2) 第 189 回国会衆議院内閣委員会（2015 年 6 月 3 日）。
3) 第 189 回国会参議院内閣委員会（2015 年 7 月 7 日）。
4) ACCJ（The American Chamber of Commerce in Japan, 在日米国商工会議所）報道資料「ACCJ、日本人女性の就業を促す外国人家事労働者の雇用に向けた移民法の改正を求める意見書を発表——海外の外国人家事労働者制度をモデルとし、日本人女性の労働力を経済成長の原動力に」（2013 年 6 月 13 日）
5) PASONA ニュースリリース「マグサイサイグローバルサービスと業務提携、約 2 か月の研修を受講したハウスキーピングの専門スタッフを日本に招へい」（2016 年 7 月 27 日）
6) 家事支援外国人材は労働者派遣契約上の派遣労働者ではない。偽装請負になる可能性が高まるので注視が必要になるだろう（川口 2015: 158 参照）。
7) 内訳は外交官等の家事使用人 944 人、高度人材の家事使用人 149 人である。この合計のうち、フィリピン 868 人、インドネシア 42 人、タイ 25 人、中国 23 人、インド 23 人、その他である（在留外国人統計 2016 年 12 月）。
8) 野村総合研究所が平成 26 年 6 月に首都圏（東京都、神奈川県、千葉県、埼玉県）および大阪府在住の 25 ～ 44 歳の女性を対象に実施したインターネットアンケート調査の結果（家事支援サービス推進協議会「家事支援サービスの品質確保の在り方について」平成 27 年 1 月 29 日）。
9) 第 189 回国会参議院内閣委員会（2015 年 7 月 7 日）。一般社団法人家事代行サービス協会によれば、全国で 3 万人が従事しており、雇用形態はパートタイム、非常勤が多いという。
10) 国家戦略特区は「改革利権」の温床との指摘もある（川上 2017: 16）。
11) 第 193 回国会参議院本会議（2017 年 6 月 16 日）。

《文 献》

上野千鶴子 2011『ケアの社会学——当事者主権の福祉社会へ』太田出版
川口美貴 2015『労働法』信山社
川上 哲 2017「国家戦略特区の現状と課題——安倍政権と小池都政の連動による構造改革の加速化」『賃金と社会保障』No.1678、4-18 頁
出入国管理法令研究会編 2016『注解・判例 出入国管理実務六法（平成 29 年版）』日本加除出版
竹信三恵子 2017「『女性活躍』が追いやった女性の安心——必要な安心と生存権の視点からの立て直し」『労働法律旬報』No.1879+80、16-21 頁
宮島 喬・鈴木江理子 2014『外国人労働者受け入れを問う』岩波ブックレット
労働行政研究所編 2016『労働法全書（平成 29 年版）』労務行政
山田昌弘 2015『女性活躍後進国ニッポン』岩波ブックレット

5-2 外国人技能実習制度の歴史と今後の課題

1. 移民政策と日本の外国人技能実習制度

　移民受入れを行っている先進諸国は、ポイント制度を典型事例として高度技能人材（highly-skilled）へは優遇策を、低熟練労働者には職種、滞在期間、家族帯同の許可、などさまざまな制限策を設けて選別的な移民政策を実施している。そうした世界の動きのなかで、日本は現時点まで移民政策という用語を使用せず、国家として移民受入れの必要性を否定してきた。その建前と、外国人労働者を必要とする日本社会との間の乖離を埋めてきた制度が外国人技能実習制度である。本節では、この制度の成立経緯と現在に至るまでのほぼ30年間の制度改正の内容を追い、今後の課題を提示したい。

2. 外国人研修・技能実習制度成立時の管理強化と外国人受入れ拡大

　従来の「技術研修」ではなく、団体監理型を中心とする現在の技能実習制度は、1990年施行の入管法を成立の契機とする。この1990年入管法では、新たに在留資格「研修」が活動に伴う在留資格の一つとして新設された。それ以前の研修生は、「研修」の在留資格「4-1-6-2」を持つ者であれば、事実上、雇用労働に従事していたとしてもその活動を制限できず、資格外就労に問えなかった。しかし1990年入管法で彼らの活動内容に制限を付すことが可能となり、不法就労への取り締まりの突破口を開いたのである。

　一方、研修生の就労への管理が厳しくなったと同時に、これまで海外に現地法人や合弁企業を持つことが稀であった中小企業でも、研修生受入れ団体を組織することにより外国人研修生を受け入れることが可能となった。外国人を技能研修の目的で日本に受け入れるためには、当時、受入れの必要性を入国管理当局に説明する必要があり、その際に、海外関連会社の従業員への技能研修という理由づけが利用されたのである。しかし、そうした理由づけは、中小企業の海外進出が盛んになった2010年代以降ならばともかく、1980年代後半の時点ではきわめて限られた中小企業でしか可能ではなかった。そこで海外進出が不可能であった中小零細企業が合法的に外国人労働者を受け入れる方途が、この団体監理型研修制度なのである。

　2016年の技能実習法の成立でも見られるように、外国人労働者を受け入れる

移民制度というものは、日本を問わず、他の受入れ諸国の事例をみても、一方では受入れ促進の性格を持つと同時に、他方では受入れ後の管理強化の性格を持つ。移民受入れはどこの国でも利害関係者が錯綜し、その政策についても賛否両論の分野であるため、こうした受入れ政策として積極的な側面と消極的な側面を同時に含んでいなければ、法律として議会を通過することが困難なのであろう。すなわち移民受入れ反対派にはネガの部分（取り締まり強化の部分）を強調し、受入れ賛成派にはポジの部分（受入れ拡大の部分）を強調することにより、どうにか法律案を成立させてきた。現在の外国人技能実習制度の端緒となった1990年入管法も、こうして研修生受入れに関して鞭と飴の両側面を持っていた。

　外国人研修・技能実習制度が開始された1993年当時の技能実習対象職種は17職種、新規受入れ研修生数はおよそ4万人であった。また研修・実習期間が合計3年へと延長された1997年でも研修生数は5万人であった。現在の新規受入れ技能実習生数は研修生、技能実習生（団体監理型、企業単独型を含む）を合計して2016年は10.6万人であった。20年間の年月でおよそ倍増となったが、急増というよりも、景気変動で増減を繰り返しながら徐々に人数が増えたと言ってよいだろう。

3. 2009年の入管法改正による在留資格「技能実習」の成立

　技能実習制度はその出発点が研修制度にあったため、制度趣旨のうえでも、また制度の中身についても教育訓練制度としての色彩を色濃く持っていた。例えば、技能実習制度発足当初から2010年までは、受入れ1年目の研修期間は、その3分の1が非実務研修、いわゆる座学でなければならず、研修を第1の目的とし、現場での就労は行ってはならないとした。この座学の内容は、本来は職業教育のための教室での講習を意味したが、研修生の場合は日本語教育、交通ルール、分別ごみの出し方など生活指導も含まれる講習内容である。

　この1年間の研修期間を修了し、それぞれの職種の基礎2級という技能検定（技能実習移行試験と称される）に合格した暁に、晴れて技能実習生になることが可能であった。研修生の身分は、教育訓練中ということで労働者であることを否定され、当然、労働保護の下に置かれてはいなかった。研修生は労働基準法の対象外であったから、彼らの給与は賃金とは称されず、研修手当の名目で最低賃金より低額の支払いであった。

　確かに研修生ならば技能習得が目的であるが、その大半の時間は工場現場で他の従業員や技能実習生と同様に働いている。その姿を外部の人間が見ていると、

作業内容も労働時間も研修生と他の従業員との間に差異を見つけることができなかった。その上、日本人の高校新卒採用者や中途採用者が採用されて同じ仕事に就いた場合、彼らはたとえその職種に未熟練であったとしても労働者として最低賃金の対象とされる。外国人研修生だけが研修を理由に、わずかな手当を支給されることはどうみても不合理であった。

　しかも技能実習生の賃金は最低賃金の基準が存在するために平均賃金は月額12万円前後で推移し、大きく低下することはなかったが、研修手当の平均金額はこの間に9万円弱から6万円強へと大幅に低下を見せた。研修手当はあくまでも平均の金額であるので、生活費の安い地方で技能実習生が就労した場合は手当の水準は下がる。その後、2000年以降に農業分野の職種と作業と水産加工食品製造も技能実習対象職種となった。都市近郊の中小製造業で必要とされ、またすでに技能検定職種として認定された職業訓練科目が技能実習制度の当初の技能移転の対象であったが、この制度が途中から農業や水産加工業へと適用されるに従い、技能移転という制度目的が曖昧になるとともに、研修手当という手当の水準もこれまで労働者雇用がなされていなかった分野の参入により引き下げられた。

　さらに、送出し国は従来までは中国が中心であったが、そこにベトナムからの送出し企業が加わり、送出し管理費、研修手当などについて中国企業よりも値引きをすることが多く、その結果として研修手当が低下した。研修手当の低下は送出し企業にとっても実習生の3年間の稼得収入が減少するので望ましいことではない。そこで中国側の送出し企業は、一定の金額以下の値引きはしないことを申し合わせるようになったが、それはベトナムのような他国の送出し企業には通じないことであった。日中間の経済格差は、日越間の経済格差よりもはるかに小さいものであるからだ。技能実習生の賃金は最低賃金法のために引き下げられないため、受入れ日本企業からの研修生派遣を受注するためには、言い換えれば外国人労働力の発注を確保するためには、研修手当の部分を引き下げることにより、企業側の技能実習生受入れ費用を値引きするという方法がとられたのである。

　技能実習制度の拡大に伴い、以上のようにさまざまな問題が発生したことにより2009年に技能実習制度にとっては大きな改正が行われた。それは同年の入管法改正によって、在留資格「技能実習」を設けることで、従来の研修期間を廃止したのである。3年間の当初の2か月間は従来通り座学としての講習が義務づけられたが、入国時から在留資格は技能実習であり、技能実習生は労働者であると定義されているので、労働基準法の対象となり、また最低賃金法の対象者となった。また従来、研修生は残業が禁じられていたが、入国当初から実習生となるこ

とにより、残業も可能となった。

いずれも、研修生が研修ではなく職場で就労しているという実態を反映した改正であり、より現実的な制度となったといえる。またその分、研修という教育訓練の部分が軽くなったともいえる。

この改正の結果として、そして何よりも制度発足後の20年間の期間に中国経済が示した急速な経済成長によって職場の雰囲気も変化した。その点について次に検討しよう。

4．改正後の職場の変化

技能実習制度における研修制度の前置主義がなくなり、技能実習生への一本化がなされたことは、彼らを雇用する事業主にとっては実習生の賃金水準が研修手当から最低賃金に上昇したことを意味する。

しかしながら、この程度の人件費の値上がりは事業主にとって格別の負担増ではないようであった。産業別賃金水準が他の製造業よりも低い縫製業での事例によれば、技能実習生の雇用が企業存続の条件であるために、多少の賃金上昇はやむをえないという判断のようであった。それよりも事業主が懸念していたことは、当座の問題は、勤続年数が長い元研修生の方が研修期間があったために3年間の手取り総額が小さくなり、新来の技能実習生1号が技能が低いにもかかわらず賃金が上昇したという点で、この点をきちんとクリアにしないと職場のモラルが下がるということであった。

一方、実習生側では来日当初から残業が可能となったので、残業への要求が日常的に事業主に向けられるようになった。賃上げ要求という労働者一般に見られる要求は実習生の場合は来日時に結ぶ雇用契約で不可能であるから、手取り賃金を増やす方法は残業時間を長くすることしかない。縫製業の場合、実習生は工場付近の寮やアパートに居住しているために通勤時間がかからず、休日や夜間の就業時間以外の時間に暇をつぶすとしたら、残業することがもっとも理想的な時間の使い方と考えていた。しかし、残業時間の必要量というものは受注生産を行っている縫製業では事業主の裁量の余地になく、彼らのコントロール外に置かれている。残業問題は日本人の場合はその長いことが問題となるが、技能実習生の場合は、それがないこと、あるいは短いことが問題となり、労使間のトラブルの火種となりやすいことであった。

法改正による研修生の実習生への変更は、同一労働同一賃金の原則により日本人と同等の賃金を実習生に保障するものであった。内外人平等原則ともいえるも

ので、外国人労働者を受け入れている各国はこの実現に常に努力している。2009年の改正も、この例に漏れない。

　しかし、こうした変化は、実習生を雇用している事業主と実習生との間の労使関係に全般的な影響を与えずにはおかない。その影響の一つは、事業主が実習生に対し、労働力としての性格をより強く期待するようになったことだ。日本人と同額の賃金を支払っていることを前提に、日本人と同様の生産性を求めるようになったのである。来日直後の実習生は、日本語が不自由であるために、職場や仕事に慣れるまで日本人よりも時間がかかり、教育訓練のためのコストは日本人以上にかかる。そうした類の労働力に対して、賃金が日本人と同じであるから日本人と同様の成果を求めることは事業主の気持ちとしてはやむをえないところがあるが、現実には、実習生に日本人と同様の職務遂行能力を求めることは、無理なことが少なくない。ここに労使関係のトラブルの火種が存在するようになった。

　研修生の期間が存在した2010年以前は、研修手当が低額であったために、その手当てに見合う企業貢献があれば問題はなく、ある意味では牧歌的な労使関係、縫製業でいえば、社長をお父さん、社長の奥さんをお母さん、と呼ぶような疑似的な親子関係を伝統的に維持している小零細企業も存在しえた。しかし、研修生が実習生という労働者としての地位を獲得することにより、こうした関係よりも、よりむき出しの労使関係が表面化したといえよう。すなわち、実習生は高収入を求めて長時間の残業時間を求めるようになり、一方事業主は支払う賃金に見合う生産性を実習生に求めるようになったのだ。

　この職場の労使関係の変化の中に、技能実習制度そのものの性格の変化が見られる。技能実習制度の中から国際貢献と教育訓練という理念が薄れ、実態としての就労が前面に登場したのである。その結果、労働者としての技能実習生への権利付与の問題を、日本人と同様ではありえないとしても、それをどの程度まで容認するか考えなければならない段階に達してきているのではないだろうか。

5. 2016年の技能実習法の成立と今後の課題

　技能実習制度にとって2016年11月に成立（翌2017年11月施行）の技能実習法はこの制度にとって一大転換になるだろう。本節の執筆時点ではその影響は予測の範囲を出ないが、これまで法務大臣告知によって制度形成を行ってきた政策が、晴れてその名称を冠した法律によって制度が担保されたのである。

　技能実習法は、その成立過程では、技能実習適正化法案として通用していたのであり、法の眼目は実習生の保護の強化、労働基準法と入管法に違反する不適切

な事業主や受入れ派遣会社への処罰の厳格化にある。そうした管理を強化するために、法務省・厚生労働省からの出向職員を中心とする定員346人の外国人技能実習機構が設立された。この機構には、主務大臣による検査権限が付与されており、労働基準監督署と同じく摘発権限を持つ。これが技能実習法の鞭の側面である。

他方、飴の側面も存在する。優良な受入れ企業と受入れ監理団体をポイント制度（例えば技能検定試験2級、3級の合格率、法令違反の有無、失踪者割合などの基準をポイント化したもの）によって選別し、受入れ人数枠の拡大、技能実習3号とされる4年目、5年目の技能実習生の受入れを可能としたのである。また複数職種の技能実習も可能とする、企業独自に技能検定が可能であれば、企業独自の実習を認める、地場産業への技能実習生の雇用を認める、などより柔軟に、またより受入れ人数を拡大する方向で法が成立した。技能実習制度の成立時に、それが管理強化と受入れ拡大という鞭と飴の両面を持つことをすでに指摘したが、今回の技能実習法の成立もその例に倣うものであったといえる。

この法律を検討した衆議院法務委員会での与野党の論議をみると、野党は技能実習制度の従来の違法状態が多いという欠陥を指摘し、また技能実習制度の技能移転の建前のうさん臭さを指摘していた。しかしながら、この人数拡大という飴の部分には与野党も新聞などのマスコミも触れることはなく、技能実習生の人数の受入れ拡大が日本社会にどのような影響を与えるか、という視点は乏しかった。将来的にはキャップ制（数量制限）の議論なども必要であろう。

また技能実習法のもう一つの課題は、技能実習法成立に伴う主務省令で介護職が技能実習対象職種となることだ。これは初めて技能実習制度の中に対人サービス職が含まれることを意味する。介護職はモノを対象とする製造現場よりも人間を対象とするだけに日本語の必要度が高く、果たして日本語と日本社会に不慣れな技能実習生にとって十分に老人介護の職務遂行が可能か、そうした点も十分に議論されたとは思えないまま職種拡大が行われた。

予想される技能実習生数の増加をどう考えるか、また介護職を技能実習対象職種としたことの影響は何か、この2点を検討していくことが、技能実習制度の今後の課題だと思う。

（上林千恵子）

《文 献》

上林千恵子 2015『外国人労働者受け入れと日本社会——技能実習制度の展開とジレンマ』東京大学出版会、292頁

Column　司法の現場から

11年前、名古屋地方裁判所ではベトナム人技能実習生たちが時給300円で「労働」させられた等の人権侵害を主張して損害賠償請求を行っていた。

その後、改正入管法（2010年7月施行）により時給300円で仕事をさせることは表立ってはできなくなったものの、現在も時給300円で残業をしているという相談が後を絶たない。

特に岐阜の縫製業界では、最低賃金法違反の報道が多く、産業構造上の問題も強く指摘されている。具体的に現在係争中の事件としては、カンボジア人技能実習4名の未払賃金請求事件がある。土日もなく毎日深夜0時近くまで働いていたというが、手取り金額は月2万円に満たない。この企業の代表者は、監理団体の理事長と同一人物であり、現場に「監理」の実態はない。

最近では、企業が時給300円や長時間労働について証拠を残さない努力をしており、以前よりむしろ状況は深刻化している。10年前なら堂々と時給300円で給与明細をつくり、強制貯金天引きが明記されていることもあったが、これらが問題化するにつれ書類上は出てこなくなった。それどころか、給与は振込ではなく現金支給にし、給与明細はつくらない、渡さない、タイムカードは使わせず、出退勤を社長が「現認」したとして、手書きの勤務表だけ残されている、という「現代的でない」労務管理の手法が不自然に普及している。

それでも訴訟で労働時間を立証するのは請求する原告である。特に、カンボジアやラオス等、従来の受入れ人数が少ない国の技能実習生は、先輩からの情報も少なく、自ら労働時間をメモする等して証拠を残していることがほとんどない。勤務日や勤務時間も特定できなければ、悪質な企業の前に泣き寝入りをせざるをえないこともある。ある技能実習生は、労働基準監督署で「企業が悪すぎるので捕まえられない」と言われたそうである。

厚労省が毎年公表する「実習実施機関に対する監督指導、送検等の状況」でも最賃法違反の事例が毎年挙がっているが、それは氷山の一角でしかないのである。

最低賃金を請求されると企業が破産に至り、結局最低賃金が保障されないという事態も多く、問題となっている。

農業・畜牛の労働環境も過酷である。畜牛の現場から逃げてきたカンボジア人技能実習生（女性）は、長時間の過酷労働もさることながら、築30年以上の「物置」（寝床にも風呂にも鍵がない）に住まされ、月4万円の家賃を給与から天引きされていた。「物置」には実習生4名が住んでいたから、雇主の家賃収入は月16万円となる。付近の賃貸物件を調べたところ、月4万円なら一人で1LDKのきれいなアパートが借りられた。きわめて不当な扱いである。

事件の質は10年以上前とあまり変わっていない。しかし、この状況をあと10年残すわけにはいかない。それが司法の現場での実感と決意である。

（大坂恭子）

5-3 日系人

(1) 日系南米人

1. 日系南米人の人口推移とその社会的背景

　1990年代からの日系南米人の増加の端緒は、1989年に成立し、1990年に施行された「出入国管理及び難民認定法」の改正によって成立した、いわゆる「90年体制」(駒井 2015: 188) による。この法改正によって、「日系」というルーツによる選別のもと、就労制限のない「定住者」という在留資格が創設され、「日本人の配偶者等」の資格で就労が可能となっていた日系2世だけでなく、日系3世が日本で就労することが可能となった。この政策立案の意図については議論があるものの、「定住者」という「就労」とは切り離された名称であるとはいえ、実質的には労働力として導入が進められたと考えていいだろう (丹野 2013)。当初は「定住者」の資格での滞在が多かったが、2000年代から在留期間が無制限となる「永住者」が増加し、現在では「永住者」が「定住者」を大幅に上回るようになっている。

　日系南米人の中でもその数の多い、ブラジル人、ペルー人の人口推移を示したのが図1である。1990年代前半に急激な増加を見せた後、いくつか波はあるものの増加を続け、2007年末にブラジル人31万6967人、2008年末にペルー人5万9723人と最多を記録した。その後減少に転じるが、大きな転換点となったのが2008年秋からの経済不況である。リーマンショックによる経済不況の影響は、主として製造業分野に非正規雇用の形で就労することが多かった日系南米人を直撃することとなった。日系南米人の雇用の特色としては、直接雇用よりも、労働者派遣・請負事業を行っている事業所の雇用者となる間接雇用が多く、就労面で不安定であることが指摘されていた。リーマンショックによる景気悪化は日系南米人を直撃し、日本人と比べて失業率が圧倒的に高くなったのである (丹野 2013)。

　その結果、「永住者」が「定住者」をすでに上回っていたペルー人とは異なり、ブラジル人はその後の5年間に10万人以上が帰国することとなった。この数には、2009年度に実施された厚生労働省の「日系人離職者に対する帰国支援事業」による帰国支援金 (本人1人当たり30万円、扶養家族1人当たり20万円、条件として

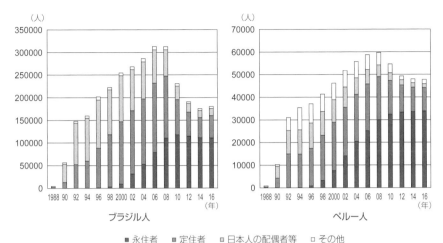

図1　ブラジル人・ペルー人人口の推移
出所：『在留外国人統計』各年度版

3年間をめどに同様の身分に基づく在留資格による再入国を認めない）を受けて政策的に帰国を決断することとなった2万1675人（うちブラジル2万53人）が含まれる[1]。ここからは、経済動向、労働市場に翻弄される日系南米人のあり方が、あらためて浮き彫りになったのである。

2. 「顔の見えない定住化」と日系南米人を対象とした政策

日系南米人は、日本の労働力不足に対応した形で、主に製造業を中心とした業種に非正規雇用の形で従事することが多くなっている。居住地についてみると、日系ペルー人は関東圏に多く居住し、集住地域を形成することが少ない（田巻・スエヨシ編 2015: 17）。その一方で、日系ブラジル人は約8割が東海地方、北関東など製造業の集積地に集中し、社宅・寮や、公団住宅、公営住宅などに集中的に居住することが目立ち、いわゆる集住地域が形成されてきた。こうした集住地域では、ゴミ投棄のルール違反、違法駐車、騒音、子どもの不就学、住民間の摩擦が問題となった。

こうした問題に対しては、実践レベルでも研究レベルでも「共生」という視点から議論されることが多かった。これに対して、日系南米人が労働市場の動向に大きく左右されているという問題の根本にアプローチしたのが「顔の見えない定

住化」の議論である（梶田ほか 2005）。この「顔の見えない定住化」の議論は、外国人労働者を必要とする雇用システム・産業構造の問題と、国レベルの統合政策の欠如という日本社会が抱える構造的問題が、結果として外国人が集住する地域に押しつけられるという構図を明快に説明するものだった。具体的には、日系南米人の集住地域においては集住が進むものの、人的資本、社会的資本双方を欠く「解体コミュニティ」となり、社会生活を欠くために地域社会から認知されない「顔の見えない定住化」が進み、市場が生み出す外部不経済を地域社会が支払うというメカニズムが描き出されたのである（同）。

　では、こうした日系南米人をめぐる問題に対してどのような対応がとられてきたのだろうか。集住地域を中心にボランティア、NPO を中心としたローカルな実践による対応が見られ、地方自治体レベルの施策に徐々に影響を与えることとなった（松宮 2012）。ここでは、以下の 3 つの日系南米人を対象とした政策の動向について確認しておきたい（北脇編 2011）。

　第 1 に、特に日系南米人の多い自治体を中心に結成された外国人集住都市会議である。これは、ブラジル人人口がもっとも多く、2000 年から外国人会議を設置していた浜松市を中心に、2001 年に 13 自治体（2017 年 4 月現在で 22 自治体）により、外国人住民に係わる施策や活動状況に関する情報交換、地域で顕在化しつつあるさまざまな問題の解決に積極的に取り組むことを目的として設立されたものである。この会議により、参加した日系南米人の集住する自治体において、日系南米人を中心とする外国人住民を対象とした施策が進むこととなった。この点とともに、毎年自治体間の持ち回りで開催される会議において、労働、教育、社会保障、コミュニティなどの問題解決を求める宣言と提言を政府や関係省庁に提出することを通して、国レベルの政策に一定の影響を与えた点が評価されている。

　第 2 に、「多文化共生」の枠組みに基づく政策指針である。2006 年 3 月に総務省より打ち出された「地域における多文化共生推進プランについて」では、「多文化共生」の意義とともに、地域の受入れ体制の整備や、外国人の人権保障など自治体が取り組むべき施策が体系的に示された。その結果、多くの集住自治体において多文化共生推進プランの策定が進み、自治体レベルでの「多文化共生」施策の動きが認められるようになった。その中身については自治体レベルの取り組みに限定され、言葉や生活上の問題を中心とした対症療法的な施策の域を出ないとも評価されるが、日系南米人を中心とした外国人に対して、地方自治体レベルの施策において「生活者」、「地域住民」として位置づけられるきっかけとなった点は重要である。

第 3 に、リーマンショック後の施策である。2009 年 4 月に内閣府から「定住外国人支援に関する当面の対策について」が提出された。この内容は、リーマンショック後の日系南米人の失業に伴う問題に対して、日系外国人の子どもたちのための日本語指導や学習支援を目指した「虹の架け橋教室」による教育対策、就労準備研修による雇用対策、上述の帰国支援事業、住宅対策、国内外における情報提供などである。その後、2010 年 8 月に「日系定住外国人施策に関する基本指針」がまとめられ、2011 年 3 月の「日系定住外国人施策に関する行動計画」では、それまでの受入れ体制の不備を認めるだけでなく、この課題に対して政府全体で取り組む点が確認され、日本語、教育、就労、社会保障、コミュニティの 5 分野の支援が提示された。さらに、2014 年 3 月の「日系定住外国人施策の推進について」では、日系南米人の永住化傾向と東日本大震災後の状況も加味され、日本語教室、防災、地域社会への参画支援など新たな施策が盛り込まれている。

3. 日系南米人をめぐる政策課題

　以上の点から、日系南米人をめぐる課題に対して政策的対応が進みつつあるように見えるかもしれない。しかし、依然として非正規雇用が圧倒的多数を占めるという不安定な就労の問題や、日本語、および教育をめぐる問題は解消されていない。例えば、日系南米人がもっとも多く居住する愛知県で 2016 年に実施された外国人住民調査の結果をみると、正社員となっているのはブラジル人で 20.8%、ペルー人で 40.7%、非正規雇用はブラジル人で 70.2%、ペルー人で 56.0% である。また、日本語能力についても、「できる」「ややできる」を合わせた比率はブラジル人で 35.6%、ペルー人で 28.6% にとどまっている（愛知県 2017）。

　さらに、こうした問題が世代を超えて継承される問題も危惧される。日本で暮らす外国人の子どもたち全般に関する教育課題としては、日本語能力、学校への適応、不就学、アイデンティティ、生活文化の違いなどをめぐる問題があるが、この点に加えて、高校進学率の低さという、ブラジル籍の子どもたち特有の問題が見られる点に注意する必要がある。国勢調査データの分析から、日本で 5 年以上生活している 17 歳のブラジル国籍青少年の高校在学率は、2000 年の 30% から 2010 年の 50% に上昇しているとはいえ、日本国籍だけでなく、他の国籍の青少年と比較してもその低さが目立っているのだ（髙谷ほか 2015）。

　これらは、そもそも 1990 年の日系南米人の受入れから一貫して続いている移民政策の不在による部分が大きいと考えられる。就労に制限がない在留資格である「定住者」ではあるが、実質的には労働者、移民であるという実態を隠蔽した

「サイドドア」による受入れであったため、国レベルの移民政策が十分にとられることはなかった。その結果、日系南米人にとって必要とされる社会的サービスは公的セクターではなく民間セクターが供給し（丹野 2013）、日系南米人の集住する地域でのローカルな「共生」の実践に委ねられる結果となった。たしかに、このような地域レベルの実践が地方自治体レベルの政策変容につながったケースはあり（松宮 2012）、外国人集住都市会議を通して国レベルの政策にインパクトを与えてきた点は認められるものの、日系南米人の不安定な就労や教育などの問題の解決に向けた根本的な社会統合政策は不在のままである。

　今後、日系南米人が高齢化していくに伴い、これまで十分な対応がとられてこなかった社会保障の分野でも、医療や介護など新たな課題が浮上することが予想される。労働、教育の問題とともに、社会保障分野の課題は地方自治体レベルの対応では限界がある。その意味で、地域や地方自治体レベルで蓄積されてきた資源を生かしつつも、日系南米人の労働、教育、生活を大きく規定する市場の規制を視野に入れつつ、教育支援や社会保障の充実など、本質的な課題を焦点化した政策形成が求められている状況といえる。　　　　　　　　　　　　（松宮　朝）

注

1）http://www.mhlw.go.jp/stf/houdou/0000024158.html（2017 年 3 月 31 日閲覧）

《文献》

愛知県 2017『愛知県外国人県民アンケート調査報告書』愛知県県民生活部社会活動推進課多文化共生推進室

梶田孝道・丹野清人・樋口直人 2005『顔の見えない定住化——日系ブラジル人と国家・市場・移民ネットワーク』名古屋大学出版会

北脇保之編 2011『「開かれた日本」の構想——移民受け入れと社会統合』ココ出版

駒井 洋 2015「日本における『移民社会学』の移民政策にたいする貢献度」『社会学評論』66 巻 2 号、188-203 頁

松宮 朝 2012「地域ベースの共生論は外国人の社会参画に届くのか？——愛知県西尾市の事例から」『理論と動態』5 号、43-59 頁

髙谷 幸・大曲由起子・樋口直人・鍛治 致・稲葉奈々子 2015「2010 年国勢調査にみる外国人の教育——外国人青少年の家庭背景・進学・結婚」『岡山大学大学院社会文化科学研究科紀要』39 号、37-56 頁

田巻松雄・スエヨシ アナ編 2015『越境するペルー人——外国人労働者、日本で成長した若者、「帰国」した子どもたち』下野新聞社

丹野清人 2013『国籍の境界を考える——日本人、日系人、在日外国人を隔てる法と社会の壁』吉田書店

(2) 日系フィリピン人

　フィリピン国籍を持ち「日系フィリピン人」として日本に在留する人々は、20世紀初頭にフィリピンへ渡った日本人移民の子孫（以下、旧日系）と、戦後に誕生した日比の子どもたち（以下、新日系）の２つのカテゴリーがあることが特徴である。来日した日系人の在留資格は「日本人の配偶者等」「定住者」あるいは日本国籍であり、その数は定かではない。しかし、2000年代以降、興行ビザでの来日と日比結婚が減少しながらも在日フィリピン人が増加している（2016年末現在、24万3662人）背景には、日系人の増加があると思われる。

1. 旧日系フィリピン人

(1) 日本からフィリピンへ、戦後の反日感情、日系人社会の解体

　1903年、日本からアメリカ統治下のフィリピンへの出稼ぎが始まった。当初、ルソン島北部の高原地帯バギオに避暑地を建設するための道路工事に日本人労働者が多数雇用された。工事終了後、近辺に残り農業や商業に従事する者もいたが、多くは南部のミンダナオ島に移り麻農園開発に従事した。労働者は日本各地から集められたが、熱帯性気候に慣れている沖縄の人々が特に多く雇用された。

　ミンダナオ島東部のダバオが日系社会の中心となった。現地女性との婚姻や2世誕生が相次ぐが、麻農園は日本領事館から離れた山中にあり、未届けの場合も多かった。第二次世界大戦中、日米の戦場となったフィリピンでは民間人が戦争に巻き込まれた。在比日本人と日系人は、親族を殺されたフィリピン人から報復にあい、山の中を逃げまどい、命を落とした。終戦時のフィリピンにおける日系社会は約3万人で、そのうち約2万人がダバオにいたとされる。しかし戦後は1世が日本へ強制送還され、フィリピン人妻と2世は現地に残留せざるをえなかった。その後は反日感情が吹き荒れ、2世は名前を変え、華人を装って暮らすことも多かった。南米では1世の来住から現在まで日系社会が維持されてきたのに対し、フィリピンでは戦後に日系社会が実質的に解体されたため、その後の世代へ日本の言語と文化を継承することが難しかったのである。

(2) 1990年の改正入管法施行から日系人の掘り起こし、就籍運動

　1956年の日比賠償協定締結を契機に国交が正常化され、1970年代からフィリピン各地へ慰霊団の訪問が始まった。その多くは旧日本軍人の遺族による慰霊団だったが、ダバオにおいては引揚者が戦死した親族や級友の慰霊目的で訪れた。

このように、引揚者と残留日本人・日系人との交流はあったものの、反日感情も
あり日系人の再組織化は限定的であった。

　フィリピンで「日系人」アイデンティティへの価値づけが大きく変わるのが
1990 年の改正入管法施行である。これにより日系 3 世が日本で定住資格を得る
ようになり、南米から多数の日系人が日本へ働きに行くが、同じ権利は在比日系
人にもある。フィリピン各地で日系人会が再結成され、支援活動が進んだ。戸籍
を持つ 2 世は 3 世を伴い日本へ出稼ぎに行った。一方、日系人としての身元が判
明しない者も多く、出稼ぎに行ける家族と行けない家族との経済格差が開いた。

　2003 年、NPO 法人フィリピン日系人リーガルサポートセンター（Philippine
Nikkei-jin Legal Support Canter: PNLSC）が設立され、中国残留孤児支援の経験があ
る弁護士が中心となり 2006 年から残留 2 世の「就籍」に取り組んだ。すなわち、
無戸籍者が日本国籍を有しており、かつ戸籍法 110 条第 1 項に規定する「本籍
を有しない者」と認められれば、家庭裁判所で就籍許可の審判により新戸籍を編
成するものである。PNLSC が関わっただけでも、2005 年から 2017 年 5 月まで
に 196 人の 2 世が就籍許可を得て日本国籍となり、それに伴い 2・3・4 世が来
日し、日本で 5 世が誕生している。

　2017 年現在、フィリピン残留の 2 世は高齢化が続く。残された時間は少ない。
これを考慮し、2015 年からは上記 PNLSC が行う 2 世の証言録取に外務省職員が
同席し、信頼性を高めている。これをもとに 2017 年 3 月、熊本家庭裁判所は証
拠書類が少ない 2 世に対して就籍許可を出すなど、日本政府の対応は協力的に
なってきている。

（3）来日後の生活

　日系人としての身元捜しは日系人会が支援するが、渡日する際の就労斡旋は民
間企業によって行われた。貧困で旅費を工面できない人が多いため、来日後に彼
（女）らを雇用する企業が身元保証人となり、在留資格取得申請等の費用および渡
航費を貸し付け、それらを来日後の給与から天引きして回収する。受入れ企業
は食品加工や家電部品等の製造業が多かった。小規模事業所では直接雇用もある
が、大規模工場では派遣労働が多い。

　大野俊と飯島真里子は 2008 年、来日後の旧日系人を対象とした数量調査を
行った（大野・飯島 2010）。調査結果から「単身または夫婦で来日した 3 世は労働
中心の生活を送っており地域社会になじめず、故郷では 2 世が 4 世の子育てをし
ている」姿が浮かび上がる。この調査が行われた頃、2008 年末のリーマンショッ

クで失業した日系ブラジル人が多数帰国した。しかし、日系フィリピン人は日本に残る人々も多く、2013年のアベノミクスで再び製造業で人手不足になると、ブラジル人に代わる日系人労働者として重宝され、さらに日系フィリピン人の来日が相次いだ。

（4）集住地の形成

　2017年現在、東海地方の工業都市を中心にフィリピン人が増えている。フィリピン人登録者数が1000人以上、かつ2007年から2016年の間にブラジル人とフィリピン人が逆転した都市（区）が、愛知県蒲郡市、岐阜県可児市、静岡県浜松市浜北区、静岡県焼津市の4つである。これらの都市では旧日系人の集住が見られる。彼（女）らの主な就労先は、焼津市では水産加工業だが、それ以外は自動車部品製造である。

　集住地が形成される背景には、旧日系人が親族集団として来日していることがある。例えば、静岡県内に暮らす日系人M家の場合は、2世のSさんと3世・4世・5世が合計40人余り、同じ団地内で暮らす。彼（女）らはフィリピンでも近接居住による相互扶助の生活様式であり、それが来日後にも再現された形だ。家庭内はフィリピン語（および地方語）で、学齢期の子どもたちは日本語習得が遅れがちだ。また、2世は70〜80代となっており、高齢化に伴う病気や介護の課題も出ている（高畑2016）。

2. 新日系フィリピン人

（1）興行労働者の来日、日比婚外子の発生

　在日フィリピン人は、女性が約7割というジェンダー比率がアンバランスな集団である。その背景には、1980年代後半から始まる、フィリピンから日本への興行労働者（ダンサー、歌手等）の大量来日があった。2000年代初めには年間4〜5万人が来日していたが、2005年に在留資格審査が厳格化されてからその数は激減し、2016年には500人台となった。この間、多数の日比カップルが誕生する。統計上、明らかになっているだけでも、1993年から2016年の日比結婚は累計15万6064件、日比の子の出生は10万1682人であった（「人口動態統計」）。広義には、夫婦が法律婚か内縁かを問わずこの子どもたちが「日系フィリピン人」となるが、以下では特に日比で深刻な課題となってきた婚外子としての「新日系フィリピン人」に焦点を当てたい。

　接客業における外国人女性の単身労働に付随するのが、日本人男性客との恋愛

と婚外子の誕生である。彼女らが持つ興行ビザは6か月間有効のため、妊娠して帰国後に出産し、その後日本人男性から母子が遺棄されるというケースが相次いだ。一説にはフィリピン在住の日比婚外子は数万人にのぼるという。彼（女）らはジャピーノ、ジャパニーズ・フィリピノ・チルドレン（Japanese Filipino Children: JFC）、新日系フィリピン人等と呼称され、1990年代初めから在比のNGOが彼（女）らを支援してきた。父親捜しと養育費請求、母親対象の職業訓練、子どもを対象とした奨学金等、日本の支援団体と連携して実施している。しかし、元興行労働者の母親たちは学歴も手に職もないことが多く、父親からの送金がなければ貧しい生活を送る母子世帯が少なくなかった。

(2) 2009年の改正国籍法施行、国籍回復

状況が大きく変わるのが2009年の改正国籍法施行である。従来、国際婚外子は胎児認知により日本国籍を取得できたが、2008年に出された最高裁判決により国籍法が改正され、生後認知でも日本国籍取得が可能となった。それに伴い、在比日本大使館では国籍取得申請の受付が始まり、父親に生後認知を受けた子どもたちが相次いで「日本人」となった。2009〜2015年に日本国籍を取得した元・フィリピン国籍の子どもは3900人にのぼる（法務省民事局）。

日本国籍者が日本で生活し教育を受け就労するのは当然の権利である。子どもたちを養育する親としてフィリピン人母にも「定住者」の在留資格が出るが、渡航費が工面できない母子が多い。この部分を解決したのが在比の支援団体（NGOや民間企業）と日本側の雇用者（人材派遣会社）の連携であった。上記の旧日系人と同様、受入れ企業（派遣会社）が身元保証人となり、来日後の住居と仕事を斡旋し、渡航費を貸し付けて来日させ、給料から天引きして回収するという手法が定着している。旧日系フィリピン人に比べるとその数は少ないものの、介護施設や病院、食品工場等への受入れが多い（高畑2013）。

(3) 来日後の生活

新日系人の大きな課題が、日本国籍を取得して来日する「日本人になったばかりの子どもと青少年」の再適応である。彼（女）らは日本国籍だが、日本語がほとんどできず、日本での生活体験も少ない。学齢期のうちに来日する子どももいれば、15歳以上で来日しすぐに働く青年もいる。渡航費等の借金を返済しつつ、フィリピンに残した家族に送金もして日本で生活するのは楽ではない。

通常、1つの派遣会社で複数世帯の新日系フィリピン人母子を受け入れる。そ

のため、近隣の小中学校では日本語指導が必要となり、いずれ高校進学の問題も出る。文部科学省の「日本語指導が必要な日本人児童生徒」の統計では、2016年現在、母語がフィリピン語という児童生徒が約3割（9612人中3042人）と最多であった（文部科学省）。上記のような改正国籍法施行により数年間で「元フィリピン人の日本人」が多数来日したことがこの数字に反映されている。

　子どもたちが来日後、どのように指導や支援が受けられるかは、受け入れる自治体や学校によりまったく異なる。一般に、従来から外国人が多い都市では、生活上の適応や日本語学習の支援体制があるが、介護施設や食品工場は郊外や過疎地にあることも多く、受入れ自治体では対応に不慣れな場合もある。在日ブラジル人には多数のブラジル学校があるが、フィリピン人学校は全国で1校しかないため、彼（女）らにとり日本語習得と日本の学校への適応は一層切実な課題である。

　改正国籍法施行により婚外子が生後認知で日本国籍を得たことは、子どもにとっては日本での居住という当然の権利行使となり、母子にとってはフィリピンでの貧困生活から脱出する手段であった。しかし、「日本人になったばかりの子どもたち」の中には、来日時の年齢により日本語の読み書きができないまま社会へと出ざるをえない子どもたちもいる。

　例えば、東海地方で暮らす新日系人Kさんは14歳で来日し中学2年生に編入したが日本語がわからないため不登校となり、中学校は卒業したが高校進学できないので、派遣労働者として食品工場で働いた。その後、転職を重ねて建設関係の仕事に就くが、安全教育の理解不足からか労働災害に巻き込まれてしまう。国籍は日本でも、日本語がわからず「外国人労働者」のように扱われる青年たち、そして非正規雇用のまま高齢化する母親たちが、来日した新日系人の一側面である。今後も社会福祉的な支援が必要な集団だといえよう。　　　　　　　　　（高畑　幸）

《文献》

大野　俊　2016「『日系人』から『残留日本人』への転換——フィリピン日系二世の戦後問題と就籍運動を中心に」『移民研究年報』22号、23-42頁

大野　俊・飯島真里子　2010『日本在住フィリピン日系人の市民権・生活・アイデンティティ——質問票配布による全国実態調査報告書』九州大学

高畑　幸　2013「日本人移民の子孫と国際婚外子——フィリピンから『帰還』する新旧日系人」蘭信三編『帝国以後の人の移動——ポストコロニアリズムとグローバリズムの交錯点』勉誠出版、935-968頁

高畑　幸　2016「浜松市におけるフィリピン人コミュニティの現状と課題——日系人の増加を中心に」『国際関係・比較文化研究』14巻2号、191-203頁

5-4 日本の外国人高度人材受入れ政策の検証

1. 日本の高度人材受入れ政策——歴史的な経緯

　2012年の第二次安倍内閣成立以後、日本政府は外国人「高度人材」の積極的な受入れ政策を加速させようとしている。日本の入国管理政策は89年の入管法改正以来、専門的・技術的な職種の外国人に対しては、その就労を許可してきた。2000年代から着手されるようになった「高度人材」受入れ政策とは、この延長上において、専門職・技術職のうち、一部職種の高度な専門能力を持つエリート層に対して優遇措置を講じることで、積極的な呼び込みを図っていこうとする政策である。「高度人材」受入れ政策の歴史的経緯（表1）を整理するには、89年の入管法改正を促した80年代後半の外国人労働者受入れに関する政策論争にまで遡る必要があるだろう。この政策論争期に当時の労働省が策定した第6次雇用対策基本計画（1988年）では、専門的・技術的職種での外国人の受入れに関して、「近年、我が国においても、外国人の優秀な人材を受け入れたいとするニーズが高まると同時に、我が国での就労を希望する外国人も増加しており、我が国経済社会の国際化を進める上でも、こうした動きに適切に対応することが求められている。…（中略）…専門、技術的な能力や外国人ならではの能力に着目した人材の登用は、我が国経済社会の活性化、国際化に資するものであるので、受け入れの範囲や基準を明確化しつつ、可能な限り受け入れる方向で対処する」という方針が表明されている。

　この時点においても「優秀な人材」の受入れは表明されているが、「高度人材」という問題意識はなく、「専門的・技術的職種の外国人」の受入れ範囲の確定が、中心的な関心であった。1989年の入管法改正では、「法律・会計業務」「医療」「研究」「教育」「人文知識・国際業務」「企業内転勤」「文化活動」などの在留資格が新設された。同時に、「技術」や「投資・経営」など、すでにあった在留資格についても、在留資格に該当する活動範囲が拡大され、受入れ範囲が確定された。この後、大きな動きが出てくるのが1999年の労働省による第9次雇用対策基本計画、2000年の法務省による第2次出入国管理基本計画、同年の首相官邸によるIT基本戦略である。これらに共通するのは、情報通信分野の人材を積極的に受け入れようとする日本政府の姿勢である。とりわけ、IT基本戦略では、2005年までに3万人の優秀な技術者を受け入れるという具体的な数値目標を初

表 1 高度人材受入れに関する年表

	高度人材受入れに関する主な政策	内容
1988	第 6 次雇用対策基本計画（労働省）	専門的・技術的な分野での受入れ方針
1989	入国管理法改正	専門的・技術的分野の在留資格新設（人文知識・国際業務・企業内転勤など）
1999	第 9 次雇用対策基本計画（労働省）	専門的・技術的分野での受入れを「より積極的に推進」することを明記
2000	第 2 次出入国管理基本計画（法務省）	情報通信分野での専門的・技術的人材の積極的受入れ方針、規制緩和
	IT 基本戦略（首相官邸）	2005 年までに IT 分野の優秀な技術者を 3 万人受け入れるという政策的数値目標
2003	通商白書（経済産業省）	イノベーションを通じた経済成長を実現するために専門的技術的人材の積極的受入れの必要性を強調
2005	通商白書（経済産業省）	高度人材の世界的獲得競争の中で日本の積極的な受入れの必要性について言及
	第 3 次出入国管理基本計画（法務省）	高度人材を積極的に受け入れる方針を明記
2008	経済財政改革の基本方針（経済財政諮問会議）	留学生 30 万人計画発表　高度人材導入の数値目標を設定し、各省庁がアクションプログラムを実行
2009	改正入管法	専門的技術的分野の在留資格に変更なし
	高度人材受入推進会議報告書（内閣府）	高度人材獲得を日本の国家戦略と位置づける
2010	日本企業の人材マネジメントの国際化度を測る指標（経済産業省）	国際化の指標として「ダイバーシティマネジメント」と「外国人の採用」の項目設定
2012	高度人材に対するポイント制による出入国管理の優遇制度（法務省案）	高度学術研究活動・高度専門技術活動・高度経営・管理活動の 3 領域を指定し、入国管理制度を緩和
2014	日本再興戦略（首相官邸）	SGU での外国人教員・研究者の雇用促進、ポイント制度の改定、在留資格「高度専門職」の新設
2015	国家特別戦略特別区域法（首相官邸）	起業家・クールジャパン外国人材等の受入れ

SGU: Super Global University
出所：各種資料より筆者ら作成

めて明記した。

　2000 年代に入ると、さまざまな政策文書に、専門的な知識や技術を持つ人材の世界的獲得競争の潮流に乗り遅れてはならないという、現在の高度人材獲得政策に直結する言説が頻出するようになった。2003 年、2005 年の通商白書（経済産業省）では、日本の経済成長のためにはイノベーションが必要不可欠であり、そのためには高度な知識や技術を持つ人材の獲得が欠かせないということが強調された。法務省による出入国管理基本計画に着目すると、2005 年の第 3 次基本計画において初めて「高度人材」という用語が登場し、人材獲得競争という観点が打ち出され、その積極的な受入れを促進する方針が明記されている。2008 年

に経済財政諮問会議が発表した経済財政改革の基本方針では、グローバル戦略の一環として、国際的な人材強化の方針が明記された。高度人材の受入れ拡大と教育の国際化を目的として、企業等における外国人活用の推進、高度人材の範囲の検討、外国人が住みやすい生活環境の整備、留学生受入れの拠点となる国際化拠点大学（Super Global University）構想、留学生の就職支援、受入れ環境整備などの方針が記された。

　2012 年からは高度人材に対しポイント制を活用した出入国管理上の優遇措置を講ずる施策が実施されるようになった。具体的には高度人材の活動内容を「高度学術研究活動」「高度専門・技術活動」「高度経営・管理活動」の 3 つに分類し、それぞれの特性に応じて学歴、職歴、年収などの項目ごとにポイントを設け、その合計が 70 点以上に達した場合、「高度人材」として認定され（後に在留資格「高度専門職」を新設）、複合的な在留活動の許容、永住許可要件の緩和、配偶者の就労許可、一定の条件下での親あるいは家事使用人の帯同許可、などの優遇措置が講じられることになった。ただしこの要件緩和が、実際には政府が標榜する高度人材受入れが思うように進まなかったことに対応する苦肉の策であったことにも留意する必要がある。年収が 400 万円台であってもポイントが加算される現行の仕組みが本当に「高度人材」受入れ政策といえるのかも疑問である。2014年の日本再興戦略では女性、若者、高齢者とともに外国人材の活用が明記された。この中では、高度人材の受入れ拡大と定着を目指して、留学生の国内企業就職を支援し、外国人研究者の受入れを拡大する方針が示された。2015 年には第二次安倍内閣が日本の国際競争力の向上と地域振興を 2 つの柱として国家戦略特別区域法を制定した。特区法は、外国人材について家事支援、創業、クールジャパンなどのカテゴリーを設定し、特区として認定された地域で受入れを促進することを定めている。

2. 変貌する政策言説への疑念

　これまで 1988 年の第 6 次雇用対策基本計画から、2015 年の国家戦略特別区域法までの歴史的経緯を記述し、日本の高度人材受入れ政策を概観した。1990 年代までの動きを第 1 期とすると、この時期の政策の中心は、専門的・技術的分野については範囲を明示したうえで入り口を開放する、ということであって、必ずしも積極的な受入れ政策が行われたわけではなかった。この時期の入国管理政策の主眼は、不熟練分野での外国人労働者を受け入れないことを強調することにあった。専門職・技術職の受入れに関しては、条件を満たす者については拒まな

い、という消極的な姿勢に留まっていた。受入れ政策に関する言説には、慎重な配慮がなされており、現実とは無関係に言説が一人歩きするような状況は、まだ見られなかった。

ところが2000年代に入ると、様相が異なってくる。2000年代前半を第2期とすると、日本政府は、この時期にとりわけ情報通信分野、IT技術分野に関して、具体的な数値目標を設定して、積極的な受入れを進める方針を示すようになった。同時に、政策文書などの言説においては、「技術」・「研究」・「経営」という重点的な受入れ領域を設定し、高度人材に関しては、国境を越えて世界中から獲得することを目指し、世界的に繰り広げられているタレント獲得競争に日本も加わるべきである、ということが強調されるようになる。ただし現実に目を転じれば、この時期において具体的に実行された政策は、在留資格「技術」の要件緩和という限定的な施策に留まっていた。また法務省の統計をみると、専門職・技術職の国籍は東アジアへの集中の度合いが強まっており、グローバルな規模での人材獲得という政策目標とはかけ離れた状況が生まれていた。政策に関して、言説と現実とのズレが起こり始めたといえよう。

2000年代後半から本節執筆時点までを第3期とすると、第2期の傾向がさらに強化されていく。すなわち、政策文書において、グローバル競争を勝ち抜くための高度人材の獲得という目標は、疑う余地のない前提として定着し、アクションプラン、数値目標、達成指標などの数値を明記して、その早期の実現が目指されるようになる。高度人材獲得を旗印として、企業や大学の行動に直接的に介入しようとする試みも始まる。この傾向は2012年12月の第二次安倍内閣の成立以後さらに顕著になり、現在では高度人材の獲得は国家戦略として位置づけられている。日本の国際競争力強化という国家戦略の達成手段として高度人材獲得が声高に語られるようになったのである。だが、ここで目を背けてはならないのは、さまざまなアクションプランが掲げられるものの、現実はそれにまったく追いついていない、という奇妙な状況が生まれていることである。例えば2016年6月末時点の在留外国人統計によれば、先述した在留資格「高度専門職」による在留外国人数は、2688人にすぎない。しかもその大半が他の在留資格から変更した人々であり、2016年に在留資格高度専門職で新規入国した人は216人にすぎない。現在の政策が「獲得」という目標を達成できていないことは明らかだろう。また「高度専門職」による在留者の国籍は2233人がアジア諸国であり、世界中からタレントを獲得するという政策言説とは相当程度隔たった方向に進んでいることもわかる。政策言説と現実が著しく乖離している事態には、研究者からも

疑念が表明されるようになっている（五十嵐・明石 2015: 9-15）。一体何が起こっているのか。

3. ローカル化する日本の高度人材

　一つの事例を示そう。2000 年代に来日した高度人材の中心職種は IT 技術者だったが、その出身国は東アジア、特に中国と韓国に偏っていた。つまり高度人材の日本への移動は、その大部分がアジア地域でのローカルな国際移動なのである。なぜ日本への高度人材の移動がローカルなものになったのだろう。宣たちが行った事例研究は、2000 年代初頭から中期にかけて韓国から日本に移動した IT 技術者たちの顕著な増大は、日本の高度人材受入れ政策では説明できない事象であることを明らかにした（宣ほか 2014: 132-148）。移動をもたらした要因として、より大きな効力を持ったのは、IMF 危機（1997 年）後の韓国に起こった労働市場の構造変動、それに応じて韓国の産官学が行った若年者海外就労支援策、韓国と日本の IT 業界において以前から行われてきた業務上の連携関係の蓄積、といった要因であった。他方、行為主体としての韓国人 IT 技術者の意識に着目すると、大学卒業後の初期キャリアにふさわしい安定的な選択肢として、地理的に近接した日本での就労を選ぶ、という堅実な動機が強く作用していることがわかった。韓国から来日した技術者の多くは、大卒から 3 年以内の若年層であり、国際的な頭脳獲得競争の対象となるグローバル人材とは一線を画する人々であった。

　さらに宣たちの事例研究によれば、韓国人 IT 技術者たちの日本企業での就労は、すでに 80 年代、90 年代から始まっていて、その中から日本で IT 企業を創業する人たちが出現していた。それら韓国系 IT 企業は、系列化された重層的下請け構造などの、日本特殊的な商慣習に適応することで日本での定着に成功していた。それら韓国系企業が、2000 年代に移動しようとする若年韓国人技術者に対して、雇用機会を提供する受け皿となった。2000 年代に移住してきた韓国人 IT 技術者の後続集団は、先行集団が創業した企業に就職したり、そうした企業の仲介で日本企業に就職することで、先行世代の働き方を継承し、日本の労働市場のインサイダーとして一定程度の地位を確保することに成功したのである。

　宣たちの事例研究は、日本での高度人材の受入れが、政府の言説とは相当異なる文脈で進んできたことを示唆している。第 1 には、韓国人 IT 技術者の日本での就労は、世界的な規模で起こっている高度人材獲得競争に勝つ、という政策目標とはまったく関係のない文脈で起こっている。日本の情報通信サービス産業は、グローバルに展開されている最先端の知識競争からは隔絶された内需産業で

あり、そこで求められているのは、世界最先端の知識や技術ではなく、日本固有のローカルな知識や技術である。韓国人 IT 技術者はローカルルールに精通することで、日本で一定の地位を確保することができたのである。第 2 には、これまで日本の高度人材獲得政策は、個人の能力に応じた選別を行い、優れた個人の来日を促そうとしてきたのだが、韓国から日本に向かった技術者の移動は個人単位では行われておらず、集団的な移動であった。韓国人 IT 技術者集団は、日本で就労する際の言語的、地理的な条件において恵まれていたため、エスニック集団として他集団よりも優位な立場を確保できたのである。

4. これからの高度人材受入れ政策——2 つの可能性

　本節では、日本の高度人材受入れ政策に関するこれまでの経緯を整理し、現実は政策言説に掲げられている目標とは異なる文脈で進展していることを指摘した。政府は今後、高度人材受入れ政策に対して、どのようなスタンスで取り組んでいくのだろうか。可能性としては、2 つの議論が起こりうるだろう。1 つ目は、現行の政策をさらに強化する加速論である。政府が掲げる政策目標と現実が乖離しているとしても、その理由は現状の政策がまだ不十分だからだ、といった不合理な主張が強くなった場合には、加速論が採用される可能性があるだろう。加速論が強くなった場合、政府は、グローバルな人材獲得競争の勝利者とされるアメリカの事例に依拠して、企業や大学に対して「改革」をさらに徹底させることを求めるだろう。2 つ目は放置論である。政策目標と現状とが乖離したまま政策が継続されている、この奇妙な事態について、当事者の間で多少とも警戒心が深まるならば、当面は政策を加速させることなく、不作為によって現状を放置する、という展開は起こりうるだろう。加速論とは違って、放置論は声高に論じられることはないかもしれないが、これに導かれて高度人材獲得という政策の優先順位を下げていくような展開、あるいは、この政策から密かに撤収していくような展開を期待することはできるだろう。　　　　　　　　　　（倉田良樹・松下奈美子）

《文 献》

五十嵐泰正・明石純一編 2015『「グローバル人材」をめぐる政策と現実』〈移民ディアスポラ研究 4〉明石書店

宣元錫・松下奈美子・倉田良樹・津崎克彦 2014「韓国人 IT 技術者の送り出し過程と日本の外国人高度人材受け入れ——2000 年代の拡大局面に注目して」『移民政策研究』6 号、132-148 頁

94 | II 出入国政策

5-5 留学生政策

　2017 年（10 月末現在）に日本で働く外国人 128 万人の 20%（26 万人）が、資格外活動（アルバイト）を行う留学生である。また、留学生は、専門的・技術的分野の人材の重要な供給源となっている。本節では、日本の留学生政策と留学生数の変遷、世界における日本の留学生受入れの位置づけ、留学生のアルバイトと教育の質保証のジレンマについて分析し、留学生政策の課題と展望について論じる。

1. 日本の留学生政策と外国人留学生数の変遷

　日本の留学生受入れ政策は、1954 年の国費留学生制度の発足以来、人材養成分野の政府開発援助（ODA）の一環として実施され、2000 年代初頭まで、その主な目的は、留学生送出し国の人材養成と日本との友好関係の促進であった（佐藤 2010）。1983 年には、中曽根首相（当時）により、1 万人規模だった留学生数を2000 年までに 10 万人に増加する計画が提唱され、教員、宿舎など留学生受入れ体制の整備、私費留学生に対する支援施策の拡充などが開始された。

　図 1 は、1983 年から 2017 年までの日本で学ぶ留学生数の推移を学種別に示している。1983 年の留学生 10 万人計画発表と、1984 年に中国政府が自費留学の門戸を開いたことにより留学生数は増加するが、1990 年代に入り、留学生による不法滞在と不法就労が増加したことより入国資格審査が厳格化し、留学生数は停滞する。しかし、2000 年に不法残留者が少ない「適正校」と認定された大学・学校に対する入国・在留資格審査が簡素化され、留学生数は急増し、2003 年には留学生 10 万人の受入れ目標が達成された。ところが、2001 年の酒田短大事件（山形県の酒田短期大学に入学した中国人留学生の多くが行方不明になった事件）、2003 年の中国人留学生による福岡一家 4 人殺害事件等の影響により、入国資格審査が再び厳格化し、2000 年代半ばに、再び留学生数が停滞する。

　そのようななか、福田首相（当時）は、2008 年年頭の施政方針演説で、留学生30 万人計画の策定・実施と産学官による海外の優秀な人材の受入れについて言及し、7 月には、文部科学省、外務省、法務省、厚生労働省、経済産業省、国土交通省の連名で「留学生 30 万人計画」骨子が発表された。その趣旨には「日本を世界により開かれた国とし、…（中略）…『グローバル戦略』を展開する一環として、2020 年を目途に留学生受入れ 30 万人を目指す。その際、高度人材受入れ

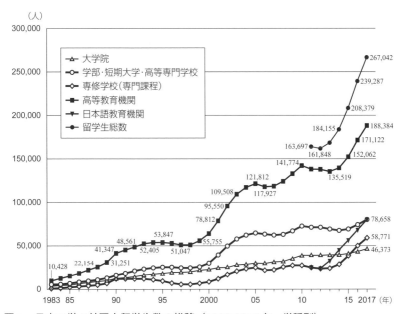

図 1　日本で学ぶ外国人留学生数の推移（1983-2017 年、学種別）
注：高等教育機関は、学部、短期大学、高等専門学校、専修学校（専門課程）、準備教育課程の合計
出所：日本学生支援機構（2017）『平成 29 年度外国人留学生在籍状況調査結果』データに基づき筆者作成

とも連携させながら、国・地域・分野などに留意しつつ、優秀な留学生を戦略的に獲得していく」と述べられ、従来の人材を育成して母国に帰す政策から、グローバル戦略の一環として優秀な人材を獲得する政策への転換が見られる。日本経済団体連合会は 2004 年に「外国人受け入れ問題に関する提言」をまとめ、優秀な人材を確保するため、留学生の国内就職を促進、支援する必要性を指摘しており、この政策転換の背景には、少子高齢化と国内市場の縮小のなか、企業の海外展開を促進するため、優秀な外国人材を日本社会に迎えたいという経済界の要望があったと考えられる。

このような動きを受け、2007 年より留学生の日本での就職を支援する施策としてアジア人財資金構想事業が開始され、その後、外国人材活躍推進プログラム（2015〜16 年）、留学生就職促進プログラム（2017 年〜）などに引き継がれている。「日本再興戦略 2016」には、留学生の日本での就職率を 3 割から 5 割に向上することが謳われ、留学生の就職支援は、留学生政策の柱の一つとなっている。

2010 年には日本語教育機関在籍者向けの在留資格「就学」が「留学」の在留

資格に一本化され、2011年からは留学生に含めてカウントされるようになった。2011年の東日本大震災の影響により2012年の留学生数は減少したが、2013年から日本語教育機関の、2014年からは専修学校専門課程（いわゆる専門学校）の留学生が急増し、2017年の留学生数は過去最高の26万7042人に達した。2017年の学種別割合は、学部・短期大学・高専在籍者が30.0%（学部在籍者は29.0%）、日本語教育機関在籍者が29.5%、専門学校在籍者が22.0%、大学院在籍者が17.4%であり、日本語教育機関在籍者が学部在籍者を上回る規模となっている。出身国別では、中国（40.2%）、ベトナム（23.1%）、ネパール（8.1%）、韓国（5.9%）、台湾（3.4%）、スリランカ（2.5%）の順であり、2011年から2017年にかけて、中国人留学生が微増にとどまり、韓国人留学生が23%減少するなか、ベトナム人留学生が12.1倍、ネパール人留学生が7.2倍になるなど、非漢字圏諸国[1]からの留学生が増加している。東日本大震災後、中国、韓国など漢字圏からの留学生減少に危機感を抱いた日本語学校や専門学校の関係者が、非漢字圏諸国での学生リクルートを強化し、これらの国で、日本の学校からの働きかけに呼応して日本留学を斡旋する業者が増加したことが、これら学種における留学生増加の主要因と考えられる。

　以上より、日本の留学生受入れは、1980年代後半、2000年代前半、2013年以降の3つの時期に、留学生数の増加があり、10万人計画、30万人計画などの目標値のある留学生政策の発表に加え、入国管理政策のさじ加減、中国などアジアの国々の留学生送出し動向、日本語学校、専門学校等による留学生リクルート活動などが大きく影響してきたことがわかる。

2. 世界における日本の留学生受入れの位置づけ

　第1項でみたように、日本では留学生30万人計画の下、優秀な人材の獲得を目指して、留学生を増やし、就職を促進する政策が打ち出されているが、他の国々でも、知識基盤経済に必要な「高度人材」の卵として、また、外貨収入をもたらす存在として、留学生を獲得し、定着を促す動きが加速している。

　ユネスコ統計によれば、2015年に世界の高等教育機関で学ぶ留学生（専門学校は含まず）は460万人を超え、最大の受入れ国は米国で全体の19.7%を受け入れ、次いで英国（9.3%）、オーストラリア（6.4%）、フランス（5.1%）、ドイツ（5.0%）、ロシア（4.9%）、カナダ（3.3%）、日本（2.9%）、中国（2.7%）の順である[2]。米国、英国、オーストラリア、カナダの英語圏4か国で世界の留学生の38.7%を受け入れており、英語が国際通用言語となり、英語能力が労働市場で高く評価されることが

その背景にある。世界大学ランキングで、英語圏の大学が上位にランクインすることは、英語圏諸国の留学生獲得の優位性をさらに後押ししている。これに対し、非英語圏諸国は、奨学金、英語によるコースの開設、就職支援、永住権や就労ビザ申請の際の優遇措置などによって、留学生の誘致、定着を図っている。

例えばドイツでは、留学生を含めて大学の授業料は無償化され、修士課程を中心に多数の英語で学位が取得できるコースが開講されている。2007年には留学生雇用の際の労働市場テストが免除され、2012年には留学生の卒業後の求職ビザの期間が12か月から18か月に延長され、その間の就労については連邦雇用局への届出が不要となった。さらに、留学生は2年間のドイツ国内の就労（起業を含む）で永住権が申請できるという優遇措置が講じられ、留学生のドイツ定着を促している（佐藤2016a）。

これに対し日本の学費は、米国の3分の1、オーストラリアの7割程度と、無償ではないが英語圏より相対的に安く、学費免除やさまざまな奨学金の制度も設けられ（佐藤2013）、さらに、資格外活動の上限時間が週28時間と、他国（米国では学外のアルバイトは原則禁止、オーストラリアでは上限時間が2週間で40時間、韓国では週25時間、ドイツはフルタイムなら年間120日、半日なら240日で週18.5時間に相当）に比べ、比較的長時間のアルバイトが可能であり、実質的な留学費用を押し下げている。また、留学生の卒業後の求職ビザは、教育機関の推薦がある場合12か月（6か月の特定活動の在留資格の更新が1回可能）であるが、2016年12月より、地方公共団体が実施する就職支援事業の対象者で、インターンシップを含む就職活動に参加する場合には、さらに1年間日本に滞在することが可能となった。

3. 留学生のアルバイトと教育の質保証のジレンマ

上述のように、日本の留学生受入れの特徴の一つは資格外活動の上限時間が長いことであり、「いわゆる単純労働者」を受け入れない日本の入国管理政策下で、留学生のアルバイトは、技能実習生と並び、貴重な非熟練労働力の供給源となってきた。また、資格外活動の把握は容易ではなく、週28時間の上限を超えてアルバイトを行っていると推定されるケースも散見され、そのことは、留学生教育の質への大きな懸念材料となっている。

大学における教育の質保証については、2004年に第三者評価制度が開始され、「教育及び研究、組織及び運営並びに施設及び設備の総合的な状況」について7年以内ごとに1回、国の認証を受けた機関（認証評価機関）による認証評価が義務づけられている。他方、専門学校では、都道府県が設置審査や運営指導を行うが、

教育の認証評価については、学校評価に関するガイドラインや手引き書が文部科学省のウェブサイトで公開されているものの、法律では規定されていない。

　日本語教育機関の教育の質保証は、さらに未整備である。専修学校について規定した学校教育法124条に「我が国に居住する外国人を専ら対象とするものを除く」という規定があるため、日本語教育を主とする教育機関は専修学校として認められてこなかった。また、各種学校として都道府県知事の認可を受けた学校も少ないため、株式会社や私塾など、教育行政の管理下にない組織が多い。例えば、日本語教育機関の約半数が加盟する日本語教育振興協会（以下、日振協）による2016年の認定校323校の調査では、55.7%が株式会社・有限会社、30.7%が学校法人・準学校法人、6.8%が任意団体・個人・合資会社・特定非営利活動法人、6.8%が財団法人・社団法人・宗教法人・独立行政法人等である。

　出入国管理及び難民認定法の規定による上陸審査で告示される日本語教育機関（「告示校」）の審査は法務省が行っているが、教育の質保証の観点からの審査は十分に行われていない。その歪みが表面化したのが、1988年の「上海事件」であった。当時は告示校の審査基準が今よりも緩く、比較的自由に日本語教育機関を開設でき、バブル経済期で人手不足が深刻であったため、人手確保が目的と疑われるような日本語学校の設立が相次いだ（白石2006）。このようななかで、実体のない日本語学校からの留学ビザの発給申請が入国管理局により取り消され、留学ビザが出ないことに抗議し、入学金や授業料の返還を求める若者数百人が、上海の日本領事館前に座り込むという事件が起きたのである。

　事件翌年の1989年には、このような制度的不備を補完し、「日本語教育施設の質的向上を図る」ため、日振協が設立され、文部省（当時）、法務省、外務省3省共管の財団法人として、国と共同で日本語教育機関の審査・認定を開始した（認定は3年ごとに審査のうえ、更新）。告示校の多くは日振協の維持会員となり、日振協は会員校に教師研修会や海外での日本留学フェアへの参加機会を提供し、会員同士の交流から、留学生受入れに関する自主的なガイドラインも制定された。

　しかし2010年の「事業仕分け」により、国と日振協が共同で日本語教育機関を審査する仕組みが廃止され、法務省が再び、文部科学省の協力を得て、告示校の審査を担当することになった。審査基準は日振協が審査当時のものを使用しているが、告示後の審査は留学生の不法残留率の調査が中心であり、留学生教育の質のチェックは行われていない。日振協は維持会員校への審査を継続しているが、公の審査機関でなくなったことにより、維持会員校は2015年に322校（法務省告示校494校の65%）に減少しており、日本語教育の質や教育体制をモニター

する仕組みが機能不全に陥っている。

2013年以降急増している非漢字圏出身の留学生は、漢字圏出身者に比べ、日本語習得に時間がかかるため、日本語教育機関に在籍する期間が長く（平均的学習者で、大学等に進学するために漢字圏出身者は1年、非漢字圏出身者は2年在籍）、日本語教育の質保証は一層重要である。しかし、ベトナム、ネパールなど留学生が増加している非漢字圏諸国は、アジアでも所得水準が低く[3]、留学生の多くは、留学斡旋業者の「日本ではアルバイトで稼げるので、留学費用を借金しても返済可能」といった甘言に乗せられ、多額の借金を背負って来日するケースが多い。このため、生活を切り詰め、アルバイトに追われて[4]、十分な日本語学習ができない者もいる。また、教育の質保証が十分機能していないため、営利を追求し、留学生への教育をなおざりにする学校もある[5]。この結果、日本語能力や専門能力が十分身につかず、希望の進学／就職ができない者、心身の健康を害し、夢破れて帰国する者、偽装難民申請に走る者が出現している。

4. 留学生政策の課題と展望

日本での移民政策の不在が言われるなか、留学生については日本就職が奨励され、2016年に「技術・人文知識・国際業務」の在留資格を取得した者の32.8%が元留学生であるなど[6]、専門的・技術的分野の人材の重要な供給源となっている。また、2012年5月〜2013年4月に高度人材として認定された者のうち、元留学生の割合は44%にのぼり（第6次出入国管理政策懇談会・外国人受入れ制度検討分科会2013）、高度人材の供給源としても重要である。他方、留学生のアルバイトは、技能実習生を配置できないサービス業などにおいて、貴重な労働力となっているが、留学生の中には、アルバイトに追われるあまり、十分な日本語能力や専門知識を習得できないというジレンマに陥っている者も少なくない。留学生が日本にとって重要な人材であることを踏まえ、彼らが十分な教育を受けられるよう、日本語教育機関や専門学校における教育の質保証体制の整備が必要である。また、教育行政の外にある日本語教育機関では、授業料に課税され、学割が効かず、奨学金も少ないという弊害があるため、これらを正し、奨学金や学費免除などの支援を拡充する必要がある。また、海外での留学生の募集・選抜や日本語教育について日本政府がより積極的に関与し、悪質な留学斡旋業者を排除し、安心して日本留学できる体制を整えることが重要である。

2016年11月の入管法改正（2017年9月施行）による在留資格「介護」の創設は、介護福祉を学ぶ留学生に介護従事者として働く道を開くこととなり、今後、こ

の分野での留学生急増が見込まれる。また、2016年5月、日本政府は5年間で300人のシリア難民とその家族を留学生として受け入れると表明し、閉ざされていた難民認定に新たな道筋を開くことになった。このように留学生政策は、日本の移民・難民政策の実質的入口としての役割を果たしつつある。

　留学生政策の要諦は、留学生が十分に知識や技能を習得し、留学に満足することにあり、それによって、人材の持続的獲得や彼らの国との関係強化が可能となる。彼らの目線に立って留学・教育環境を整え、次の世代の若者も日本留学を選択するような仕組みづくりを行うことが肝要である。　　　　　　（佐藤由利子）

注

1) ベトナム語には漢語からの借用語（漢越語）が多いが、現代ベトナム語では漢字を使用していないため、本節ではベトナムを非漢字圏として扱う。
2) UNESCO Institute of Statistics "Total inbound internationally mobile students 2016" に基づく。
3) 2015年の1人当たり国内総生産（米ドル）は、ベトナム1740、ネパール743、ミャンマー1162であるのに対し、中国は8028、韓国は2万7222である（World Bank Open Data 2017）。
4) 佐藤（2016b）は、日本学生支援機構による「平成27年度私費外国人留学生生活実態調査」データを分析し、非漢字圏出身者の方が、漢字圏出身者より、アルバイト従事率と従事時間が長く、仕送りが少なく、食費、住居費を切り詰めて生活している状況を示している。
5) 西日本新聞社編（2017: 68-80）は、授業中に賭けトランプが横行するなどの、一部の専門学校や日本語学校における教育の実情を紹介している。
6) 2016年に留学から技術・人文知識・国際業務への在留資格変更者1万7353人を、同分野の在留資格への変更許可と認定証明書交付者の合計5万2839人で除して算出。

《文 献》

佐藤由利子 2010『日本の留学生政策の評価——人材養成、友好促進、経済効果の視点から』東信堂

佐藤由利子 2013「日本留学の利点とコスト——日米豪の私費留学生の学費、生活費、支援金等の経済的要因の比較から」『留学生教育』18号、25-34頁

佐藤由利子 2016a「留学生の頭脳循環の特徴と課題——ドイツ留学生の進路選択に係る影響要因の分析と日本への示唆」『大学論集』第48集、177-192頁

佐藤由利子 2016b「非漢字圏出身私費留学生のニーズと特徴——日本学生支援機構・私費留学生生活実態調査の分析結果から」『ウェブマガジン留学交流』Vol.69（12月号）、1-16頁

佐藤由利子・堀江 学 2015「日本の留学生教育の質保証とシステムの課題——ベトナム人留学生の特徴と送り出し・受け入れ要因の分析から」『留学生教育』20号、93-104頁

白石勝己 2006「留学生数の変遷と入管施策から見る留学生10万人計画」ABK留学生メールニュース、61号、1-6頁

第6次出入国管理政策懇談会・外国人受入れ制度検討分科会 2013「高度人材に対するポイント制による出入国管理上の優遇制度の見直しに関する検討結果（報告）」法務省

西日本新聞社編 2017『新 移民時代——外国人労働者と共に生きる社会へ』明石書店

Ⅱ 出入国政策

6 戦後日本の難民政策
——受入れの多様化とその功罪

1．問題設定——難民政策の制度構造

2016 年末で 1 万 901 人が日本で保護を求めて難民申請を行った。かつては難民申請の機会すら限られたなか、日本の難民政策は 2000 年代に入り大きく変わってきた。戦後日本の難民政策は、どのような人々を、どのように受け入れる移民政策だったのだろうか。

難民政策をめぐっては、難民申請者数の増加や難民認定手続きの厳格さなどがメディアの注目を集めてきた一方、難民政策の制度構造それ自体については十分な関心を集めてきたとは言いがたい。本章では難民政策を、いわゆる難民の地位に関する条約（難民条約）に基づく狭義の難民政策に限定せず、自らの安全、自由、尊厳が脅かされ、祖国を離れざるをえなかった人々を対象とした広義の難民政策として捉え、戦後日本がどのような難民政策を進めてきたのかを明らかにしよう。

まず制度分析を進めるうえで重層的市民権論のアプローチを用い、市民権制度によって国民国家が重層的に境界管理構造を政策化する視点を得る。ついでこのアプローチをもとに戦後日本の難民政策が受入れ経路を多様化してきた事実を確認し、最後にその功罪をまとめることにしたい。

2．重層的市民権論のアプローチ

本章が焦点を当てる難民政策では、他国から逃れてきた人々に対し、受入れ国が国内に留まれるような法的地位を付与する処遇が行われる。したがってここでは、国家が彼女／彼らにどのような法的処遇を政策的に実施してきたのかが問われることになろう。このことを市民権の議論から考えていきたい。

ここでいう市民権とは、3 つの側面を持つ社会制度と捉えられる[1]。1 つに、市民権は政治共同体の構成員に付与される地位や資格の側面を持つ（地位としての側面）。市民権の付与を通じて、誰が政治共同体のメンバーであるか否かを示す成員資格として機能する。第 2 に、市民権は権利の集合体の側面を持つ（権利としての側面）。例えば参政権などを含む政治的権利、結社の自由などを含む公民的

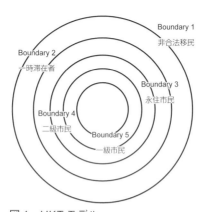

図1　HKT モデル
出所：Tarumoto（2004）ほかより作成

権利、社会保障に関する社会的権利などが挙げられ、市民権はこうした権利とそれに関わる義務を伴うとされる。最後に、市民権は政治共同体に対する共通信条やアイデンティティの側面を持つ（アイデンティティとしての側面）。市民権によって、個人と共同体との情緒的なつながりが期待される。

　国際人口移動が活発化し、国民国家にはさまざまな法的地位を持つ人々が滞在するようになった。彼女／彼らの法的地位の違いに着目するとき、人々は図1のように重層的に位置づけられる（Hammar 1990=1999; 小井土 2003; Tarumoto 2004）。まず国民国家の領土的境界を Boundary 1 とすると、そこには合法的な滞在資格を保持せずに国民国家に滞在する非合法移民が位置づけられる。つづく Boundary 2 からは、一時的な滞在資格のみを保持する一時滞在者、永住が可能な永住市民（デニズン）、国籍を保持するも人種差別などによってその権利を実質的に享受できない人々（二級市民）とそれらの問題が解決できている人々（一級市民）が位置づけられ、重層的な境界を内包するモデルが描かれる。国民国家は、市民権を複数の法的地位に細分化することで重層的な境界管理構造をつくり出し、移民や難民の出入国管理や社会統合を政策的に管理するのである。では、この重層的な境界管理構造を踏まえ、戦後日本の難民政策の制度構造を検討していこう。

3. 戦後日本の難民政策の概要

　年代順に戦後日本の難民政策をみると、インドシナ難民政策、条約難民政策、第三国定住政策、シリア難民受入れ政策、民間受入れが挙げられる。まずインド

シナ難民政策は、1978 年から 2005 年までベトナム・ラオス・カンボジアからの
難民を対象とした政策である。来日時に「定住者」の法的地位が付与され、彼女
／彼らは定住支援施設にて日本語教育を含む社会適応訓練などを受け、日本社会
に定住していった。すでに 1 万 1000 人を超えるインドシナ三国の出身者が日本
で滞在している。インドシナ難民政策は最初の本格的な難民政策であったけれど
も、受入れ対象がインドシナ三国出身者に限られたとともに、2005 年度までに
終了した点からみると、限定的な難民政策でもあった。

　つづいて 1982 年からは条約難民政策が実施された。条約難民政策は、難民保
護に関する国際条約である難民条約に基づいて制度化された。難民条約によって
難民の定義が示されたとともに、条約締結国は、難民を迫害のおそれがある国に
送還することを禁止するノンルフルマンの原則を課せられた。日本政府は難民条
約を批准した翌年から難民認定制度を設け、難民申請者は難民認定手続きを通じ
て法的地位を享受することが求められた。ビルマ（ミャンマー）やアフガニスタン
などアジア、アフリカ、中東などからの人々が法的保護を申請してきた。

　かつて条約難民政策では、入国から 60 日を経過しての難民申請を受理しない
「60 日ルール」により、難民申請すら困難な時代があった。2005 年に法改正が
実施され、60 日ルールの廃止に加えて、仮滞在許可の設定、第三者機関である
難民参与員制度の導入がなされた。一方、難民認定審査の結果として付与される
法的地位は、それまで難民認定を受けつつ「定住者」の法的地位を享受する場合
（社会適応訓練の受給資格もある）と人道配慮をもとに「定住者」のみを付与される
場合が見られたが、法改正以降から人道配慮をもとに「特定活動」を付与される
場合が本格的に広まり始めるなどさらなる多様化が進んだ（人見 2008）。2016 年
末で、これまでに難民認定を受けた人々は 688 名、人道配慮により法的地位を
得た人々は 2543 名となっている（法務省入国管理局 HP より）。

　3 つ目は、第三国定住政策である。パイロット事業として、2010 年度よりタ
イ難民キャンプからビルマ（ミャンマー）系難民を受け入れてきた。2015 年度か
ら本格事業となり、現在は在マレーシアのビルマ（ミャンマー）系都市型難民の受
入れが中心となった。第三国定住難民は、インドシナ難民と同じく来日時に「定
住者」が付与される。来日後に定住支援施設で社会適応訓練などを受け、これま
でに 120 名以上が日本社会に定住している。

　4 つ目は、シリア系難民の受入れである。2016 年の伊勢志摩サミットで、日
本政府は 5 年間でシリア系難民最大 150 名を留学生として受け入れることを表
明した。家族も含めると、300 人規模での受入れと見通されている（朝日新聞 2017

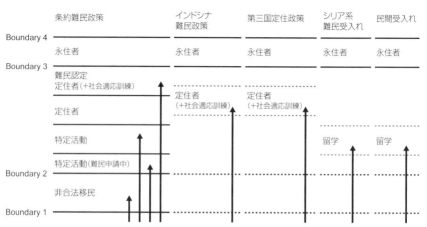

図2　各政策における法的地位
注：それぞれの矢印は、難民の動きを指す。
出所：人見（2008）をもとに、2017年8月時点の制度構造をモデル化した。

年2月3日）。JICAや大学が受け皿となるため、彼女／彼らには「留学」の法的地位が付与される。そして最後に、民間団体による受入れ（private sponsorship）がある。難民支援NGOなどが日本語学校や宗教団体と提携しつつ、シリアからの難民受入れを開始した。政府主体の難民受入れではなく、市民団体がスポンサーとなって受け入れる新たな枠組みである。現行では教育機関が受け皿となるため、こちらも「留学」としての法的地位を付与される。

4．難民政策の制度構造

(1) 受入れ経路の多様化——国際法による法的拘束力の回避

これら5つの政策について、受入れの経緯や法的地位に着目し、重層的市民権論の観点から制度構造を検討しよう（図2）。まず戦後日本が2000年代に入って難民政策で複数の受入れ経路を設けてきた事実を確認できる。背景には戦争や紛争の複雑化、難民の移住背景の多様化といった国際環境も影響していよう。しかしここで注目すべきは、国際難民保護の根幹として機能してきた難民条約とは別枠で新たな政策枠組みが広まってきたことだ。もともと難民保護は、国民国家の国家主権とは対立する性質を持つ（Zetter 2007；人見 2008, 2017）。国際社会では、自国の領域に誰を受け入れるかを決定する権限は、国民国家が保持する国家主権に属するものと解される。一方で難民条約は、条約締結国に難民を迫害のおそれが

ある国に送還することを禁止するノンルフルマン原則を課し、この点で国民国家の出入国管理能力を国際法において拘束する（Joppke 1998）。ゆえに国民国家が出入国管理能力を維持するならば、難民条約による法的制約の回避を試みる。そのひとつが、国際条約に依拠せずに自国の裁量で管理しやすい政策枠組みの導入につながった。難民条約に依拠しない人道配慮カテゴリーは拡大し、インドシナ難民政策、第三国定住政策、シリア系難民受入れは難民条約とは別枠で制度化されている。難民保護の国際基準とは別に、国家の独自裁量を許容しながら難民保護は広がってきた。国際難民保護の根幹である難民条約の外部へと政策は拡大してきたのである。

(2) 権利の階層化の拡大と法的地位の不安定化

　上記のように、戦後日本は難民受入れ経路を新たに設けてきた。たしかに5つの政策とも難民に何らかの法的地位を付与しており、重層的境界管理構造の中でみれば、まずは人々を一時滞在者として位置づける社会制度であることは共通している（図2）。

　一方で、それぞれの政策によって、人々を一時滞在者のどこに位置づけるのかは異なる。インドシナ難民政策と第三国定住政策では「定住者」の法的地位が、シリア系難民受入れと民間受入れでは「留学」の法的地位が付与される。前者は社会適応訓練などが受給できるけれども、後者にそうした機会はない。さらに後者の場合は留学生であるゆえ、就労時間の制約や学業終了後の法的地位の切り替えなどが必要になりうる。同じように人道保護を求める難民であっても、受入れの経路によって来日後に付与される法的地位は異なり、難民が享受できる権利に格差が生じている。

　また、特に条約難民政策に着目すると、難民認定審査の結果で付与される法的地位は複数ありうる。難民認定を受ければ、難民条約に基づき難民旅行証明書が発給され、「定住者」の資格を付与されつつ社会適応訓練の受給資格も得られる。しかし難民認定は受けられず人道配慮による在留となれば、難民旅行証明書の交付はなく、「定住者」が付与される場合でも社会適応訓練の受給資格はない。さらに「特定活動」が付与される場合、家族呼び寄せの機会が制限されるなど、享受可能な権利は縮小されてしまう[2]。他方で難民申請者に着目すれば、近年偽装難民対策を名目とした認定制度の運用見直しが行われ、申請内容に応じた申請者の振り分けが始まった。難民性が高いと判断されれば就労可能な法的地位（特定活動〔難民申請中〕）が付与される一方、それ以外では就労や在留が制限されるなど

難民申請者の間でも階層化が広まっている。

　難民政策が受入れ経路を多様化させるなか、難民や難民申請者が享受する法的地位や権利が多様化しており、難民という移民集団の中で権利の格差が一段と広がっている。そこでは国際条約に基づく保護を受けられる難民認定者を一方に置くと、「特定活動」や「留学」など、享受可能な権利がより少ない法的地位を受ける人々が他方に位置づけられる。付与される権利に制約が課されてしまえば、滞在期間や就労、教育などの面で、難民たちの移住機会が制約されてしまうことになろう。難民という移民集団内部で権利の階層化が拡大しており、とりわけ難民条約に基づく保護が得られずにより不安定な法的地位を享受する人々が広く見られるようになってしまった。

(3) 取り残される難民の社会統合

　一般的に難民政策をめぐっては、難民申請や認定手続きなど審査過程に関する議論が注視されがちだ。一方、難民が法的地位を付与された後にいかに社会統合を遂げていくかという議論は手つかずのままだ。現在では難民認定者や第三国定住難民にのみ受給機会が限られる社会適応訓練などを除けば、難民の社会統合に関する特別な支援プログラムはない。難民認定者や第三国定住難民は難民という移民集団の中では数的に限られており、むしろ国際的な難民保護の枠組み外に置かれた大多数の人々の社会統合はさらに大きな課題となろう。

　難民の社会統合は事実上、当事者や同胞コミュニティの自助努力に依拠している。しかし、難民研究の知見からいえば難民という政治的な移住背景により同胞コミュニティからの援助を受けられず、生活に困窮する難民がいることも忘れてはならない。さらに享受した法的地位では十分に権利を認められない場合、長期的な面で難民の移住機会は制約されるおそれが高い（人見 2008, 2017）。他国が難民の社会統合問題に政策的に取り組んでいることに比べると、日本でも難民の社会統合を踏まえた制度設計が必要となろう。

5. 結論

　戦後日本の難民政策では、受入れ経路の多様化が進んできた。難民条約を基盤とする国際難民保護の外部で制度化が広まり、新たに受け入れられた難民たちは、国際法に基づく保護よりも不安定な地位に置かれ、その後の社会統合から疎外される状況に置かれている。

　世界の難民保護の現状を見渡せば、たしかに今日、数多くの人々が他国に逃れ

るすべを持たず、難民条約を中心に制度化されてきた国際難民保護は行き詰まり
も見せている（Betts and Collier 2017; 駒井監・人見編 2017）。保護される機会を確保す
るという難民保護の「実利」を取るとすれば、第三国定住政策やシリア系難民受
入れのように、国民国家の自国裁量を広く許容した受入れ様式が広まる可能性は
十分に大きい。一方で、国家によって「使い勝手がよい」政策と、政策によって
規制される当事者が望むこととは、必ずしも一致するとは限らない。難民政策を
見通すうえで、難民当事者に対する影響も深く注視すべきだろう。

　故郷を追われた人々に国際社会は、そして日本社会はどのように対応するの
か。揺れ動く世界のなかで、日本の難民政策が問われている。　　　　（人見泰弘）

注

1) 市民権については、Joppke（2010=2013）などを参照のこと。
2) 条約難民政策における「特定活動」導入の意義について、人見（2008）も参照のこと。

《文　献》

小井土彰宏 2003「はじめに」駒井 洋監修・小井土彰宏編『移民政策の国際比較』明石書店、
　　15-28 頁
駒井 洋監修・人見泰弘編 2017『難民問題と人権理念の危機――国民国家体制の矛盾』〈移民ディ
　　アスポラ研究 6〉明石書店
人見泰弘 2008「難民化という戦略――ベトナム系難民とビルマ系難民の比較研究」『年報社会学
　　論集』21 号、107-118 頁
人見泰弘 2017「難民の社会統合」滝澤三郎・山田 満編『難民を知るための基礎知識――政治と
　　人権の葛藤を越えて』明石書店、127-154 頁
Betts, A. and Collier, P., 2017, *Refuge: Transforming a Broken Refugee System,* London: Penguin
　　Books.
Hammar, T., 1990, *Democracy and the Nation State: Aliens, Denizens and Citizens in a World*
　　International Migration. Aldershot: Avebury.〔=1999, 近藤 敦監訳『永住市民と国民国家――
　　定住外国人の政治参加』明石書店〕
Joppke, C., 1998, "Asylum and State Sovereignty: A Comparison of the United States, Germany, and
　　Britain," In Joppke, C. ed., *Challenge to the Nation-State: Immigration in Western Europe and*
　　the United States, Oxford: Oxford University Press.
Joppke, C., 2010 *Citizenship and Immigration,* Cambridge and Malden: Polity.〔=2013, 遠藤 乾・佐
　　藤崇子・井口保宏・宮井健志訳『軽いシティズンシップ――市民・外国人・リベラリズム
　　のゆくえ』岩波書店〕
Tarumoto, H., 2004, "Toward a Theory of Multicultural Societies," 北海道大学大学院文学研究科社
　　会システム科学講座編『現代社会の社会学的地平――小林甫教授退官記念論文集』84-96 頁
Zetter, R., 2007, "More Labels, Fewer Refugees: Remaking the Refugee Label in an Era of
　　Globalization," *Journal of Refugee Studies* 20(2): 172-192.

Column　シリア難民

2011年に始まったシリア紛争に端を発し、2017年2月末時点で約500万人のシリア人が近隣諸国で避難生活を送っている。通常「難民」とは保護や支援を与えられる受動的な客体として捉えられることが多いが、ここでは彼らを「主体」として捉え、シリア難民がどのような影響を国際社会に与えているかを考えてみたい。

とりわけ2015年9月に3歳のシリア人男児のご遺体の写真が世界を駆け巡り、通常そのような問題に比較的関心の薄い日本でも連日連夜「難民危機」がメディアで取り上げられた。そのこと自体は必ずしも悪いことではない。しかし、あたかも「難民と言えばシリア」かのように捉えられ、より長く避難生活を余儀なくされているアフガン難民、ソマリア難民、スーダン難民、コンゴ難民などに対する注目が薄まったことは否めない。2015年末時点で世界にはシリア難民やパレスチナ難民を除いて約1100万人の難民がいることを忘れてはならない。

また、シリア難民のうちいわゆる先進国に自力で辿り着ける庇護申請者や第三国定住経由で受け入れられる難民は極少数であるにもかかわらず、命がけで海路や陸路でヨーロッパを目指す様子が繰り返し報道された結果、あたかも怒涛のシリア難民が先進国に押し寄せているかのようなイメージがつくり出された。時を前後して、外国につながる背景を持つ者が容疑者とされるテロ事件や暴行事件も欧州諸国で発生し、「シリア難民の中には多くのテロリストが混ざっている」といったメッセージを繰り返す扇動的政治家やメディアも現れた。そのような政治家やメディアがつくり上げた「シリア難民のイメージ」が、英国民によるEU離脱投票や米国におけるトランプ政権の誕生に与えた影響は否めない。実際、シリア（避）難民の大量移動はEUの共通庇護政策やEU域内の自由移動の原則にも揺さぶりをかけており、「EUの終わりの始まりでは」といった声も聞かれる。

さらに、難民とは本来「迫害のおそれを逃れる者」であり、無差別攻撃や一般化された紛争状態を逃れた者は少なくとも1951年の難民条約上の難民の定義にはあてはまらないが、難民と紛争避難民を同一視する傾向に拍車がかかっている。このことが、世界における難民保護レジームに今後どのような影響を与えるのか、注視しなければならない。

最後に、シリア（避）難民の多くは「中進国出身者が中進国に流れ込んでいる」状態であり、従来の「途上国におけるキャンプ型難民支援」の常識があてはまらない。このことは、国際機関やドナー諸国などに従来の支援モデルの変更を求めることにつながっている。

このように、「シリア難民」は世界の難民・移民政策や外交政策、内政にまで大きな影響を与えることとなった。「難民危機」はとりもなおさず「主権国家体制」、「国民国家体制」の危機でもある。今後も、移動する人々と国家との間の相克は続くことになるだろう。　（橋本直子）

Ⅲ
社会統合政策／多文化共生政策

Ⅲ　社会統合政策／多文化共生政策

7　歴史と展望

　わが国の入管法が、永住目的の外国人の入国を認めないなか、地域・自治体では、近年、外国人の国籍多様化が一層進み、一般永住権を有する外国人住民も増え続けている。

　1990年代以降に自治体レベルで進展してきた多文化共生政策の将来を展望するには、わが国の国籍法や入管法などの法制度の特徴や制約を踏まえ、戦後、日本国籍を失った在日コリアンなど特別永住者を中心とする地域での権利確保のための運動との協働を視野に入れる必要がある。また、旧満州・サハリンからの帰国者や、1970年代以降のインドシナ難民、1980年代以降の日系人受入れの経験と教訓を生かす必要がある。さらに1990年代後半以降に先進国において統合政策に多様なパラダイム変化が生じていることを踏まえ、国・地方が連動した統合政策の確立を目指すべきであろう。

　近藤敦・陳天璽「永住と国籍取得」は、日本の国籍が血統主義で、生地主義や居住主義の要素が乏しいこと、一般永住権取得の要件となる滞在年数が長い一方、言語要件を持たないことなどを指摘する。長谷部美佳「中国帰国者、インドシナ難民に対する初期指導と課題」は、これらの人々は実態として移民であり、就労支援や日本語指導は統合政策で、これら施策は同化主義的だが、定住先の日本語指導継続に困難が多いとする。渡戸一郎「自治体と外国人住民」は、自治体が基本的に住民を選別できないとし、言語政策の推進や外国人排斥への対処や、トランスナショナルな社会空間を生きる外国人住民のエネルギーが重要とする。山田貴夫「オールドタイマーと自治体政策」は、戦後、特別永住者に、国籍回復か日本国籍取得かの選択の自由も日本国民と対等の権利保障もなかったとし、80年代以降、国籍条項・要件は撤廃されたが、地域での社会・政治参加の保障は不十分とする。井口泰「日本の統合政策」は、統合政策の社会の分断・格差に対処する役割を強調し、出入国管理と統合政策の連携、言語習得機会の保障、国と自治体の地域での連携、外国人の人材開発を掲げ、定住外国人政策と行政組織の改革に言及する。

（井口　泰）

7　歴史と展望　111

7-1　永住と国籍取得

はじめに——永住者と特別永住者

　日本政府は、折に触れ、「移民」を受け入れないというメッセージを発することがある。その場合の移民とは、入国時に永住許可を認められる外国人を指すものと思われる。最初に制定された 1952 年の入管法では、入国時に永住を許可する「本邦で永住しようとする者」という在留資格が、伝統的な移民国家であるアメリカの影響を受ける形で明記されていた。しかし、1 人も認められることなく、1989 年の入管法の改正の際に削除された（坂中 2001: 47, 140）。代わって創設された「永住者」の在留資格は、1998 年に永住許可の運用基準の見直しが公表され（小山 1998）、原則 20 年の継続居住の要件は 10 年に短縮された。その後 2006 年からは、「永住許可に関するガイドライン」として法務省の HP で公表されている。

　日本では、2 種類の永住資格がある。一般の永住許可制度に基づく「永住者」とは別に、旧植民地出身者とその子孫に「特別永住者」の地位を認めている。かつて旧植民地出身の朝鮮人と台湾人は、1952 年のサンフランシスコ平和条約の発効に伴う法務府（現在の法務省）の通達[1]に基づき、日本国籍を喪失し、多様な法的地位の時代を経た。1952 年からの「法 126-2-6 該当者」[2]の地位は、在留期間と在留活動に制限はない。しかし、将来的にどうなるのかが不確かであった。1966 年からは日韓地位協定[3]により申請すれば韓国籍者として「協定永住者」の地位が認められた。1982 年からは朝鮮籍者も申請により「特例永住者」の地位が認められるなど、3 種類の永住類似の制度が混在した。1991 年の「入管特例法」[4]以後、旧植民地出身者とその子孫は、統一的に「特別永住者」の地位が認められ、今日に至る。

　永住者と特別永住者は、在留期間と在留活動に制限がない点では、同様である。特別永住者は、永住者に比べ、退去強制事由が限定され[5]、再入国許可の有効期限が長く[6]、特別永住者証明証の携帯義務や入国時の指紋押捺義務が免除されている。特別永住者の数は、1991 年の 69 万 3050 人をピークに漸減傾向にあり、2016 年末では、33 万 8950 人である。永住者の数は、急増傾向にあり、1991 年には 5469 人にすぎなかったが、2007 年末に特別永住者の数と逆転し、2016 年末では、72 万 7111 人である。2016 年末において、特別永住者の内訳は、韓国が 89%、朝鮮が 9% であり、永住者の内訳は、中国が 33%、フィリピンが 17%、

ブラジルが 15%、韓国が 9% である。

1. 永住許可の要件

永住許可の要件は、入管法 22 条 2 項によれば、①素行の善良、②独立生計を営むに足りる資産・技能、③「その者の永住が日本国の利益に合する」という 3 つの内容をすべて満たす場合に、法務大臣は「許可することができる」と定めている。2017 年に改正された法務省の「永住許可に関するガイドライン」では[7]、③の具体的要件を以下のように定めている。

原則的な永住許可は、10 年（そのうち就労資格又は居住資格を持って 5 年）以上の継続居住、罰金刑や懲役刑などを受けることなく納税義務等の公的義務の履行、在留資格の定める最長の在留期間での居住、公衆衛生上有害となるおそれがない点を要件とする。

簡易的な永住許可は、⑴ 日本人の実子、または 80 ポイント以上の高度人材外国人の場合は 1 年、⑵ 日本人・永住者・特別永住者の配偶者（婚姻生活が 3 年以上継続していれば 1 年）、または 70 ポイント以上の高度人材外国人の場合は 3 年、⑶ 定住者・難民認定者の場合は 5 年の継続居住でよい。⑷ 日本国への貢献があると認められる者は 5 年（地域再生法に基づく外国人研究者等の場合は 3 年）の継続居住である。また、日本人・永住者・特別永住者の配偶者と子には、①と②の要件が免除され、難民認定者には、②の要件が免除される。

配偶者などの簡易的な永住許可の場合の居住期間の要件は、他国と比べても遜色がない。しかし、表 1 に見るように、MIPEX（Migrant Integration Policy Index, 移民統合政策指数）の国際比較研究に参加している 38 か国の中でも、永住許可に必要な在留期間の原則的要件が、10 年と長いのは、日本の永住許可要件の厳格さの特筆すべき点である。

他方、表 2 に見られるように、言語要件がない点は、日本の永住許可を容易にしている。言語講習の履修を要件としたり、ヨーロッパ言語共通

表 1　永住許可に必要な在留期間の原則的要件

0 年	カナダ、アメリカ、オーストラリア、ニュージーランド
3 年	ハンガリー、ノルウェー
4 年	フィンランド、スウェーデン、アイスランド
5 年	イギリス、フランス、オランダ、ベルギー、スペイン、ルクセンブルク、イタリア、オーストリア、韓国、ブルガリア、デンマーク、アイルランド、クロアチア、ギリシア、キプロス、エストニア、ラトビア、リトアニア、マルタ、ポーランド、ポルトガル、ルーマニア、スロベニア、チェコ、スロバキア
8 年	トルコ
10 年	日本、スイス

出所：MIPEX (2015)

表2　永住許可の言語要件

言語要件がない国		フィンランド、アメリカ、ハンガリー、トルコ、アイルランド、ベルギー、日本、韓国、ポーランド、スロベニア、スペイン、スウェーデン、ルクセンブルク、ブルガリア、ポルトガル
言語講習の履修を要件とする国		アイスランド、ノルウェー、スロバキア
言語試験を含む国	A1	チェコ、フランス
	A2	キプロス、デンマーク、イタリア、ラトビア、リトアニア、マルタ、オランダ
	B1 以上	カナダ、ドイツ、イギリス、オーストラリア、オーストリアクロアチア、スイス、エストニア、ギリシア、ルーマニア、ニュージーランド、スロバキア

出所：MIPEX (2015)

参照枠のA1レベル、A2レベル、B1レベル以上の要件を課したりする国もある[8]。

2.　国籍取得の原理

　各国の国籍法は、出生に伴う国籍取得に際して、①生まれた国の国籍を認める「生地主義」と、②親の国籍を承継する「血統主義」とに大別される。また、後天的な国籍取得に際しても、①行政の裁量などによる「帰化」と、②一定の居住期間などを要件に権利として国籍を取得する「届出」とに区別することができる。

　一般に、移民受入れ国では、早い段階で完全な共同体のメンバーとなることが奨励され、生地主義を採用し、血統主義の要素も取り入れる傾向にある。移民送出し国では、血統主義により在外国民の子との血統のつながりを重視する一方、移民受入れ国に転じたヨーロッパ大陸諸国では、生地主義や届出（における居住主義）の要素を大幅に取り入れつつある。日本の特徴は、血統主義が中心であり、生地主義や居住主義の要素が乏しい点にある。

3.　国籍をめぐる国際法上の原理と日本の課題

　日本国憲法10条は、「日本国民たる要件は、法律でこれを定める」と規定する。この法律が、国籍法である。伝統的には、国籍の取得と喪失は、国家の主権の作用によるものであり、国際慣習法上、国家は誰が国民であるかを国内法により決定する自由を有するとされてきた。この伝統は、「国家主権の原則」（「国内管轄の原則」または「立法裁量の原則」）と呼ぶことができる。しかし、国会が法律でいかようにも定めることができるかというと、そうではない。（1997年のヨーロッパ国籍条約3条・4条に見られるように）今日の国際法上、伝統的な「国家主権原則」は、

人権法の発展に伴い、以下の3つの原則により、その射程を大幅に狭められつつある。

第1に「差別禁止原則」によれば、性別や民族的出自などによる差別的な国籍法は許されない。1984年に日本が女性差別撤廃条約9条2項の要請する性差別の禁止を重視して国籍法を父系血統主義から父母両系血統主義に改正した。また、2008年に最高裁は、両親が婚姻関係にない日本国民の父と外国人の母のあいだに生まれた婚外子（非嫡出子）の場合は、届出に両親の婚姻を要件としていた旧国籍法3条を、憲法14条1項の法の下の平等違反とした[9]。

第2に「国籍剝奪禁止原則」によれば、本人の意思によらず、何人も恣意的に国籍を奪われない。憲法22条2項は「何人も……国籍を離脱する自由を侵されない」と定めている。この規定は、「何人も、ほしいままにその国籍を奪われ」ない旨を定めている世界人権宣言15条2項を解釈指針として、本人の意思に反する恣意的な国籍剝奪禁止の内容を含んでいることに留意すべきである。この点、日本の旧植民地出身者とその子孫について、旧植民地の独立に伴う国家承継の場合の国籍変動に際しては、国籍選択権が認められるべきであり、本人の意思によらない国籍の剝奪は禁じられるべきであった。また、今日の特別永住者を日本国民と同様に扱わないことは、朝鮮戸籍や台湾戸籍を理由とした民族的出自（ナショナル・オリジン）による「差別禁止原則」に照らして問題である（近藤2006）。

第3に「無国籍防止原則」がある。1995年に最高裁は、父が不明で、出産後、消息不明の母のフィリピン国籍が特定できない日本生まれの子どもの日本国籍を認め、国籍法2条3号の立法趣旨にある無国籍防止原則から、「父母がともに知れないとき」とは、「父及び母のいずれもが特定されないとき」を指すとの拡張解釈を導いた[10]。しかし、その後の実務は、同様の事例を無国籍とする場合が多い。抜本的には、「父母のいずれの国籍も取得しないときは」などの法規定に改正すべきである。

なお、従来、人はただ一つの国籍を持つべきであるという「国籍唯一の原則」が、指摘されてきた。しかし、これは無国籍防止原則と複数国籍防止原則の2つの内容を持っていた。今日、複数国籍防止原則は、国際法上の要請とはいえなくなっている。人の国際移動と国際結婚の増大により複数国籍者が増えており、平和主義、民主主義、人権擁護などを促進する手段として、複数国籍を認める国が増えている。日本では、国際的にも珍しく、国際結婚や生地主義国で生まれた複数国籍者が大人になってどちらかの国籍を選ばなければならない「国籍選択制度」や、国外で生まれた複数国籍の子が3か月以内に届け出ないと日本国籍を喪

表3　帰化の原則的な居住要件

4年	カナダ、オーストラリア、アイルランド、マルタ
5年	フィンランド、スウェーデン、アメリカ、ベルギー、フランス、日本、韓国、オランダ、ニュージーランド、トルコ、キプロス
6年	イギリス、ポルトガル
7年	ドイツ、ギリシア、アイスランド、ルクセンブルク、ノルウェー
8年	クロアチア、エストニア、ポーランド、ルーマニア、スロバキア
9年	デンマーク
10年	オーストリア、ブルガリア、チェコ、イタリア、ラトビア、リトアニア、スロベニア、スペイン、スイス
11年	ハンガリー

出所：MIPEX（2015）

失する「国籍留保制度」がある。これらは、国籍剥奪禁止原則に抵触する問題を孕んでおり、法改正が望まれる（近藤 2012）。他方、複数国籍者である国民の被選挙権を禁止する法改正は、憲法 14 条・15 条 1 項違反となるものと思われる（近藤 2017）。

4.　帰化の要件

　原則的な帰化の要件として、国籍法 5 条によれば、①引き続き 5 年以上日本に居住し（居住要件）、② 20 歳以上で行為能力を有し（能力要件）、③素行が善良であり（素行要件）、④自己または生計を同じにする親族の資産や技能によって安定した生活を送ることができ（生計要件）、⑤国籍離脱ができない場合を除いて、従来の国籍を失い（重国籍防止要件）、⑥政府を暴力で破壊しようと主張する団体に参加していないこと（憲法遵守要件）が必要である。

　簡易的な帰化の居住要件として、(1) 日本人の養子の場合は 1 年、(2) 日本で生まれた無国籍者・2 世代にわたって日本で生まれた者・日本人であった者の子・日本人の配偶者の場合は 3 年（婚姻生活が 3 年以上継続していれば 1 年）の居住でよい。日本人の実子・日本人であった者は、住所がありさえすればよく、居住要件が免除される。また、日本人の配偶者には、②の要件が免除され、日本人の子・日本人であった者・日本で生まれた無国籍者には、②と④の要件が免除される。

　国籍取得の場合の 5 年の原則的な居住要件は、表 3 に見るように、長くはない。帰化よりも永住許可の方が長い居住要件であることが、日本の特殊要因といえる。

　帰化の言語要件が、実務上、小学校 3 年生で習う漢字が読める程度の日本語能力が必要と言われる。この点は、ヨーロッパ言語共通参照枠の A2 と B1 の間で

III　社会統合政策／多文化共生政策

表4　帰化の言語要件

言語要件がない国		スウェーデン、アイルランド、（イタリア）
言語講習の履修を要件とする国		ノルウェー
言語試験を含む国	A1以下	アメリカ、アイルランド、ニュージーランド
	A2相当	カナダ、オーストラリア、ベルギー、ブルガリア、ギリシア、アイスランド、リトアニア、オランダ、ポルトガル、スロベニア、日本、韓国
	B1以上 または 裁量	カナダ、ドイツ、イギリス、オーストリア、クロアチア、キプロス、デンマーク、エストニア、フィンランド、フランス、ハンガリー、ラトビア、ルクセンブルク、マルタ、ポーランド、（スロバキア）、（ルーマニア）、（スペイン）、（チェコ）、（スイス）、（トルコ）

注：（　）は審査官の裁量による。
出所：MIPEX（2015）.

表5　帰化の際の従来の国籍放棄（2015年の広義の帰化率）

従来の国籍放棄が不要 （複数国籍に寛容）	ポーランド（6.8）*、スウェーデン（6.5）、カナダ（5.8）*、ポルトガル（5.2）、フィンランド（3.6）、イタリア（3.6）、アメリカ（3.3）、アイスランド（3.3）、ハンガリー（2.8）、フランス（2.6）、アイルランド（2.4）、イギリス（2.1）、ルクセンブルク（2.1）、スイス（2.1）、ベルギー（2.1）、ギリシア（1.8）、スペイン（1.6）、チェコ（1.1）、デンマーク（1.0）、オーストラリア、ニュージーランド、トルコ、キプロス、マルタ、ルーマニア
必要だが、例外あり （複数国籍にやや寛容）	オランダ（3.3）、ノルウェー（2.4）、ドイツ（1.3）、韓国（1.3）*、スロベニア（1.2）、チェコ（1.1）、オーストリア（0.7）、スロバキア（0.6）、日本（0.4）、ブルガリア、ラトビア、リトアニア
従来の国籍放棄が必要 （複数国籍に不寛容）	エストニア（0.4）、クロアチア

*2012年
出所：MIPEX（2015）. OECD（2017: 337-338）.

あり、どちらかというとA2に近いと評価した（表4）。

　表5は、帰化の際に従来の国籍放棄が不要か否かと、外国人住民の割合に対して届出の場合も含む後天的な国籍取得をする人の割合を示す広義の帰化率を示している。複数国籍の寛容度と広義の帰化率との一定の相関関係がみてとれる。帰化に際して従来の国籍放棄が原則必要な国の中でも、オランダは、1990年代に国籍放棄要件を廃止した時期には、帰化者が数倍に急増し、2000年代に廃止してからも、国籍放棄ができない場合、オランダで生まれ育った場合、5年以上継続居住している未成年者の場合、オランダ人の配偶者・パートナーの場合、難民の地位を有する場合、国籍放棄に多額を要する場合、財産権放棄などの重大な不利益を被る場合、兵役を終えないといけない場合、国籍国の当局と接触でき

ない場合、申請者の国をオランダが承認していない場合、特別な客観的な理由がある場合には、国籍放棄が不要であり、帰化者の 63% が複数国籍を維持している。ドイツも例外が多く、EU 市民の場合、国籍放棄が重大な不利益をもたらす場合、国籍放棄が特に困難な場合には複数国籍を認め、帰化者の 50% 以上は複数国籍を認められている。また、ドイツ人の親から生まれた重国籍者には国籍の選択義務はなく、2000 年から 2014 年まで必要とされた永住者の子の生地主義による重国籍者にも、ドイツで育った子、すなわち 21 歳までに 8 年以上居住したり、6 年以上ドイツの学校に通ったり、ドイツの学校を卒業したり、職業訓練を終えた場合には、国籍の選択義務をなくした[11]。相対的に、日本における帰化率は低いが、2012 年の新たな在留管理制度の導入に伴い、公的年金に関する証明書、課税・納税証明書、配偶者の居住歴証明などの審査が厳格化され、帰化率も下がっている。広義の帰化率は、2003 年には、1% であったが、2015 年には0.4% にすぎず、OECD 諸国の中では最低の水準である (OECD 2017: 337; 2015: 350)。

5. 届 出

日本の国籍法では、認知の場合の届出 (第 3 条) と国籍の再取得 (第 17 条) の場合の届出に限られている。届出は、帰化とは違い、一定の要件を満たせば、裁量の余地なしに国籍の取得が認められる。ヨーロッパの血統主義国にあっては、その国で育った子どもが届出による国籍取得の手続が定められる国が多い (Waldrauch 2006)。届出を含む広義の帰化率を高めるためには、日本でもこうした届出の手続を取り入れることを検討すべきであろう。 (近藤 敦)

6. 無国籍

無国籍者は、どの国にも国民と認められていない人を指す。国連難民高等弁務官事務所の推計によると、どの国の国籍も持たない無国籍者が世界各地に 1000 万人以上は存在しているとみられており、日本にも無国籍者は暮らしている。

無国籍となる人は、国々の情勢や国際関係、越境や移住そして国際結婚による法の抵触など、さまざまな原因が挙げられる。例えば、旧ソ連や旧ユーゴなどのように国家の崩壊、領土の所有権の変動によって無国籍となる人もいれば、外交関係の離齬が原因で無国籍となる人もいる (陳 2011)。また、国際結婚や移住の末、血統主義と生地主義など国籍法の抵触から無国籍となる子どもたちも発生する (奥田 1996)。ほかにも、ミャンマーにおけるロヒンギャのように民族的な差別が原因で無国籍となるケースもあれば、個人の行政手続の不備、制度の漏れなどに

よって発生する場合もあり、原因は実に多岐に及ぶ。

　無国籍者が置かれる境遇も人によって千差万別である。永住など合法的な居住権を有し、日常生活に不自由のない無国籍者もいれば、無国籍がゆえにさまざまな障壁に苦悩し精神的なストレスを抱えている人もいる。また、無国籍者といっても、身分証明書に記載される国籍の所属や在留資格の有無など、さまざまなタイプの人たちがいることが、明らかになっている（陳 2013）。

　まず、日本が発行している身分証明書上で「無国籍」とされている人たちについてみてゆこう。日本では、2012 年 7 月 9 日に外国人登録制度が廃止され、新しく在留管理制度が導入された。これによって、「外国人登録証」に代わって中長期滞在者には「在留カード」が発行されている。ここでは、まず制度改正前と改正後の無国籍者数の変遷について簡単に整理したい。

　入管協会が発行する『在留外国人統計』は、日本における外国人登録者数について、国籍別・在留資格別・年齢別・都道府県別・市区別などにまとめており、日本に在留する外国人の実態を知るうえで貴重な基礎資料である。ここには、毎年無国籍者の数が、アジア、南米、北米、ヨーロッパ、オセアニア、アフリカなど各地域と並列となって収められている。

　日本の『在留外国人統計』で国籍欄に「無国籍」と記されている人数は、ここ20 年の間でもっとも多かったのが 1997 年の 2194 人である。なお、その半数近くが子どもであった。その後、無国籍者は、毎年数十人ずつ減少した。2009 年末から「在留カード」が導入される 2012 年以前は、毎年 60 ～ 80 人ずつ減少し、1300 人台から 1100 人ほどへと推移していった。「在留カード」導入後、2012 年末「無国籍」の人口は、いっきに 649 人に減少し、その後 600 人前後となっている。

　なお、2017 年 6 月に算出された最新の『在留外国人統計』によると、無国籍者の総数は 588 人となっており、在留資格別にみると、永住者が 179 人、定住者が 120 人、特別永住者が 106 人と大半が日本に定着しているのがわかる。「無国籍」と分類されている人の出身やその内実については明らかにされていない。無国籍者の場合、簡易帰化により比較的簡単に日本国籍を取得することができることは前にも触れた。なお、近年、帰化許可を受けた無国籍者数は、表 6 となっている。

　また、ここで注意すべきは、身分証にある国籍と実態が一致していない事実上の無国籍者が、日本には多数存在していることである。例えば、外国人登録や在留カード上では朝鮮籍やベトナム国籍と記されながら、当該国籍を証明する本国

7 歴史と展望 | 119

表6　帰化許可者数・帰化許可を受けた無国籍者数の推移

暦 年	2009	2010	2011	2012	2013	計
帰化許可者数	14,785	13,072	10,359	10,622	8,646	57,484
帰化許可を受けた無国籍者数	8	4	5	10	5	32

出所：新垣（2015）

　のパスポートや身分証明書を持っていない人が多数いることは当事者の証言からも明らかとなっている。これらの人々は本国からパスポートが発行されていないため、日本の法務省が発行している再入国許可書を用いてビザや再入国を取得し海外渡航している（陳ほか 2016）。これらのほかに、非正規滞在であるため、その発覚を恐れ日本で出産した子を登録しないまま放置し、子が無国籍状態に陥っているケースもある。児童相談所には、そうした無国籍児が少なからず保護されている。

　上にみたように、無国籍者といっても、実にさまざまなケースがあり、日本の『在留外国人統計』上にあるデータだけに依拠することができないということを指摘しておきたい。日本には無国籍者の数や実態を正しく把握する制度や方法が確立していないのが実状であり、それに特化した取り組みはこれまでにされていない。日本で無国籍状態となり、法の障壁に悩まされ苦境に立たされる人は少なくない。国連は無国籍者の地位に関する 1954 年条約と無国籍の削減に関する 1961 年条約への批准・加入を各国に求めているが、日本はいずれにも加入していない。無国籍者に関する日本の制度改善が急がれる。

おわりに

　今後、日本の多文化共生政策は、次の 5 点についての改革が必要と思われる。第 1 に、原則 10 年とある永住許可の居住要件を帰化の居住要件以下、すなわち 5 年以下に短縮すべきである。第 2 に、帰化における複数国籍防止要件は、廃止すべきである。少なくとも、出生とともに複数国籍となった者への国籍選択制度は、廃止すべきである。第 3 に、日本で育った子どもが成人になるときに届出による国籍取得を認めるべきである。第 4 に、日本で生まれた子どもが、父母のいずれもの国籍を取得しない場合には、日本の国籍を取得するように、無国籍防止原則を徹底させるべきである。第 5 に、無国籍者の認定手続を定め、無国籍者に在留資格や国籍取得を認めるべきである。以上の改革に必要な入管法と国籍法の改正が望まれる。

（陳 天璽）

注

1) 民事甲第 438 号（1952 年 4 月 19 日）。
2) ポツダム宣言の受諾に伴い発する命令に関する件に基づく外務省関係諸命令の措置に関する法律（1952 年 4 月 28 日法律第 126 号）2 条 6 号。
3) 日本国に居住する大韓民国国民の法的地位及び待遇に関する日本国と大韓民国との間の協定。
4) 日本国との平和条約に基づき日本の国籍を離脱した者等の出入国管理に関する特例法。
5) 永住者の場合は、1 年を超える実刑判決確定者の場合も退去強制事由となるが、特別永住者の場合は、7 年を超える実刑判決確定者であり、かつ法務大臣がその犯罪行為により日本国の重大な利益が害されたと認定した場合に限定している。
6) 永住者の再入国許可の有効期間の上限が 5 年であるのに対し、特別永住者は 6 年である。なお、有効な旅券と在留カードを所持する外国人が、出国する際、出国後永住者は 1 年以内、特別永住者は 2 年以内に再入国する場合は、みなし再入国として再入国許可が不要とされる。ただし、朝鮮籍者と無国籍者の場合は、有効な旅券がないとして、従来通りの再入国許可が必要とされる。
7) ガイドラインは、①についても、法律を遵守し住民として社会的に非難されることのない生活を営んでいること、②についても、日常生活において公共の負担にならず、資産・技能等からみて将来において安定した生活が見込まれることと定めている。
8) 2016 年の法改正により、ノルウェーは A1 に、フランスは A2 に変更など、要件の引き上げ傾向にある。
9) 国籍法違憲判決・最大判 2008（平成 20）年 6 月 4 日民集 62 巻 6 号 1367 頁。
10) アンデレ事件・最判 1995（平成 7）年 1 月 27 日民集 49 巻 1 号 56 頁。
11) 各国の実情については、GLOBALCIT 参照。

《文 献》

新垣 修 2015『無国籍条約と日本の国内法――その接点と隔たり』UNHCR 委託研究書
奥田安弘 1996『家族と国籍――国際化の進むなかで』有斐閣
小山信幸 1998「在留資格『永住者』について」『国際人流』11 巻 11 号、25-27 頁
坂中英徳 2001『日本の外国人政策の構想』日本加除出版
近藤 敦 2006「特別永住者の National Origin に基づく差別――公務員の昇任差別の実質的根拠」『国際人権』17 号、76-83 頁
近藤 敦 2012「複数国籍の容認傾向」陳天璽・近藤 敦・小森宏美・佐々木てる編『越境とアイデンティフィケーション――国籍・パスポート・ID カード』新曜社、91-115 頁
近藤 敦 2017「複数国籍の現状と課題」『法学セミナー』62 巻 3 号、1-4 頁
陳天璽 2013「日本における無国籍者の類型」『移民政策研究』5 号、4-21 頁
陳天璽・大西宏之・小森宏美・佐々木てる編 2016『パスポート学』北海道大学出版会
GLOBALCIT (Global Citizenship Observatory, http://globalcit.eu/, February 15, 2018).
MIPEX (Migrant Integration Policy Index) 2015 (http://www.mipex.eu, February 15, 2018).
OECD, 2017 and 2015, *International Migration Outlook 2017 and 2015,* OECD.
Waldrauch, H., 2006, "Acquisition of Nationality," In Rainer Bauböck et al. eds., *Acquisition and Loss of Nationality: Policies and trends in 15 European countries,* volume 1, pp.121-219, Amsterdam: Amsterdam University Press.

7　歴史と展望 | 121

7-2 日本の統合政策
——外国人政策の改革の展望と課題

1. 外国人の人口動態と統合政策の必要性

　現時点において、厳密な意味では、日本には外国人に対する「統合政策」は、いまだ確立されているとはいえない（本節では、OECD および EU の定義を参考に、「外国人が受入国・社会で権利を保障され、義務を履行するとともに、積極的に受入れ地域の社会に参加することを促進する政策」を「統合政策」と定義する）。なお、ここで外国人とは外国籍を有する者のみならず、その出身において、外国に起源を有する人たちを、広く外国人と理解する。

　欧米諸国では、1980 年代以来、経済のグローバル化や国際的な人の移動の活発化に伴って、出入国管理政策に並ぶ政策体系としての外国人の統合政策（integration policy）は、その概念や政策理念のみならず対策や手法においても、急速に発展を遂げてきた。したがって、統合政策を固定的に理解することはできないし、適用される国の状況で、広範なバリエーションが存在することに注意しなければならない。

　日本では、定住外国人は 247 万人（法務省「在留外国人統計」、2017 年 6 月時点、このうち、永住権を有する外国人は 107 万人）、外国人労働者は 128 万人（厚生労働省「外国人雇用状況届」、2017 年 10 月時点）と過去最高の水準を記録し、多くの都道府県で増加傾向にある。国内の地域でみると、外国人の人口も雇用は、関東や中部地方に集中する傾向は見られるものの、日本人人口が減少する多くの市町村で、外国人人口が顕著に増加している点に注意しなければならない。

　つまり、外国人人口や労働力の流入は、地方の人口減少を緩和し地方経済の下支えになっていると同時に、住民の国籍多様化への対処は、ほとんどの自治体の課題となっている。

　日本においては、1990 年代以降、南米系日系人の出稼ぎと定住が増加した時代から、21 世紀の現在、東アジア諸国と日本の経済連携の進展を背景に、国内地域に就労・居住するアジア系外国人が増加する時代へ大きな変化が生じている（井口 2015）。

　こうしたなかで、東アジア地域の経済連携の進展とともに、日本に外国人の統合政策を確立し、その効果を高めるために先進諸国の経験や叡智を活用して、新たなシステム構築を進めることが必要となってきた。

そこで本節は、東アジアの経済連携の進展を背景に、わが国においても統合政策を確立することを通じ外国人政策を改革する方向性を明らかにすることを目的とする。第1に、欧州を中心に、統合政策がどのようなパラダイム変化を遂げたかを整理する。第2に、日本の出入国管理制度が外国人政策のいかなる類型に属し、統合政策のパラダイムを、どうすれば反映できるのかを検討する。第3に、日本の地域・自治体レベルで発展した多文化共生施策が、統合政策の基盤となり得るかどうかを検討する。第4に、内閣府による定住外国人政策が、統合政策の観点から、どのような役割と限界を有するかを検討する。最後に、日本および東アジアに外国人の統合政策を実現するうえでの課題と対策について論じる。

2. 先進諸国における統合政策のパラダイム変化

欧米諸国では、1980年代の石油危機の後、外国人の定住化が進み、長期滞在の外国人の権利を自国民の権利に近づける動きが各国で強化されてきた。

この時期、先進諸国では、「多文化主義（multiculturalism）」の将来に関し、まだ楽観的な見通しが支配していたが、その見通しは1990年代初頭に大きな変更を迫られた。定住する外国人の増加が、言語・文化の異なる複数の小集団を社会に生み出してしまい、これらは相互に対話・交流することもなく並存し、対立や摩擦が深刻な結果を招きやすいことが問題視されてきた。

外国人第二世代が成長するなかで、受入れ国国民と言語能力や教育水準だけでなく、就業率や失業率にも明らかな格差が生じ、これが第三世代でも是正されずに拡大することが憂慮される。近年、受入れ国の国籍を取得していながら、疎外感を強め過激な思想に傾倒する若者の増加が社会問題となった。また、外国人排斥や人種差別的な住民感情の高まりも懸念される。

こうしたなかで、外国人を受け入れた社会の一体性を維持し、外国人住民が社会の底辺に転落することを防ぎ、就労と生活を安定させ、地域社会に責任感を持って参加できる状況をつくり出すことは、切実な政策課題である。そこで、統合政策は、次々と挑戦を受けて、新たなパラダイムを求めて進化している。

第1に、外国人政策を、出入国管理政策と統合政策の主要な2本柱で構成し、両者を密接に連係させることの重要性が強調された（井口2015; OECD 2016a）。その具体化を進めるために、国の組織や自治体の間で、権限の調整や情報融通の法令整備が進んだ。また、デジタル化を通じ、必要な情報に必要な時に、責任ある機関に限ってアクセスできる仕組みを目指した。

第2に、1990年代後半から2000年代にかけて、従来のように、外国人の言語

習得を自助努力に任せる基本的考え方が覆り、言語講習の機会を受入れ国が保障する方向に転換した（井口 2010）。

欧州諸国の多数が、外国人の生活・就労に必要最低限の言語学習機会を保障（一部は義務付け）することを法令に定めた。同化政策としての国語ではなく、共通言語のための言語標準を定め、永住権や国籍取得に、最低限必要な言語水準を要件とするようになった。

第3に、21世紀になり、長期失業・無業の深刻化から、外国人を含む広範な人々の「社会的包摂」（social inclusion）を促進する仕組みを、地域レベルで実現する方向が強化された（井口 2011）。

このため、地域レベルの国・自治体による共同オフィスを形成し、雇用、住宅、医療、教育など多面的な対策を、個々の外国人の経歴、能力やニーズに対応し、戦略的に実施しようとしている。

第4に、外国人の言語能力および職業資格を高めることで、中長期的な安定した雇用および地域社会への統合を図ることである（OECD 2016b）。言語能力や職業資格の取得には時間がかかり、外国人の就労は短期的な人手不足で、労働条件の悪い分野に集中するおそれがある。多数の難民流入の続くドイツで試みられているのは、例えば2年以上の長い期間と教育訓練費用がかかっても、人材の能力を高めることで統合を促進する（integration through qualification）ことである。

統合政策は、こうしたパラダイムの変化を積み重ねて、地域経済を底上げし、地域社会の持続性を高めることに寄与すると期待される。

3. 外国人受入れシステムと統合政策

それでは、日本の外国人受入れ制度の下で、いかにして、こうした統合政策の新たなパラダイムを組み込むことができるのだろうか。

日本の現在の出入国管理制度は、アメリカの移民法（非移民に限定）をモデルに、戦後に制定された出入国管理令が基礎となっている。この「アングロ・サクソン型」外国人受入れ制度では、自治体には、滞在・就労やその変更を行う権限はなく、出入国管理行政のみが行うことができる。この制度の下では、ひとたび、就労可能な在留が許可されると、その後、仮に無保険で就労していても、国税や地方税を支払わなくても、在留資格自体の合法性は問われない。そこで、在留資格の延長や更新をする際や、届出に基づいて、事後的に審査する必要がある。

こうしたことから、入管法20条および21条の在留資格の更新や変更の際に、こうした権利・義務関係を審査することを「ガイドライン」として公表するよう

になった。しかし、社会保険の加入については、地方入国管理局が注意を促すだけで、効果的な対応はできていない。

これに対し、「大陸欧州型」システムの下では、自治体の外国人局などが、外国人に対し滞在許可証を発行する。許可する前に、社会保険に加入しているか、あるいは社会保険加入義務のある事業所で適正に雇用されているか審査し、問題があれば是正してから許可する。劣悪な条件の住宅に居住する外国人には、住宅の最低基準を満たす公共住宅への入居手続を取る国もある。

ただし、「大陸欧州型」システムにも、弱点が存在する。入国、滞在、就労などの複数の許可制度が併存し、複数の機関で煩雑な審査が繰り返された。そこで近年、関係官署の間の情報融通により許可制度を簡素化し、事前に関係機関への照会を迅速に行うようになっている。

「アングロ・サクソン型」システムでは、自治体に外国人の滞在に関する許可権限はない。その場合も、雇用、住宅、社会保険、教育などに関し、自治体が関係機関と双方向で必要な情報融通ができれば、外国人の権利・義務状態を確認し、問題があれば是正し、「大陸欧州型」に近い効果を発揮できる。日本で統合政策を実現するうえで、実務に適った制度を設計することが重要である。

4. 統合政策の基盤としての多文化共生施策

日本には、もともと統合政策という概念はない。しかし、日本では、広範な自治体に「多文化共生」の理念が普及している。これは、カナダやオーストラリアの「多文化主義」を輸入したものではなく、地域の実態を反映する「草の根」的理念といえよう（井口 2016）。

これは、1990 年代初頭に多様な外国籍住民が増加したことを背景に、神奈川県川崎市で使用された。1995 年には、阪神淡路大震災の後、日本人と外国人が協力して復興支援を進める運動および自治体の事業の名称に用いられ、大阪市や神戸市を中心に広がった。

2004 年、「外国人集住都市会議」は、当初掲げた「地域共生」の理念を、「多文化共生」に読み替えた。すなわち、「外国人集住都市会議」は、「日本人住民と外国人住民が、お互いに文化や価値観に対する理解と尊重を深めるなかで、健全な都市生活に欠かせない権利の尊重と義務の遂行を基本とした真の共生社会」を実現することを目標とした（井口 2009a）。

2006 年、総務省は、都道府県と政令指定都市に対して、「多文化共生推進プラン」の策定を要請した。しかし、総務省の多文化共生の理念には、外国人と受入

れ社会の間の双方向的な関係への言及はなく、権利の尊重と義務の遂行を推進するものではない。なお、「多文化共生推進プラン」は、ほとんどが自治体行政による計画である。これらは、地方議会で審議・承認され、あるいは条例として制定されたものではない。自治体が多文化共生施策を進めていても、国の施策に反映されにくい弱点がみてとれる。

5. 定住外国人施策の役割と限界

外国人政策に関する司令塔不在の状態が続くなかで、民主党政権下の 2009 年、内閣府に日系定住外国人施策推進会議が設置され、定住外国人施策推進室が設けられた。南米を中心とする日系外国人の入国は、2008 年 9 月の世界経済危機後に大きく減少し、その在留者数に減少傾向が見られる一方で、在留期間は長期化する傾向が顕著だった。そうしたなかで、不十分な日本語能力や子どもの教育などの課題に加え、災害時や防災・減災への取り組みに重点が置かれてきた。これ以来、学校教育の制度改善のための努力が続けられたことなどは、評価されるべきである。

しかし、ほとんどの省庁の施策は、法的根拠のある制度に基づくものでなく、毎年度の予算措置にすぎない。法令改正としては、2009 年に改正された入管法や住民基本台帳法が 2012 年までには全面施行され、外国人登録法が廃止されたが（井口 2009b）、これらは、自公政権下ですでに成立した法律だった。

近年、定住外国人政策の中には、緊急経済対策の終了に伴い、縮小・廃止するケースが相次いだが、2016 年度の国の予算総額は 18 億円であった。この予算額は、ドイツの統合政策予算（連邦のみ、2005 年の外国人人口 675 万人）の 10 分の 1 程度、デンマーク（国および自治体、2002 年の外国人人口 26 万人）の 20 分の 1 程度の規模にすぎない（井口 2013, 2016）。

内閣府は、定住外国人施策の行動計画を定め、毎年度、実施状況をとりまとめているが、行動計画には、達成年次や数値目標は明記されず、閣議決定されない。したがって、関係省庁は、この計画に拘束されず履行を義務づけられていない。

6. 政策提言

反グローバリゼーションや保護主義の動きが高まるなかで、統合政策は、まさに社会の分断や格差の増大の問題に対処する重要な役割を期待されている。

本節で論じた統合政策の 4 つのパラダイムは、①出入国管理政策と統合政策を二本柱とし密接に連係させる、②外国人の言語講習を本人の自助努力のみに任せ

ず、受入れ国が講習機会を保障する、③地域レベルで、国の機関と自治体の共同オフィスを形成し、多様なニーズに応える、④中長期に人材の必要な分野に外国人材を養成し、安定的な雇用を実現することである。

このために、内閣府定住外国人施策推進室に代わり、外国人政策について政府全体を主導する中央官庁の組織（例えば、外国人庁）が必要である。外国人庁には、十分な権限、予算および情報を付与しなければ設置する意味はない。例えば、法務省の入国管理行政を分離し、外国人庁出入国管理部を設置する。同時に、統合政策を所掌する統合政策部を設置し、関係省庁の調整および国と自治体間の調整の任務および権限を与え、出入国管理政策との整合性および連携を確保する。統合政策部は、外国人の言語講習機会の保障などの諸事業も、自ら実施する。これは、統合政策のリーダーシップを確保するうえで重要である。

現状では、外国人政策に関し、権限も財源も情報も不足している自治体の状況を大幅に改善する。「アングロ・サクソン型」システムの欠点を補うため、国と自治体の間で迅速かつ的確に情報融通が行える法的基盤を整備する。さらに、日本語講習や職業資格の取得促進は、企業の協力を得て、これを支援する方式で推進しないと、その実効性は期待できない。

最後にアジアに視野を広げる必要がある。アジアでは、二国間協定（労働協定）に基づく低技能労働者のローテーションの受入れが広がっている（井口2015）。したがって、統合政策は、定住外国人だけでなく、一時的移動の外国人労働者などにも適用されるべきである。それに、各国の社会保障制度および社会保障協定の締結の遅れは、域内の人の移動の阻害要因となっている。日本の統合政策は、アジアワイドな視点から立案される必要がある。 （井口　泰）

《文献》

井口泰2009a「外国人政策の改革と新たなアジアの経済連携の展望——入管政策と統合政策を基盤として」『移民政策研究』1号、現代人文社、18-29頁

井口泰2009b「改正入管法・住基法と外国人政策の展望」『ジュリスト』No.1386、79-84頁

井口泰2010「欧州における域外外国人に対する統合政策の転換とわが国の言語政策の課題」『自治体国際化フォーラム』No.251、7-10頁

井口泰2011『世代間利害の経済学』八千代出版

井口泰2015「東アジア統合下の外国人労働者受入れ政策」『社会政策』7巻2号、9-26頁

井口泰2016「外国人労働者問題と社会政策」『社会政策』8巻1号、8-28頁

OECD, 2016a, *International Migration Outlook 2016,* OECD

OECD, 2016b, *Making Integration Work: Refugees and others in need of protection,* OECD

7 歴史と展望 | 127

| 7-3 | 中国帰国者、インドシナ難民に対する初期指導と課題 |

はじめに

　日本は、公式には「移民」は受け入れていない。移民とは、ここでは便宜的に「永住（あるいは長期的な在住）を目的として日本に入国しようとする人」とするが、その移民がいない以上、彼らが日本に馴染み、日本の市民となるような適応を目的とした「統合政策」は、建前的には存在していない。日系南米人が大量に来日した1990年以降、移民と同じような外国人が一定数存在していたにもかかわらず、日本には長らく「統合政策」は存在していなかった。

　しかし例外がある。一つは、中国・サハリン帰国者とその家族（以下、帰国者）に対する研修と、もう一つはインドシナ難民とその家族（以下、インドシナ難民）に対する研修である。彼らは永住（帰国者の場合）、あるいは定住（インドシナ難民の場合）を前提として受け入れられており、彼らのための研修は、実質的には「社会統合」のためのプログラムであったといえよう。

　そこで本節では、帰国者とインドシナ難民に対する初期指導のあり方と、その課題を振り返り、そのうえで今後の日本の「多文化共生施策」あるいは「社会統合施策」に示唆を示すことを目指す。

1. 社会統合政策とは

　帰国者とインドシナ難民に対する初期指導のありようを検討する前に、そもそも「社会統合」とはどのような状態なのか、簡単に概観したい。

　井口は、EC（当時）の専門家による報告書の中で、社会統合が「外国人の社会的な底辺化を防止あるいは阻止する過程である」と定義されていると引用しており（井口 2001: 126）、またヨーロッパ財団（2006）は「受け入れ社会において、移民を中心的な制度、関係、地位などに受け入れ包括すること」としている。

　移民が中心的な制度、関係、地位などに受け入れられるために必要な要素は、いくつかの項目で指標化されている。A. エイジャーと A. ストラングは、統合の指標とは10の要素からなり、就労、住居、教育、健康、社会的橋渡し、言語文化的知識、市民権などが含まれているが、特に就労や住居を統合の基盤としている（Ager and Strang 2004）。OECD は、移民が就労し、住居を持ち、社会的なつながりを構築し、言語を覚えていくことが、「統合される」過程と認識している

（OECD 2015）。

　この点を踏まえ、多くの欧米の移民受入れ国は、就労支援や語学研修や生活の
オリエンテーションを実施し、移民の統合を支援することを社会統合政策とし
ている。European Migration Network（2012）の調査によれば、EU 加盟国の 13 か
国は移民（あるいは難民）に対しての言語や社会適応のプログラムを提供している
と回答している。中でもドイツでは、移民はその資質によって 660 時間から 960
時間の幅の中から、ドイツ語の研修時間を選択できるようになっている。

2.　初期指導が必要となった移民としての帰国者とインドシナ難民

　帰国者とは、日本の敗戦後、旧満州およびサハリンに残らざるをえなかった人
の総称である。彼らの帰国は 1956 年の日ソ、1972 年の日中国交正常化を機に本
格的にスタートすることとなった。同伴家族、帰国時に同伴できなかった呼び寄
せ家族などを合わせると、7 万人以上が日本に在住していると言われている（小
林 2009）。一方、インドシナ難民とは、ベトナム、ラオス、カンボジアの共産主
義政変以後国外に脱出した難民の総称で、日本では 1978 年 4 月にベトナム難民
の定住について、翌 79 年 9 月にインドシナ三国の難民の定住について、閣議了
解がなされた。2005 年の 3 月末までに 1 万 1319 人がインドシナ難民として日本
に定住している。このうち約 4 分の 3 を占めるのがベトナム人である。帰国者
は「日本人」とはいえ長期間中国で生活していた実質的な移民（安場 2009）であり、
またインドシナ難民は定住を目的とした外国人という意味での移民である。日本
での生活経験のまったくない、実質的な移民である彼らの定住を認めた政府が、
社会統合支援をすることは不可欠だった。

3.　初期指導の展開と実際

　帰国者やインドシナ難民に実施されたプログラムは、基本的に入国後すぐの数
か月にわたって行われたので、初期指導と呼ばれている。社会統合に必要と思わ
れる日本語教育と生活指導（社会適応指導）の組み合わせで成り立っていた。

　所沢に指導のための中国残留孤児定着促進センターが設立されたのは、日中国
交回復後 12 年も経た 1984 年のことで、そこから本格的な初期指導は開始された。
厚生省の主導で、引揚者支援の一環であった日本語指導は、当初は 4 か月、宿
泊施設に滞在しながら研修に通う集団入所研修だったが、就労、あるいは地域で
の生活を円滑に送るための日本語力を修めるのには十分ではなかった。そのため、
1988 年には研修修了後の各定住先で学習が続けられるよう、全国 15 か所で「中

国帰国者自立研修センター」が設立され（黒瀬 2008）、宿泊型集中指導と、定着地での通学による日本語学習で、1 年間の研修システムがつくられるようになった（小林 2009）。さらに 2004 年からは研修時間が 6 か月 525 時間に延長となった。また現在は、地方の遠隔地でも日本語学習が受けられるようなサポートシステムが存在している。

　日本語教育は、生活のために必要な場面ごとに、語彙や語法が学べるような教育方法が採用され、高齢で日本に帰国する婦人や、すぐに生活を支えなければならない 2 世世代、学校教育を受ける子どもたちなど、帰国者の中の多様性に配慮する内容となっていた。生活指導は、日常生活での知識や、日本でのマナーのほか、当然のことながら職業訓練や履歴書の書き方なども学んだ（小林 1996）。

　一方、インドシナ難民に対する初期指導研修は、外務省が主管のアジア福祉教育財団が事業を委託されて実施した。姫路定住促進センターで 1979 年から、大和のセンターで 1980 年から開始されている。当初 3 か月 429 時間の日本語指導がその後 572 時間に延長になったこと（浦崎 2002）、また宿泊型の研修というところも帰国者と同様である。また生活に必要な緊急性の高い、ひらがな、カタカナ、小学校 3 年生レベルの漢字まで、3 か月で学べるようになっており（寺本 2001）、学習者の年齢差、学校経験の有無、母国での出身階層などに配慮したクラス分けがなされていた（西尾 2011）。生活指導は、1986 年から大和センターで導入され、本来の期間は 1 か月だったが、浦崎によれば、就職が決まるまでセンターに滞在していた難民たちに対して、補講のような形で指導が継続されていたという。銀行の利用法、通院の仕方、健康保険や学校の制度、給料の仕組み、日本の習慣などが指導されていたものがスタートだった（浦崎 2002）。就職斡旋は、当時の厚生省から職業相談員がセンターに派遣されて実施されており、難民用の求人票を求人側から送ってもらって、本人への説明、意思の確認、会社訪問などを実施し、手厚いマッチングの作業が行われていた（浦崎 2002）。センター内で保育ボランティアをスタートさせた人たちが、生活指導の実施にも関わる（稲葉 2001）、あるいは定住後に支障を抱える難民に対し、センターが主導し外部に民間組織を設立するなど、民間団体によるサポートが 1980 年代から行われた（櫻井 2002）。

　帰国者定着促進センターは 2015 年度をもって、インドシナ難民定住促進センターは、姫路が 1997 年、大和が 1998 年に閉所し、そこでの初期指導も終了した。

4. 初期指導の役割と課題

　初期指導の果たした役割とその限界を以下では考察するが、A. エイジャーと

A. ストラング（Ager and Strang 2004）に依拠し、移民の就労、住居、社会的なつながりの構築、そして言語の習得に、初期指導がどのような役割を果たしていたかという視点から考察を進めたい。

　就労についていえば、帰国者の初期指導には就職相談[1]、インドシナ難民の初期指導には就職斡旋が含まれていた。来日時年齢の高かった帰国者はすべてが就労というわけにはいかなかったものの、インドシナ難民については退所と同時に就職する人が多かった。住居に注目すると、初期指導が宿泊型で行われたことは重要で、移民の多くが移住の最初期にもっとも苦労する住居が提供されていたといえる。退所時、帰国者の多くは身元保証人のいる都道府県に移動し公営住宅に、インドシナ難民についてはセンターの周辺のやはり公営住宅を中心に住居を得ていくことになった。子どもの教育にも配慮がなされ、どちらの初期指導も子ども向けのカリキュラムがあり、インドシナ難民の場合は、子どもが近隣の学校に通うこともあった。初期指導は就労、住居、教育の機会を提供しており、移民である彼らが生活を円滑にスタートさせるには、重要な役割を果たしていたといえるだろう。小林（2009）がいうように、日本での生活習慣がまったくない帰国者（あるいはインドシナ難民）にとって宿泊型の初期指導は、日本語や生活習慣を覚えるための期間であると同時に、その後の生活基盤を得るために、就職先を探し、住居を見つけるための「時間調整の場」であったといえる。

　注目すべきなのは、初期指導が「社会的つながり」の構築にも役割を果たしていたことである。難民事業本部の職員からは、「同期」入所だった人同士は、センター退所後も関係を持ち続けることが多く、同国出身で日本に定住しようとする人同士情報交換しながら、日本での生活を乗り切っていく人がいたとの指摘があった。また、センターにいることで日本人職員ともつながっている。定住後何かあったときに帰って来て相談する人もあったとのことで、「帰れるつながりがある」場所としての機能があったと思われる。「社会的つながり」の構築は移民としての彼らの孤立化を避け、社会統合を促すことにつながる。

　日本語について、批判はあるものの一定の役割はあった。日本語を集中的に体系立てて勉強できる機会は、そのほかでは限られており、基礎固めには適切だったといえる。

　しかし限界もあった。まず1つ目は、日本語指導の問題だ。特に3か月や4か月の日本語指導では不十分で、就労を継続し、地域に溶け込んでいくというのは難しいとの指摘がなされていた。初期指導修了後もセンターの近くに集住していたインドシナ難民とは異なり、特に帰国者は、センター退所後は全国で定住する

形が取られていたため、地方に定住した帰国者の日本語指導を支える人材は十分でなかったという（小林 2009）。ただ定住先での日本語学習が難しかったのは、インドシナ難民についても同様だった。前述の民間団体等、地域での日本語学習の機会は皆無ではなかったものの、仕事を優先する彼らに日本語指導を適切に実施することは難しく、退所後の長期的なケアは難しいという限界があった。

2つ目は、彼らの文化的バックグラウンドに対する配慮のなさだろう。指導に当たる日本人が日本の習慣をもとに彼らの行動を制限する、あるいは彼らの本国での能力にはまったく配慮がないなど、「郷に入れば郷に従え」的な指導が、散見された（小田 2000）。それが結果として、指導される側の日本社会への適応の障害になった場合もあったという。

移民の定着や社会統合には、長い時間がかかる。どこまでを体系的にサポートするのか、また日本社会への適応を目指しつつ、どのように適応する側の文化的背景を尊重していくのか、今後の検討が必要なところだ。

結びに代えて

両者への初期指導を評価する際、1980 年代にスタートしたものとしては体系だったものだといえる。集中研修と地域での定住支援という流れはこのとき構築され、現在の第三国定住難民でも応用されている。また、日本語指導の専門家は、生活基盤のための日本語教育は、留学生やビジネス向けの日本語教育とは異なり、「生活者のための日本語」という考え方につながったと指摘する。「地域の日本語教育」の重要性という視点は、この初期指導のあり方から得られたといえる。

初期指導の中で、「日本の優位」は揺るがず、彼らの文化に配慮するような「多文化主義的」概念は見られなかった。その意味で、「同化主義的」だったことは否めない。しかし、生活戦略として、長期的な日本語学習が重要であること、地域のつながりを構築しながらの支援が必要であることなどは、帰国者とインドシナ難民の初期指導の経験を通して得られた視点であり、現在の「多文化共生施策」に与えた影響は少なくない。

今後は、生存戦略的な日本語力を担保し、地域とのつながりをつくり、同時に移民の文化的背景が包摂されていくような社会統合政策を考えることになる。2つの初期指導の経験から得られた、地域の受入れのあり方、国と地方の役割分担への配慮という視点を十分生かしていくことが重要になるだろう。

（長谷部美佳）

注

1）インドシナ難民の定住促進センターとは異なり、中国帰国者の定着促進センターでは就職幹
　旋は行われていなかった。就職幹旋機能は、センター修了後の「中国帰国者自立研修セン
　ター」で行われていたため、本節では「初期指導」に含めなかった。

《文 献》

アジア福祉教育財団難民事業本部編 2000『インドシナ難民に対する日本語教育 20 年の軌跡』
　アジア福祉教育財団難民事業本部

井口泰 2001『外国人労働者新時代』ちくま新書

稲葉宏子 2002「大和定住促進センターと共に歩んだ『ぶどうの木の会』」大和市役所総務部総
　務課編『大和市史研究』28 号、109-115 頁

岩見宮子・樋口博・吉田依子 2009「日本の難民受け入れ政策の成果と課題」水谷 修監修、野
　山広・石井恵理子編『日本語教育の過去・現在・未来』第 1 巻、凡人社、166-193 頁

浦崎政祥 2002「大和定住促進センターの活動と閉所について」大和市役所総務部総務課編『大
　和市史研究』28 号、69-91 頁

小田美智子 2000「中国帰国者の異文化適応」蘭 信三編『「中国帰国者」の生活世界』行路社、
　87-113 頁

黒瀬桂子 2008「中国帰国者に対する日本語教育内容の変遷」『国立国語研究所内部報告書　平
　成 19 年度成果普及セミナー報告書「生活者にとって必要な『ことば』を考える」』国立国
　語研究所日本語教育基盤情報センター

小林悦夫 1996「中国帰国者の特性と研修カリキュラムおよび教育システムの現状」江畑敬介・
　曽 文星・箕口雅博編『移住と適応――中国帰国者の適応過程と援助体制に関する研究』日
　本評論社、379-404 頁

小林悦夫 2009「帰国者等に対する日本語教育の展開」水谷 修監修、野山広・石井恵理子編『日
　本語教育の過去・現在・未来』第 1 巻、凡人社、129-165 頁

櫻井ひろ子 2002「非営利活動法人神奈川県インドシナ難民定住援助協会の活動」大和市役所総
　務部総務課編『大和市史研究』28 号、93-108 頁

寺本信生 2001「大和定住促進センターの開設から安定期へ」大和市役所総務部総務課編『大和
　市史研究』27 号、31-59 頁

西尾珪子 2011「難民と共に学んだ 30 年――難民受入れと日本語教育の新しい取組み」『愛』35、
　12-16 頁

安場淳 2009「中国帰国者の教育――生活者のライフコースに伴走する」異文化教育学会企画、
　小島勝・白土悟・齋藤ひろみ編『異文化間に学ぶ「ひと」の教育』〈異文化教育学大系 1〉
　明石書店、128-147 頁

Ager, A. and Strang, A., 2004, *Indicators of Integration: final report,* the Research, Development and
　Statistics Directorate, Home Office, UK.

European Foundation for the Improvement of Living and Working Conditions〔ヨーロッパ財団〕、
　2006, "Integration of Migrants: Contribution of Local and Regional Authorities," European
　Foundation for the Improvement of Living and Working Conditions.

European Migration Network, 2012, *Ad-Hoc Query on Programmes for the Linguistic Integration of
　Immigrants,* European Commission.

OECD/European Union, 2015, *Indicators of Immigrant Integration 2015: Settling In,* OECD
　Publishing.

7 歴史と展望 | 133

| 7-4 | 自治体の外国人住民施策 |

(1) 自治体と外国人住民

1. 外国人住民とは誰か

　戦後日本における外国人の圧倒的多数は長い間、戦前日本の植民地支配を背景とする人々、すなわち"帝国臣民"の「日本人」とされた人々とその子孫であったが、日本がグローバルマイグレーションの潮流にリンクした1980年代中期以降、新たな外国人が急増する。前者を「オールドタイマー」(7-4(2)参照)、後者を「ニューカマー」と呼ぶことが多い。国際移動に伴うニューカマーの「住民」は、日本国籍を持たぬ社会文化的に異質な「外国人」であったから、その急増は1960年代の地方圏から大都市圏への若年層の国内移動に次いで、地域社会の質的転換をもたらす大きな出来事となった。

　ところで「外国人」とは、法的概念の外国人（当該国の国籍を持たない者）と、社会文化的な外国人（「異人」「境界人」、民族／言語／国籍／現居住地などの複合指標の連続線上にある「相対的概念としての外国人」）の二重性を持つ。移民や難民の第一世代は、到着の当初は法的外国人だが、定住過程を経て移住先国の永住権や国籍を取得していく。だがそれでも外貌・言語・宗教などの点で外国人だと認知され続けることもある（渡戸・井沢編 2010）。

　一方、地方自治法上の「住民」は「市町村の区域内に住所を有する者」（第10条）であり、住民資格において民族・国籍・性別・年齢、行為能力の有無を問わないため、自治体は原則として転入する外国人を選別できない。また「住所」は民法21条で「各人の生活の本拠」とされているから、住民の法的な定義は「市町村の区域内に生活の本拠を有する者」となる（髙谷 2009）。したがって、1980年代後期から急増した外国人が定住化を進展させていった90年代前期に『外国人は住民です──自治体の外国人住民施策ガイド』（江橋崇編、学陽書房、1993年）が刊行されたのは、まさに正鵠を射ていた。

　2012年施行の改正住民基本台帳法によって、外国人は法律上初めて「住民」として位置づけられるようになる。この法改正は、外国人登録法（同事務は国の機関委任事務だった）を廃止して出入国管理及び難民認定法（入管法）に統合することに伴い、行政サービスの基礎的制度として日本人と同じ住民基本台帳を活用する

ものである。この制度改革によって外国人住民に関する住民票が作成され、外国人と日本人で構成する複数国籍世帯の記載も可能になった。だが同時に改正された入管法に盛り込まれた「新しい在留管理制度」と連動しているため、外国人住民は「適法」な者に限定されることになった。「適法な外国人」とは在留資格があり、その在留期間が90日を超える中長期滞在者、特別永住者などを指しており、在留資格のない非正規滞在者（仮滞在許可者と一時庇護許可者を除く）は子どもを含めて制度的に排除され不可視化される。それゆえ市町村区域内に生活の本拠がある非正規外国人住民への対応に自治体による違いが生まれ、本来在留資格の有無にかかわりなく提供されるべき母子手帳の交付、入院助産制度の適用等の行政サービスを受けられない事例などが人権問題として指摘されている。

2. 外国人の増加と地域的偏在

　1980年代中期以降、バブル期日本の円高と人手不足、アジアの外国人労働市場の変化を主な背景として、日本における外国人が急増する。外国人登録者数では86年：約87万人、88年：約94万人、90年：約108万人、92年：約128万人、94年：約135万人という急増ぶりである。こうしたニューカマー外国人急増を受けた自治体は、大都市インナーエリア（都心周辺地域）と地方工業都市であった。「外国人集住地域」の形成であるが、他方で外国人"花嫁"を誘致した過疎山村など、少数ながらも外国人の増加をみた地方町村があった。その後も日本全体の外国人は増加し、2008年のリーマンショック（世界経済危機）と2011年の東日本大震災で若干減少をみたものの、2013年から再び増加を続け、2017年6月現在、約247万1000人に達している。こうしたなか、外国人住民がいる自治体は全国的に広がり、「集住地域」ばかりでなく、日本語指導が必要な児童生徒が1人の学校の増加に見られるように、「非集住地域（あるいは散在地域）」の自治体も増えている。

3. 自治体の外国人政策の展開過程

　80年代後期からの自治体の外国人政策はどのように展開したのだろうか。

(1) 応急的対策期（1980年代後期から90年代前期）

　バブル期の自治体では地域「国際化」が新たな課題として急浮上した。草の根の国際交流による市民の国際認識涵養をはじめ、産業・観光、文化・学術・教育、まちづくりなどで地域振興に結びつく国際化政策の構築が目指された。従来、

国の専権事項とされてきた国際的な取り組みが自治体にも広がり、自治省（現総務省）は「地方公共団体における国際交流の在り方に関する指針」（1987年）、「国際交流のまちづくりのための指針」（1988年）を打ち出した。1988年には自治省主導で自治体国際化協会（Council of Local Authorities for International Relations: CLAIR）が設立されるとともに、府県・政令市に地域国際化協会（国際交流協会など）が設けられていった。

　だが神奈川の革新自治体による「内なる国際化」をほぼ例外として、当時の国や自治体には外国人を「住民」と位置づける政策的視点は希薄だった。若い単身のニューカマー外国人の急増による地域社会の新たな問題と混乱（ゴミ出しルール違反、近隣騒音など）に追われることになった自治体では、88年に「国際化元年」を謳った東京都豊島区のように、応急的な対応として外国人相談コーナーの開設、庁内各部署の多言語サインや多言語による情報提供などが取り組まれた。同時に、急増する就学／留学生や外国人労働者が抱える労働・生活問題に対応するNGOや住民・市民活動が広がり始める。

　80年代末には外国人労働者受入れ論争の展開を受けて入管法が改正され（1990年施行）、合法的な外国人就労の枠組みの拡大が図られた。91年のバブル崩壊以降は、日系南米人などの外国人労働者の地方分散や在留期間の長期化が進むとともに、単身者型から家族形成型（日本人などとの婚姻）への移行と家族呼び寄せ型が増加し、外国人は短期滞在の「デカセギ労働者」や「学生」から次第に「生活者」あるいは「居住者」としての性格を濃くしていく。また、集住地域ではエスニックな社会制度（ビジネス、メディア、宗教施設）が構築されていった。

(2) 外国人住民政策の模索期（1990年代後期）

　定住化の深まりに伴い、労働や住宅だけでなく、社会保障や子どもの保育・教育など生活全般の諸問題が噴出し、外国人居住者をいかに地域「住民」として位置づけていくかが自治体政策の課題として認識されるようになる。一定の理念に基づく外国人住民政策の体系的な整備が要請されるようになり、そうした方向での模索が始まった。

　第1に、問題の複雑化に対応して外国人向け個別施策を日本人のみで企画立案する限界が徐々に理解され、部分的ではあれ外国人住民の参加を得ることが試みられるようになる。例えば外国人向け広報紙づくりへの参加、国際交流員の採用、外国人委員を含む各種の諮問会議の開設がそれである。背景には外国人住民側の一定の権利意識の高まりもあった。第2に、自治体の外国人政策にとってNGO

などとの協働・連携がきわめて重要なことが認識され、一定の対立・緊張を孕みつつ双方の間で取り組みが進展し始めた。第3に、オールドタイマーの社会運動の高まりを背景とした地方参政権や公務就任権等の問題の浮上とともに、定住化傾向を深めるニューカマーも射程に入れた、外国人住民の「参加」や地域社会での「共生」のあり方が、制度改変を含めて自治体政策の課題となった（渡戸 1996）。以上のような取り組みが広がったこの時期は「参画・支援政策期」と言ってもよいだろう。

（3）「多文化共生」という名の統合政策構築期（2000 年代）

　1990 年代には国（自治省）の政策的介入により府県と政令市の「地域国際化大綱」の策定が広がったが、労働・教育・医療の問題のように、他方で国 - 自治体間の制度／政策的矛盾が自治体政策構築の足枷となっている面も明らかになる。2000 年代に入ると、こうした矛盾や自治体政策の限界の顕在化を背景に、日系南米人集住地域の自治体が「外国人集住都市会議」を創設し、中央省庁への組織的な働きかけを開始するとともに、外国人住民の社会統合を図る理念として「多文化共生」が用いられ始める。2005 年には川崎市「多文化共生社会推進指針」と立川市「多文化共生推進プラン」が策定された。

　こうした動きを踏まえて 2006 年、総務省は「地域における多文化共生推進プラン」の策定を提唱する。同「プラン」では、「国籍や民族などの異なる人々が、互いの文化的違いを認め合い、対等な関係を築こうとしながら、地域社会の構成員として共に生きていくこと」をもって、地域における「多文化共生」の定義とした。具体的には、①コミュニケーション支援、②生活支援、③多文化共生の地域づくり、④推進体制の整備の 4 つの柱が提案されたが、その後⑤防災が加えられ、府県・政令市・集住自治体などでこのプランを参考にした計画や指針の策定が進んでいった。またこの「プラン」が契機となり、同年 12 月、政府は「『生活者』としての外国人に関する総合的対応策」を策定している。

　2008 年秋のリーマンショック後、日系南米人の大量失業と帰国、そして残留者の定住化のさらなる深まりを受けて、外国人集住都市会議では「緊急提言」を採択し、生活者としての外国人が自立し、日本人と同様に権利が尊重され義務の遂行を求められる「外国人受入方針」の策定などを提言した（「外国人集住都市会議おおた 2009」）。こうして 2000 年代を通じて社会統合が自治体の課題として急浮上したが、同時により基本的な政策は中央政府が担うべきだという認識も高まった。折しも 2008 年夏、自民党から民主党への政権交代が実現し、翌年、内閣府

に定住外国人施策推進室が設置され、「日系定住外国人施策」として日本語習得、子どもの教育（虹の架け橋教室事業など）、就労準備研修、多言語による就労相談や情報提供などの施策を推進した。

(4)「多文化共生2.0」期（2010年代）

2011年の東日本大震災では巨大津波と原発事故によって激甚被害と大量の避難者が発生し、仙台などの大都市圏だけでなく、東北三県の広大な非集住地域の外国人住民の存在が浮き彫りになった。そして外国人被災者の「支援」のあり方が大きく問われた（モリスほか編2015）。

2012年5月「外国人との共生社会」実現検討会議が設置され、より積極的に体系的・総合的な取り組みを推進する必要性が提起され、夏には「中間報告」をまとめた。だが同年末の自民党政権復活とともにこの試みは頓挫し、安倍政権は定住外国人との「共生社会」づくりを志向するよりも、「移民」政策をとらないこと（「外国人材の活用は移民政策ではない」）を言明し、短期の外国人労働者の活用に突き進む。具体的には外国人選別政策の既定路線の下、ポイント制度の改善や国家戦略特区における規制緩和を行う（家事労働、農業など）とともに、人手不足の分野で技能実習の適用が拡大されることになった（造船、建設、介護など）。こうした政策には新自由主義的な経済主義が貫徹されている。そして前述のように、同年7月、「新しい在留管理制度」が施行され、「外国人の住民化」が制度上実現したが、非正規外国人が排除・不可視化された。ここでは、外国出身者を含めた多様な人々のローカル・シティズンシップの問題があらためて問われている（渡戸2011b）。

一方、人口減少が将来の地域社会に及ぼす深刻な影響を提起した増田寛也編『地方消滅——東京一極集中が招く人口急減』（中公新書、2014年）が国や自治体に大きな衝撃を与え、「地方創生」が国の大きな政策の一つに浮上した。地方小規模自治体の中には、こうした動きを睨みながら、技能実習生や移民などの積極的な誘致を模索する自治体も見られるようになっている（毛受2011）。また、外国人集住都市会議自治体では、南米人の減少を埋めるかのようにフィリピン、ベトナム系住民などが増え、日系南米人中心の施策が変化しつつある。こうした変化を踏まえて浜松市は2012年度、「多文化共生都市ビジョン」を策定した。そこには欧州評議会が2008年に始めた「インターカルチュラル・シティ」プログラムにおける多様性を活かす都市社会政策の視点が導入されており、長野県（2015年）や東京都（2016年）の多文化共生推進指針にも反映された。こうして日本の「多

文化共生」は ver.2.0 に書き換えられつつあると言われる。また、これまで「多文化共生」の訳語として "multicultural" を用いる場合が多かったが、欧州の動向を踏まえて "intercultural" の方がよいとの提案もある（山脇 2016）。

4. 今後の課題

(1) 外国人住民の多様化、市民化、そして高齢化

今日の外国人住民は出身国・地域、来日の経緯、在留資格、就労状況、家族・世帯構成などで、多様化が進んでいる。また、市民意識の定着が見られる一方、外国人住民が抱える問題や必要とする支援には一括りに論じられない難しさが指摘される。日本の格差社会化の進展も無関係ではない。さらに、オールドタイマーばかりでなく、ニューカマーと言われた人々のあいだでも高齢化が進展しており、今後の自治体の高齢者政策には多文化共生の視点が重要になる。

(2) 多言語政策の確立

外国人の社会統合（包摂）政策の中でも言語政策はもっとも基本的な政策の一つである。しかし国や自治体の政策担当者のあいだで言語政策についての議論や共通認識の形成が進んでいない。外国人住民、特に成人に対する日本語教育の大半はボランティアが運営する地域日本語教室に委ねられたままであり、今日ではボランティアの高齢化や不足が問題となっている。こうした現実を把握したうえで、外国人住民に対する日本語教育の機会を保障しうる環境整備が求められているが、2016 年秋、「日本語教育振興基本法（仮称）」制定を目指す超党派の議員連盟が結成され、今後の動向が注目される。

(3) 外国人住民排斥運動と自治体政策

外国人や移民・難民の排斥を叫ぶポピュリズム政党の興隆や社会運動が世界的に広がっている。日本でも 2013 年以降、特に在日コリアンを標的とする過激なヘイトスピーチ・デモが各地で頻発した。一方、それに対応する民族団体や市民団体、裁判所、自治体等の動きも活発化し、2016 年 1 月、大阪市「ヘイトスピーチへの対処に関する条例」が制定され、さらに同年 5 月、国会で「本邦外出身者に対する不当な差別的言動の解消に向けた取組の推進に関する法律」、いわゆる「ヘイトスピーチ解消法」が成立した。同法は理念法としての限界があるものの、これに連動して川崎市などでも条例策定に向けた検討が始まった。多文化共生政策をマイノリティ政策の一つとして位置づけるならば、差別の解消・撤廃に向け

た条例等の策定は自治体が取り組むべき標準装備だといえよう。

(4) 外国人統合政策と自治体の課題

　自治体は基本的に住民を選別できないことから、外国人の社会統合政策の第一の現場は地域社会であり、その意味で自治体の先導的な取り組みがより積極的に国の政策形成を促していくべきである。便宜的施策の部分的導入は見られるものの、日本政府には今のところ定住・永住外国人を視野に置いた「移民政策」を体系的に構築する意思は見られない。政府はその理由を国民の世論の反映としているが、自治体との政策的スタンスの乖離は大きく、また、権利帰化、二重国籍、出生地主義、外国人地方参政権、公務就任権の拡充など制度レベルの本格的な検討は残されたままである。多文化、多様性を積極的に受容し創造的な社会を構築していくためには、開かれた地域社会をどのように築いていくかが一義的には重要になる。その際、「社会的適応」→「半定住化」→「定住」といった伝統的な枠組みでは欠落してしまう、トランスナショナルな社会空間を生きる外国人住民（トランスマイグラント）のエネルギーと地域との共存の仕組みをどのように構築するかが大きな課題である（渡戸 2011a,b）。　　　　　　　　　　　　（渡戸一郎）

《文献》

髙谷 幸 2009「住民とは誰か――外国籍者の包摂と排除の観点から」『月刊自治研』599 号、27-34 頁

毛受敏浩 2011『人口激減――移民は日本に必要である』新潮新書

モリス, J. F.・宮城県国際化協会・仙台国際交流協会編 2015『東日本大震災からの学び――大災害時、県・政令市の地域国際化協会の協働と補完を再考する』宮城県国際化協会、仙台国際交流協会

山脇啓造 2016「多文化共生社会に向けて――国と自治体の取組を中心に」『法律のひろば』69巻 6 号、4-11 頁

渡戸一郎 1996「総論――外国人定住化と自治体／ NGO の課題」渡戸一郎編『自治体政策の展開と NGO』〈講座・外国人定住問題 第 4 巻〉明石書店、15-34 頁

渡戸一郎 2011a「自治体・国の多文化共生政策の再構築に向けて」『都市住宅学』74 号、4-9 頁

渡戸一郎 2011b「多文化社会におけるシティズンシップとコミュニティ」北脇保之編『「開かれた日本」の構想――移民受け入れと社会統合』ココ出版、228-257 頁

渡戸一郎・井沢泰樹編 2010『多民族化社会・日本――〈多文化共生〉の社会的リアリティを問い直す』明石書店

(2) オールドタイマーと自治体政策

　オールドタイマーとは一般的に戦前の日本の植民地支配の時代に渡日を余儀なくされた旧植民地出身者をいい、大日本帝国の臣民（日本国籍保有者）として旅券を持たずに「移住」してきた人々とその子孫（台湾省出身者も含むが以下、在日コリアン等と略す）であって、植民地支配という国策によって生み出された人々である。したがって、本来ならば1998年の金大中・小渕首相の日韓パートナーシップ宣言での「両首脳は、在日韓国人が、日韓両国国民の相互交流・相互理解のための架け橋としての役割を担い得るとの認識に立ち、その地位の向上のため、引き続き両国間の協議を継続していく」という観点から彼らの処遇がなされるべきであった。敗戦後、帰国か残留か、国籍回復か日本国籍取得かなどの生き方の選択の自由とともに、残留する在日コリアンに対しては日本国民と対等の権利保障がなされるべきと筆者は考えるが、日本政府の処遇はそうではなかった。国の政策と運動主体や運動スタイルを考慮し、以下のように時代区分し、経過をたどりながら問題点を抽出してみたい。

1．GHQ 占領期

　GHQと日本政府は、在日コリアン等をどう処遇すべきかという課題に直面した。GHQは彼らを解放民族と規定するが、帰国支援のみで国籍、法的地位を曖昧にし、冷戦構造の深化により彼らを外国人登録令と出入国管理令によって治安管理の対象とし、民族教育などは弾圧した。一方、1945年11月の「職業政策に関する件」では「官業、民業とを問わず……国籍、社会的地位などにより差別をなし、又は許容することなきよう」指導し、職業安定法、労働基準法、厚生年金法等では国籍による差別を禁止したが、就職差別を是正することはなかったので、実際には効果は乏しかった。戦後初の1945年12月の衆議院議員選挙法改正時も「戸籍法の適用を受けざる者の選挙権、被選挙権は当分の内これを停止」するとして排除した。また、憲法改正では法の下の平等を規定した条文が1946年3月の「憲法改正草案要綱」までは「凡そ人は、法の下に平等……」とされたが、同年11月公布された現行憲法では「すべて国民は……」と書き換えられた。

　地方自治体は憲法と同時に地方自治法が施行され官治集権的残滓の一掃が図られるが、財政的窮乏と戦後復興の課題が山積みの中で独自政策は打ち出せず、多くの事業は機関委任事務とされ、国の指導や通達によって執行された。「国の出先機関」「通達行政」「三割自治」等の言葉が当時を物語っている。この時期、

7 歴史と展望 | 141

在日コリアン等の民族団体が要求したのは民族教育の保障と生活保護の受給であった (小沢 1973)。戦前の皇民化教育を受けた彼らにとって、民族教育は譲ることのできない闘いであり、生活保護受給は差別と貧困の中で生きざるをえない彼らにとっては文字通り生きるための闘いであった。

2. サンフランシスコ平和条約以降

平和条約発効に合わせて、法務省は一片の民事局長通達によって在日コリアン等の日本国籍を喪失させ一律に外国人とした。社会保障や戦後補償の各法などからは、国籍を理由に排除が法制度化された[1]。また、公営住宅入居資格など国籍〈条項〉がなくとも国の通知や行政見解に基づく国籍〈要件〉により排除してきた。1954 年 11 月、建設省住宅局長回答では「公営住宅は憲法 25 条の理念を具体化したもの……ただ日本人のみを対象としたもので外国人において権利としてこれを要求し得ない」として外国人の入居資格を否定した。国と自治体に姿勢の違いはなく、「国民」(住民登録) と「外国人」(外国人登録) という二分論が国も地方も貫いていた。

この時期で記憶しておきたいのは国民健康保険問題である。1959 年に制定された国民健康保険法は、国籍条項はないが適用除外者の範囲を列挙した第 6 条 8 号「その他厚生省令で定めるもの」を受け、施行規則で「日本国籍を有しない者」を被保険者から排除したが、但書を設け「条例で定める国の国籍を有する者」は被保険者とすることができるとした (条例国保適用者と呼ばれた)。東京都の五日市町、清瀬町、日の出村、伊豆七島、神奈川県では座間町、真鶴町、湯河原町など 11 町村等が知られている (小川 1974)。その後、1965 年の日韓条約の在日韓国人法的地位協定では協定永住者に国保適用を認めたため国保加入者は増加したが、協定永住許可申請をしない、主に「朝鮮籍」者を排除することになり、渡日と定住の歴史を共有する在日コリアン社会に「南北分断」を持ち込んだ。

3. 革新自治体運動期

政府の姿勢を批判して自治体独自政策を打ち出した嚆矢は革新自治体時代の美濃部亮吉都政による 1968 年の朝鮮大学校の認可といえる。政治判断を避け、各種学校としての認可基準を満たしていれば認可すべきという行政判断を貫いた。時の文部大臣は「違法ではないが妥当ではない」としかコメントできなかった。このほか、1972 年には協定永住者以外の全外国人への国民健康保険の適用など国に対抗する政策を打ち出した。政府は難民条約批准後の 1986 年にやっと

国民健康保険法施行規則の国籍条項を撤廃した。こうした運動の主体は社会党・共産党と両者をつなぐ総評および民族団体による日朝友好運動が中心の時期であった。このため民族団体が要求する課題を取り上げ、主に議会に対する陳情、請願、意見書採択という方法をとったため、自治体への差別撤廃の抗議も、日本人市民への問題提起も弱かった。結果、自治体が自主的に国籍要件を撤廃する姿勢はあまりなかった。

4. 外国籍〈住民〉としての差別撤廃運動

在日コリアン等2世と日本人との共闘による市民運動型の行政差別撤廃運動は、1970年、日立製作所の就職差別に対する提訴を契機に始まった。裁判支援と同時期に川崎にある在日大韓基督教会は保育園を開設し、本名を名乗る運動など民族保育の実践を始め、さらに卒園児のフォローとして社会福祉法人青丘社を設立して学童保育、さらに中学生の学力保障、民族的自覚の育成へと取り組んだ。1974年、日立訴訟の地裁判決前に川崎で開かれた集会で参加者の在日コリアンの一人が「民族差別は民間企業だけではなく自治体もしている。なぜ我々は税金を払っているのに市営住宅に入れないのか、児童手当が受けられないのか！」という抗議の声を上げた。集会参加者はこの声を取り上げ、川崎市に市営住宅入居と児童手当受給を求める要望書を提出した。1971年から革新自治体となっていた市はこれを受理して市営住宅入居要件の国籍条項を撤廃し、児童手当は法改正されるまで外国人の対象者に全額市の負担で支給した。差別行政糾弾闘争の始まりだった。日立裁判支援に関わった各地の運動団体はその後、①民族差別と闘う地域実践、②交流の場の確保、③在日コリアン等と日本人との共闘を三原則とする「民族差別と闘う連絡協議会」を設立し、このグループを中心に、各地で自治体交渉が展開され、多くの国籍条項撤廃を勝ち取ってきた。政府の1979年国際人権規約と1981年の難民条約批准の結果、社会保障制度における国籍条項はやっと全廃されるようになった。第2項で紹介した公営住宅入居差別については、建設省は国際人権規約批准後、「諸般の事情に鑑み……外国人は日本人に準じて取り扱うことが望ましい」と通知し、差別に対する反省の弁は見られない。日本の外国人政策は自治体が先導し政府が後追いする顕著な事例である。

国籍条項撤廃のほか在日コリアン2世、3世を視野に、在日朝鮮人教育指針等の制定（1980年豊中市ほか）や自治体職員採用の国籍要件撤廃なども進展した（1973年兵庫県内6市1町）。運動体も民族団体のほか基督教会や部落解放運動、自治労・教組等の労働組合、各地の市民運動団体等との協力関係が広がりを見せた。

5. 指紋押捺拒否闘争など全国化

　そして地域で蓄えた力をもって、次に挑んだのが外国人登録法の指紋押捺制度に対する拒否闘争であった。講和条約に基づき独立を回復した日本は、旧植民地出身者の保持していた「日本国籍」を喪失させ、指紋押捺を義務づけた外国人登録法で管理の対象とした。この指紋押捺制度撤廃闘争の先鞭をつけたのが1980年の東京都新宿区の韓 宗 碩氏だった。運動はさまざまな局面を経て2000年4月、外国人登録法の指紋押捺制度を全廃させた。1985年に川崎市長は「指紋押捺制度は人道上の問題として改善されるべきで……法も規則も人間愛を超えるものではないとの判断に立ち至」り、拒否者を告発しないと議会で答弁したことは記録しておきたい。自治体職員も人権尊重の立場に立って法の見直しを求めるのか、「悪法も法なり」と職務を遂行するのかが問われた。立場上「指紋を押してください」という担当職員に「君らは法務省のロボットか！」という厳しい問いの言葉が拒否者から発せられた場面を筆者は今も記憶している。

6. 自治への参加

　90年代はまた、公務就任権（自治体職員、教員）と地方参政権を求める運動も高揚した。政府は明文上の規定はないが「公権力行使には日本国籍が必要」という見解を今も保持したままで、自治体は職員採用時の国籍条項はないが「任用制限あり」とする自治体から採用時点に国籍条項を設けている自治体などさまざまである。教員も「教諭」として採用している自治体もある一方、文科省の指導通りに「常勤講師」採用としている自治体が多い。ただし、教諭で採用している東京都や川崎市も、常勤講師で採用している他の自治体も管理職登用に制限があることには変わりがない。地方参政権については、1995年に、最高裁は憲法許容説を示したが立法政策に関わる事柄で、外国人に認めないとしても違憲ではないとした。参政権とは異なるが、自治体で外国籍住民による審議会を設置し、市長への政策提言を行う「外国人市民会議」なども誕生した（1996年川崎市ほか）が、広がりは十分ではない。行政サービスを受けるにあたっての国籍条項・国籍要件はかなり撤廃されてきたが、自治の担い手としての社会・政治参加保障はまだまだ不十分である。

7. 課題

　以上、経過を振り返ってきたが、「オールドタイマーと自治体政策」を論ずるときには、単に「永住する外国籍住民」としての法的地位や処遇のあり方を論じ

るだけではなく、「在日コリアン等」旧植民地出身者はどのような歴史的背景から渡日したのか、その歴史的経過を踏まえて戦後、自治体はいかに彼らを処遇すべきであるのか、という視点から考察すべきと考える。政府も自治体も国籍による差別を当然視し、民族差別を克服してこられなかった要因は、①戦前の植民地支配の実態の把握と戦後補償の観点を欠いた歴史認識、②住民としての権利の平等を保障すべきという意識の欠落であった。国籍による差別の当然視は、住民も住民の代表である自治体議員も、また研究者も同様であった。市営住宅の入居資格などさまざまな住民福祉の施策において国籍条項を設けていることに、1970年代までは、日本人側からはごく一部を除いて問題視し異議申し立てがされてこなかったことに、民族排外主義の根の深さを知ることができる[2]。

　法制度化された国籍による差別、民族差別意識は、植民地支配、冷戦体制、アジア人への差別意識などによって歴史的に構造化されたことを批判的に検証し、「単一民族国家」意識や国籍による差別を当然視する意識を摘出し、差別と闘う意識、差別を見抜く視点を学ぶことは研究者にも求められる。自治体の外国人政策を生み出した一番の原動力は、何よりも当事者の民族差別に対する怒りであったことを決して忘れてはならない。特に、在日コリアン高齢者の個人史には植民地支配、冷戦体制構造、国籍差別などの過酷な近現代史が生身の人間に深く刻印されており、個人史から、マイノリティの立場から、地域の歴史や社会構造を批判的に考察する必要性を指摘したい。今がそのラストチャンスでもある。

　住民としての平等な権利、政治参加を保障され、多様な民族が共に学び、働き、生活していくのが地域社会であり、多様な民族が個人の尊厳を大切にされ、その文化を互いに尊重して、共に生きる社会を形成することが住民自治の本旨ではないだろうか。

（山田貴夫）

注
1) 田中（2013: 109, 169）の各表参照。
2) 神奈川県自治総合研究センター・研究部「国際化に対応した地域社会をめざして」研究チーム『神奈川の韓国・朝鮮人——国際化に対応した地域社会をめざして』（神奈川県自治総合研究センター、1983 年）が自治体職員による問題提起の嚆矢と思われる。

《文献》
小川政亮 1974『社会保障権と福祉行政——生存権の民主的・普遍的実現のために』ミネルヴァ書房
小沢有作 1973『在日朝鮮人教育論　歴史篇』亜紀書房
田中 宏 2013『在日外国人——法の壁、心の溝【第三版】』岩波新書

Column インターカルチュラル・シティと多文化共生 2.0

欧州では近年、「インターカルチュラル・シティ」という考え方が注目されている。移民によってもたらされる多様性を、脅威ではなくむしろ好機と捉え、都市の活力や革新、創造、成長の源泉とする新しい都市政策として、欧州評議会が欧州委員会と共に進めているプログラムで、参加都市数は当初の 11 から現在、欧州域外も含めた約 120 に拡大している。具体的活動としては、専門家による会員都市の政策評価、会員都市の視察、セミナーの開催などがある。

インターカルチュラル・シティ・プログラムは、2008 年の欧州異文化間対話年や欧州評議会による異文化間対話白書の刊行を契機に始まった。西欧では、2000 年代以降、移民が関わるテロや暴動などの事件が起こり、それまでの移民政策を見直す機運が高まったことが背景にある。特に、集住する移民の分離をもたらし、統合を阻んでいるとして多文化主義政策への批判が高まるなかで、多様性を尊重する新たなアプローチとして、異なる文化背景を有する住民間の交流（interaction）を重視する同プログラムへの関心が高まっているといえよう。

欧州で始まったプログラムではあるが、国際交流基金の事業として、2009 年に日欧の自治体交流が始まり、2012 年 1 月には、欧州のインターカルチュラル・シティと日本と韓国の自治体の首長らが東京に集まり、日韓欧多文化共生都市（Intercultural City）サミットが初めて開かれた。日本から参加したのは、浜松市、新宿区、大田区の三首長である。その後、2012 年 10 月に浜松市で、2013 年 10 月に韓国安山市で、第 2、3 回サミットが開催された。

浜松市は、インターカルチュラル・シティを参考に、2013 年 3 月に多文化共生都市ビジョン（Intercultural City Vision）を策定した。また、浜松市が参加する外国人集住都市会議は、2001 年の設立以来、外国人住民の増加に伴う地域の課題解決に取り組んできたが、2015 年 4 月に規約を改正し、「外国人住民の持つ多様性を都市の活力」とすることを謳った。

2016 年 2 月に東京都が策定した多文化共生推進指針（Guidelines for the Promotion of Intercultural Cohesion）も、多様性を都市づくりに活かすことを掲げ、「海外の自治体における多文化共生の取組状況」として、インターカルチュラル・シティ・プログラムや会員都市のロンドン（ルイシャム区）やベルリン（ノイケルン区）、オスロの取り組みを紹介している。また、2017 年 3 月に策定された総務省の多文化共生事例集も、外国の参考事例として同プログラムを紹介している。一方、浜松市は 2017 年 10 月に、アジアから初めて同プログラムに参加した。

筆者は、多様性を活かした地域づくりに力点を置く取り組みを「多文化共生 2.0」と呼んでいる。今後、こうしたアプローチは、全国の自治体に広がっていく可能性がある。　　　　（山脇啓造）

Ⅲ　社会統合政策／多文化共生政策

8　言語・教育政策

　人口減少段階に突入した日本では、短期的視野から外国人労働力のパッチワーク的な導入が拡大される一方、他方で増加する永住および中長期滞在の、実質的に「移民」と呼びうる人々に対する体系的な政策の構築が未整備のまま推移している。その背景には、政権与党のエスノ・ナショナリズムに基づく頑なな「非移民国家」政策の維持がある。すなわち、外国人労働者の導入拡大はあくまでも、その定住・永住につながる「移民政策」ではないことが、政府によって再三強調されているのだ。

　こうした政府の政策態度は、本章で取り上げる言語・教育政策のあり方にも大きく影響している。言語政策では、市民活動団体や先駆的自治体による取り組みが展開されてきたが、近年になってようやく「地域日本語教育」が多文化共生社会形成のための重要なシステムのひとつと認識されるようになってきた (8-1)。しかしその実態はボランティア等の市民活動に大きく依存しているため、常勤の専門職の配置がなされたとしても、改善できる範囲は限られているかもしれない。ここには、国による移民に対する言語教育政策が決定的に欠けているのである。

　同様のことは、子どもの教育についても言えよう (8-2)。すなわち日本では、外国人児童生徒の教育があくまで「恩恵」であり、義務化されていないことである。この間、文科省の外国人児童生徒の受入れ施策は大きく変化し、例えば2011 年には「受入れの手引き」がまとめられ、2014 年には日本語指導を特別な教育課程に位置づける省令改正も行われた。しかし、それらは施策メニューの提示であり、実施するかどうかはあくまで各地域の教育現場の任意に委ねられている。

　一方、外国人学校が置かれた状況は、設置主体がデニズンかニューカマーか等によって複雑に分化しているが、これらの多様な外国人学校が今日、「教育の国際化」のニーズに呼応した教育をどのように提供できるかも課題とされている (8-3)。

（渡戸一郎）

8　言語・教育政策　147

| 8-1 | 日本語習得支援 |

はじめに——日本語習得を支える地域日本語教育の展開

　1989年から90年にかけての出入国管理及び難民認定法（以下、入管法）の改正・施行により、例えば、オールドカマーだけでなく、ニューカマーと呼ばれる人々も含めた、多様な言語・文化背景を持った人々との共生のあり方が問われ始めた。

　やがて、地域や自治体によっては、外国籍住民の声や必要性（需要）を聴くためのニーズ調査も行われ、その実態に応じて、住民による日本語ボランティアの活動も徐々に始まり、地域の状況に応じた日本語習得支援活動の輪が拡がってきた（野山2002, 2008, 2011; 文化庁編2004）。このように、地域で日本語を必要とする人々の状況や需要に応じて実施・展開されてきた日本語教育を総称して「地域日本語教育」と2000年前後から呼び始めた（野山2013a; 文化庁編2004）。

　本節[1]では、海外から日本に移住してきて地域に定住した多様な言語・文化背景を持った住民を移住者≒移民と捉えたうえで、「地域日本語教育」の現場で実施されてきた日本語習得支援の活動、施策の展開等に焦点を当てる。具体的には、関連した調査結果や提言・報告等の中で重要と思われるデータや資料を紹介しながら、今後の複言語・複文化環境下の社会統合や共生社会の構築に不可欠な、言語・教育政策的課題の解決に向けてどのようなことが期待されるのか、考察したい。

1. 日本語習得支援の展開——文化庁の事業、施策、調査結果等を踏まえて

　日本の各地域には、多様な背景の外国籍住民が長期間にわたって居住している場合が多くなってきている。例えば、ある地域（集住地域）には、特定の言語背景（ポルトガル語、スペイン語、中国語等）の人々が集中して住んでいる。また、ある地域（分散地域）には、ある共通した背景（中国帰国者、インドシナ難民、日本人の配偶者等）の人が分散して住んでおり、全国的にみるとその状況は多様である。

　ただ、どの地域でも、日本語の学習需要[2]に対する支援の充実という観点からみれば、ある程度共通の課題を抱えていると考えられる。文化庁が1994年度から2000年度まで、全国8地域で展開した地域日本語教育（推進）事業の報告によれば、次の4つが共通課題として指摘されている（野山2002）。

（1）日本語学習支援の場（教室や言語生活環境等）の充実

（2）教室を支える人々（中核的人材やコーディネーター）の研修・育成の充実

（3）支援に関係する機関・人々・地域等とのネットワークの充実

（4）さまざまな活動を支える人材・情報等の資源（リソース）を一定の所に集めて、分類・流通させるためのセンターの設置、充実を図ること

　文化庁では、こうした状況や共通課題等を踏まえて、国立国語研究所との協力の下、2001 年 3 月に、同事業のモデル地域（8 地域）を含めた全国 12 地域の日本語教室に通う在住外国人の日本語に対する意識等についての調査を実施した。ここでは、この調査結果の概要[3]に触れながら、地域に在住する多様な人々の言語生活環境の整備や、住みやすい街づくり[4]へ向けて、どんな課題が想定されるのか、日本語習得支援の充実という観点から追究する。

（1）調査の概要

　2001 年 3 月に「地域の日本語教室に通っている在住外国人の日本語に対する意識等」に関して調査し、その結果を 7 月に発表した。この調査は、日本で言語生活を送る外国籍住民の日本語に関する意識を全国レベルで行った初の調査で、日本語教育施策の参考資料として活用された。なお、調査票については、多様な言語背景に対応して、日本語版と翻訳版（中国語、韓国・朝鮮語、ポルトガル語、スペイン語、タガログ語、英語）を作成して配布した。

　調査対象は、全国 12 地域の日本語教室に通っている 16 歳以上の男女 600 人、調査の主な項目は、①地域における日本語教育の実態と外国籍の住民の言語生活に関すること（日本語の使用・使用頻度、日本語を聞く・話す・読む・書く力、日本語の学習方法、到達目標、要望など）、②生活言語として必要な日本語（使用場面、言葉遣いや語彙など）に関すること等である。調査方法は、対象者の自記式法（調査対象者が調査票の質問を自分で読み、その回答を自分で記入する方法）であった。

（2）調査結果の概要

　581 人（男：3 割強、女：7 割弱、年齢別の内訳：10 代 = 18 人、20 代 = 204 人、30 代 = 207 人、40 代以上 = 143 人）から回答があり、全体の約 8 割（467 人）が日常生活で日本語を使用していることがわかった。また、日本語が十分にできなくて困ったり、嫌な思いをした場面に関しては「病院」「近所付き合い」「職場」「役所の窓口」等が挙げられていた。そして、日本語を読んだり書いたりする力（日本語

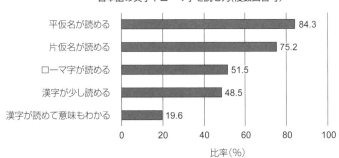

図1 「ローマ字よりも平仮名」

の文字やローマ字等がどのくらい読めるか尋ねた〔複数回答可〕結果）については、「平仮名」の読み書きができる人の割合は「片仮名」の場合よりもやや多く、8割を超えており、「ローマ字」の読み書きができる人の割合は5割前後で、意外に少ないことがわかった（図1参照）。このことから、どちらかといえば、ローマ字よりも平仮名の方が確実に読めることがわかった。さらに、日本語学習の到達目標（意識）に関しては、日本語を日頃何らかの方法で意識して学んでいる人々（521人）の5割近くが「日本人とほぼ同様に会話と読み書きができる」ことを目標としており、「レベルの高い日本語の理解・交渉能力」の必要性や「地域の在住者（住民）としての意識の高さ」がうかがえる結果となっている。なお、「通っている教室に要望すること」については「通える時間帯を増やしてほしい」（3割強）がもっとも多く、以下「日本語学習の相談に乗ってほしい」「生活に関する相談に乗ってほしい」「もっと身近に教室を開設してほしい」等が続いている。

(3) 今後の課題と文化庁の事業、施策展開

調査結果から、共生社会の充実に向けて、次のような課題が見えてきた。

(1) お互いの思いを語り合うコミュニケーション言語としての日本語の習得支援の充実
(2) 生活・習慣の理解や地域住民との交流（近所付き合いなど）の促進
(3) 文化理解の促進や日常生活への配慮として、例えば、看板・広報誌・回覧等の漢字に平仮名のルビを振る等の工夫を図ることなど

150 Ⅲ 社会統合政策／多文化共生政策

　こうした調査結果を生かしつつ、文化庁では、2001 年度以降これまで、「地域日本語支援コーディネーター研修」「親子参加型日本語教育」「都道府県・政令指定都市等日本語教育担当者研修」「生活者としての外国人のための日本語教育事業」「地域日本語教育支援事業」などの施策[5]を実施・展開するとともに、文化審議会国語分科会日本語教育小委員会の運営も 2007 年から始まり、日本語習得、日本語教育等に関連した議論、検討を続けてきている[6]。

　今後もますます日本語の学習需要は増大し、多様化することが予想されることから、日本語習得支援の充実へ向けて、成人だけでなく年少者に対する学習支援の問題も含めた、総合的できめ細かな支援方策・事業の展開が期待される。

2. 地域の状況変化に応じた先駆的自治体の対応と社会状況の変化

(1) 外国人集住都市会議の設立・開催と多文化共生推進プログラム

　自治体の動向に焦点を当てると、2001 年に、外国人集住都市会議が浜松で開催され「浜松宣言」[7]が出された。宣言文中で「日本人住民と外国人住民が、互いの文化や価値観に対する理解と尊重を深めるなかで、健全な都市生活に欠かせない権利の尊重と義務の遂行を基本とした真の共生社会の形成」が提唱された。2002 年には大阪府において、在日外国人施策に関する指針が出され「すべての人が、人間の尊厳と人権を尊重し、国籍、民族等の違いを認めあい、ともに暮らすことのできる共生社会の実現」が唱えられた。2004 年には、愛知県・岐阜県・三重県・名古屋市の連携で「多文化共生社会づくり推進共同宣言」が出された。

　こうした状況下、総務省では、2005 年 6 月に「多文化共生の推進に関する研究会」を設置し、地域における多文化共生施策の推進について検討を進め（山脇 2005）、2006 年 3 月に、多文化共生推進プログラムを提出した。地方自治体における多文化共生の推進について、国のレベルで総合的・体系的に検討したのは、このときが初めてであり、地域において取り組みが必要な「コミュニケーション支援」「生活支援（居住、教育、労働環境、医療・保健、福祉、防災等）」「多文化共生の地域づくり」「多文化共生の推進体制の整備」の各分野をプログラムとして取りまとめ、具体的な提言を行うとともに、施策に着手する地方自治体の参考となるよう、先進的な取り組み事例を取りまとめた。

　総務省の動きも含め、2005 年は、多文化共生元年と呼ばれている（山脇 2005）が、地域の状況により、多文化共生推進プログラムとは別途、自治体独自の施策展開がそれ以前からなされていた。例えば、日本語習得に向けた支援活動の文化理解や「多文化共生の地域づくり」という観点から注目される動きとして、長野

県では、官民学の協働で、総合学習の時間を活用して、地域の実態を知るような授業を展開するなかで、共生社会の意味や意義について、子どもたち、家族、地域に伝えていく事業を展開していた（平高ほか編 2008）。こうした多文化共生社会に対応した政策・施策、連携・協働事業の展開については、国に先駆けて、地域や地方・自治体から、粘り強く発信していくことが期待される。

（2）その他の報告書や宣言・提言等から見えてくること

　2001 年の 5 月には、日本語フォーラム全国ネットにおいて「東京宣言」が採択されたが、先述の「浜松宣言」（2001 年 10 月）を含めて、第二言語、あるいは生活言語としての日本語の教育と、その習得支援の重要性が提唱されている。

　2002 年 5 月には「移住労働者と連帯する全国ネットワーク」（移住連）が「包括的外国人政策の提言」を発表、2003 年 2 月には、外務省が「在日ブラジル人に係る諸問題に関するシンポジウム」を開催し、8 月には、総務省行政評価局が、文部科学省に対して「外国人児童生徒の学校への受け入れ推進」を勧告した。また、2004 年 4 月には、日本経団連が「外国人受け入れ問題に関する提言」を、8 月には文化庁が、日本語習得支援の羅針盤として『地域日本語学習支援の充実——共に育む地域社会の構築へ向けて』という本を出版した。10 月には、日弁連が「外国人・民族的マイノリティ人権基本法」案を提出している。さらに、2005 年 4 月には、文部科学省が、全国 10 地域以上で「不就学等の調査」を開始し、2006 年 2 月には、識字・日本語連絡会が「識字・日本語学習推進法（仮称）要綱案」を提出した。その後、3 月には「多文化共生推進プログラム」（総務省）へとつながっていった。

　2008 年にはリーマンショックの影響で、日本で就労する外国人の多くは失業したり労働時間を削減されたりした。そのことで、地域に定住した外国人住民の日本語に対する姿勢に大きな変化があった（野山 2009）。また、この時期に並行して日本語教育学会では「外国人に対する実践的な日本語教育の研究開発」報告書（2008）と、「外国人に対する実践的な日本語教育の研究開発」報告書（2009）という 2 つの委嘱研究が実施、報告された。

　2009 年には、日本語教育保障法研究会が「日本語教育保障法案」を、そして 2010 年には、日本語教育振興法法制化ワーキンググループ（WG）が「日本語教育振興法法案骨子例」を提案するとともに、『日本語教育でつくる社会——私たちの見取り図』（ココ出版）を出版した。

　こうした一連の報告書、宣言、提言等から見えてくる共通の課題は、言語・コ

ミュニケーションサービスの充実や、サービスのあり方も含めた人権・学習権の問い直し、言語権の保障へ向けた法的整備や制度構築であった。

3. 日本語習得支援の充実に向けて
──「日本語教育推進基本法（仮称）」の成立を期待しつつ

「多文化共生推進プログラム」（総務省）で提言がなされた後、約10年がたった2016年11月に、多文化社会を支える日本語教育の推進、充実に向けた基本法の策定に向けて、超党派の国会議員による「日本語教育推進議員連盟」（略称：日本語教育議連）が（遂に）発足した。2017年6月現在、「日本語教育推進基本法（仮称）」が議員立法として作成されつつある。その骨子案によれば、この基本法の目的としては「日本語教育に関する施策を総合的に推進し、もって我が国に定住する外国人との共生による活力ある社会の実現に資するとともに、我が国に対する外国の理解と関心を深めることに寄与すること」が掲げられている。

仮に「地域日本語教育」を多文化共生社会形成のための重要なシステムの一つと考えるならば、基本法成立後の地域における日本語習得支援に関する諸活動は多文化共生政策の一環として、国と自治体の役割分担をわきまえつつ、国、地方自治体、市民・住民が協働で取り組んでいく必要がある（野山2015）。また、共生社会を支える自治体の施策としてシステムを構築し、日本語習得支援の諸活動を日常的に機能させ、持続可能な事業としての可能性を拡充するためには、多文化社会の構築に向けた常勤の専門職としてコーディネーターや地域日本語教育専門家等（日本語教育学会2011: 134）を配置していくことが期待されよう（野山2013b）。

（野山　広）

注

1) 本稿は、野山（2002, 2008, 2009, 2011, 2013a,b）、日本語教育学会（2008, 2009, 2011）を参照・引用しながら、本章・本節の目的に向けて執筆したものである。
2) 2015年11月1日現在、日本語学習者数は19万1753人、日本語教師数は3万6168人でその過半数はボランティアの人々（2万1718人）となっている（文化庁調べ）。
3)「地域の日本語教室に通っている在住外国人の日本語に対する意識等について」（文化庁）の調査結果の概要についての詳細は、以下の文化庁のHPを参照されたい。http://www.bunka.go.jp/tokei_hakusho_shuppan/tokeichosa/nihongokyoiku_jittai/zaiju_gaikokujin.html（2017年5月15日閲覧）
4) 日本人と在住外国人の間に必要以上の文化摩擦や衝突が生じにくく、お互いの文化や習慣に対してできる限り寛容な社会。例えば、日本語教育の流れは「日本語学習を主目的とする学校型日本語教育から、地域社会と密着し生活を基盤として日本語学習を位置づける社会型日

本語教育」へと広がりを見せてきている（石井 1997: 6）。

5）日本語教育事業や生活者関連事業の詳細に関しては、以下の HP を参照されたい。
　http://www.bunka.go.jp/seisaku/kokugo_nihongo/kyoiku/（2017 年 5 月 16 日閲覧）
　http://www.bunka.go.jp/seisaku/kokugo_nihongo/kyoiku/seikatsusha/（2017 年 5 月 16 日閲覧）

6）日本語教育小委員会の議論、検討結果のとりまとめ状況は、以下を参照されたい。
　http://www.bunka.go.jp/seisaku/bunkashingikai/kokugo/hokoku/（2017 年 5 月 24 日閲覧）

7）宣言の一つは、外国人住民のための住民基本台帳制度の構築であった。約 8 年後の 2009 年
　7 月、日本人と同様外国人も住民基本台帳法の適用対象に加え、外国人住民の利便の増進お
　よび市町村等の行政の合理化を図るため「住民基本台帳法の一部を改正する法律」が国会で
　成立、公布された（3 年後の 2012 年 7 月に施行）。集住都市会議の存在は先駆的であり、そ
　の影響力は大きいことがうかがえる。

《文 献》

石井恵理子 1997「国内の日本語教育の動向と今後の課題」『日本語教育』94 号、2-12 頁

日本語教育学会 2008『平成 19 年度文化庁日本語教育研究委嘱「外国人に対する実践的な日本
　　語教育の研究開発」（「生活者としての外国人」のための日本語教育事業）－報告書－』

日本語教育学会 2009『平成 20 年度文化庁日本語教育研究委託「外国人に対する実践的な日本
　　語教育の研究開発」（「生活者としての外国人」のための日本語教育事業）－報告書－』

日本語教育学会 2011『平成 22 年度文化庁日本語教育研究委託「生活日本語の指導力の評価に
　　関する調査研究－報告書－』

日本語教育政策マスタープラン研究会 2010『日本語教育でつくる社会——私たちの見取り図』
　　ココ出版

野山 広 2002「地域社会におけるさまざまな日本語支援活動の展開——日本語習得支援だけでな
　　く共に育む場の創造を目指して」『日本語学』21（6）、6-22 頁

野山 広 2008「多文化共生と地域日本語教育支援——持続可能な協働実践の展開を目指して」『日
　　本語教育』138、4-13 頁

野山 広 2009「群馬県太田市・大泉町の場合 日系ブラジル人就労者の言語生活と日本語教育」
　　『日本語学』28（6）、60-69 頁

野山 広 2011「地域日本語教育の展開と複言語・複文化主義」北脇保之編『「開かれた日本」の
　　構想——移民受け入れと社会統合』ココ出版、148-181 頁

野山 広 2013a「地域日本語教育——その概念の誕生と展開」『日本語学』32（3）、18-31 頁

野山 広 2013b「地域日本語教育とコーディネーターの重要性——共生社会の構築へ向けて」加賀
　　美常美代編『多文化共生論——多様性理解のためのヒントとレッスン』明石書店、124-148
　　頁

野山 広 2015「地域における日本語教育支援と多文化共生——ローカルな視点から捉えるグロー
　　バル・シティズンシップ」『異文化間教育』42、45-58 頁

平高史也・野山 広・春原直美・熊谷 晃編 2008『共生－ナガノの挑戦（チャレンジ）——民・官・
　　学協働の外国籍住民学習支援』信濃毎日新聞社

文化庁編 2004『地域日本語学習支援の充実——共に育む地域社会の構築へ向けて』国立印刷局

山脇啓造 2005「2005 年は多文化共生元年？」『自治体国際化フォーラム』187 巻、34-37 頁

154 | Ⅲ 社会統合政策／多文化共生政策

8-2 子どもの教育

1. 年々増える外国につながる子ども——不就学はなくせるか

　移民政策学会 10 年の歩みは、そのまま日本の外国人の子どもの変化の 10 年でもある。初めに近年の外国人児童生徒の動向を確認しておく。2005 年度に日本の小学校に在籍する外国人児童生徒は、国立 67 人、公立 4 万 2110 人、私立538 人の合計 4 万 2715 人であり、中学校の生徒はそれぞれ 62 人、1 万 9266 人、1076 人の 2 万 404 人、小中合計 6 万 3119 人であった。2015 年は、国公私立小学校 4 万 5721 人、中学校 2 万 2281 人の合計 6 万 8002 人である（文部科学省『学校基本調査報告書』）。この間ざっと小中で 5000 人増えたことになる。近年は、日本の公立校に常時 7 万人の外国人児童生徒がいる。

　一方、日本の義務教育の対象となる 7 歳から 15 歳までの外国人児童生徒はどのくらいいるか。日本の年齢別外国人統計は、5 歳刻み（5 〜 9 歳、10 〜 14 歳、15〜 19 歳）のため、7 歳から 15 歳にするため前者では当群より 1 歳の平均値の 2倍を引き、後者では当群平均値の 1 歳分を加えると、2005 年は 7 歳から 15 歳の年齢層、10 万 8672 人、本節執筆時最新の 2015 年は、10 万 7881 人という結果が得られる（入管協会『在留外国人統計』）。もちろんこれは概算になるけれど、近年日本に義務教育年齢の子どもは、常時 11 万人前後いる。

　2015 年 5 月の文部科学省の外国人学校の児童生徒調査によると、英語系学校に通う児童生徒は 6611 人、南米系は 1638 人、フランスやドイツ等の欧州系学校 1071 人、中華学校 2136 人、朝鮮学校 4252 人、韓国学校 1021 人とされており、総数 1 万 7000 人弱である。近年でも、日本に滞在している小・中学校相当年齢数と実際の日本の学校と外国人学校に通う就学者総数には、無視し難い差がある。すべてを不就学扱いにはできないものの、依然として一切の教育機関から遠ざけられている者も少なくないと思われる。

　このような不就学者を生み出すうえで、本人のやる気や家庭の事情、さらにいじめ等を除くと、このところ指摘されている大きな理由には、①日本の学校教育に欠かせない日本語指導に関すること、②教育委員会や学校長の受入れ姿勢も含む制度的なもの、③日本では外国人児童生徒の教育が義務化されていない等の根本に関わる問題が指摘できる。

　近年の大きな変化は、外国につながる子どもの増加のなかでも、日本国籍者が

多いことである。国際結婚が増加しており、連れ子や子どもが小さいとき親の郷里で祖父母にみてもらい、小学校入学時に日本に帰国させるなどの事情によるが、日本国籍者となると就学は保護者の義務である。本節の題に、「外国人の子どもの教育」としないで「子どもの教育」としているのも、日本語や日本の学校制度への習熟の有無は、国籍によらないからである。

　刻一刻と変化する現状に応じて、文部科学省の外国人児童生徒受入れ施策もこのところ大きく変化しており、むしろ懸念されるのは、地方の教育委員会や学校長が近年の文部科学省の施策・方針を知らないこと、結果として地域間格差が広まり、教育委員会や学校間で子どもの対応に大きな差が生じていることである。

2. 文部科学省の受入れ施策の変化──地域間格差との関連で

　近年の文部科学省の外国人の子どもの受入れ施策には、4つの大きな変化が見られ、その変化は現在も進行中である。

　最初の変化は、2008年の文部科学省による「外国人児童生徒教育の充実方策について」(以下、「充実方策」) の文書である。この「充実方策」において文部科学省は、外国人児童生徒の教育を受ける権利を日本も批准・承認している国際人権規約等に基づいて積極的に認めている。日本における教育の憲法ともいえる「教育基本法」は、外国人の子どもの権利を想定していない。「教育基本法」第1条には、教育の目的として、「心身ともに健康な国民の育成を期して行われなければならない」とある。日本の学校教育は、あくまでも子どもを日本の「国民」にするための「国民教育」である。

　それだけに「充実方策」の意義は、外国人児童生徒の義務教育を受ける権利を国際法とともに確認しただけではなく、受入れに際し各学校の受入れ態勢づくりにも積極的な提言を行ったことである。例えば受入れに際し、特定の教員に丸投げするのではなく、校務分掌の中にも外国人の子どもの教育をきちんと位置づけ、「全校的な指導組織の整備を図ること」、学校では校長や副校長なり教頭等の管理職の理解を深めることが重要なので、教育委員会も適切な人事配置を行うこと、教科の理解に日本語は不可欠なので、日本語指導のできる教員の配置、初任者研修等の充実である。

　このような文部科学省の受入れ方針は、2011年の「外国人児童生徒受入れの手引き」(以下、「手引き」) に引き継がれた。「手引き」は、多文化の進む地域の学校の現状を反映する形で、教育委員会、学校、管理職にある者、個々の教員がどのように外国につながる子どもを受け入れるか、具体的なガイダンスを行ったも

のである。「充実方策」には登場しなかった多文化教育や多文化共生教育という用語も登場し、多文化の児童生徒がお互いの習慣や文化を尊重しつつ、協力し合う学校像が描かれている。

これまで教育界では、一部の自治体以外、多文化共生なり多文化共生教育という言葉は、使用されなかった。教育界で重視されたのは、むしろ同化教育なり適応教育の方である。しかし、同化も適応も相手の文化にではなく、受入れ国の文化への同化や適応が前提である。多民族化状況が現実に進行している学校では、お互いの文化を認めないでは、やりくりできないところまで来ている。「手引き」は、このような多文化状況を積極的に認め、異文化を「統合」する学校運営を謳ったものである。日本の学校の「多文化」化も、ここまで来ている。

その後、2014年には、日本語指導を必要とする児童生徒への日本語指導が、特別の教育課程に位置づけられる省令改正が行われた。これまでの日本語指導には、法的な定めが欠けていた。それを特別の教育課程に認め、授業内で日本語指導を実施することを可能にしたのである。しかも特別の教育課程に組むか否かをめぐり、日本語指導を必要とする児童生徒数にもよらず、教育課程に組まれることで学校長や全教員の課題ともなり、義務ではない外国につながる子どもの日本語指導が正規の教育課程に位置づけられた意義は大きい。

しかし同課程は、あくまでも設置が義務づけられたものではなく任意であり、かつ専門の日本語教員による指導が求められているものでもないため、いくつか課題を残している。義務ではないことで、地域間格差が広がることも懸念される。現にその兆候もある。例えば外国人集住都市会議に参加しているある自治体は、率先して日本語教育を特別の教育課程に位置づけて取り組んでいるが、東京都を含めそうした動きの見られないところも多い。

また日本語の指導は、日本語教育の専門家によるのがよい。専門家は、系統的かつ効果的な教授法にたけている。しかし学校現場では、日本人なら日本語指導は誰でも可能に思われ、教育職員免許法に教科としての日本語がないことも関係し、空き時間の先生が対応するところも多い。その結果、日本語指導の知識や研修も受けていない先生によることも多く、かつ日本語指導の経験が専門家により蓄積されにくい等のことが起きている。日本語指導は、やがて言葉としての日本語から教科用の日本語に向上していかなければならず、日本語教育に明るい教員の配置は待ったなしである。

その後の外国人児童生徒に関する施策の変化は、2015年11月に「学校における外国人児童生徒等に対する教育支援に関する有識者会議」が発足し、その施策

も公表された。本施策の大きな特徴は、近年の外国人児童生徒の多様化を反映し、日本語指導を含む外国人児童生徒指導において拠点校方式を重視していることである。1990年の改正入管法施行直後からしばらくの間は、日系ブラジル人を中心とした日系南米人の来校が圧倒的に多かった。そこでこれらの子どもたちに接する日本語指導員や支援員に求められた言語も、ポルトガル語やスペイン語が主だった。

　しかし、2008年のリーマンショック後は、一部の日系人が帰国し、現在進行しているのは、フィリピン人やベトナム人、中国人、ネパール人等、外国人児童生徒の多様化である。そうなると、子どもの母語に合わせて年度ごとに学校単位で指導員や支援員を補充するのは困難である。拠点校やサポート・センター校を設け、そこに多様なスタッフを常駐化させ、必要に応じて巡回指導を加味する等の方式にしたのである。

3. 法に基づく現状の裁断から実態に即した運用へ

　その他、日本では高等学校が実質的に義務化している現実も踏まえ、外国につながる子どもの進路を保障するのみならず職業教育も重視する施策を打ち出している。子どもの教育に関する施策は、このところ着実に変化してきている。

　従来はともすると、規則に合わせて現実が裁断されてきた。近年は、現状に合わせて規則が柔軟に運用されている。好例は、2016年6月17日に出された「小学校等の課程を修了していない者の中学校等入学に関する取扱いについて（通知）」である。これまで文部科学省は、中学校への入学は、小学校修了を前提にしてきた。これは、言うまでもなく学校教育法が、「中学校は、小学校における教育の基礎の上に、心身の発達に応じて、義務教育として行われる普通教育を施すことを目的とする」に基づく。

　しかしこのところ、保護者の虐待や無理解により就学が阻害されたり、不登校、さらに外国につながる子どもでは、日本語が不十分なため小学校に受け入れてもらえず、外国人学校に通うことを余儀なくされる例等もある。こうした子どもでも、本人が中学校から日本の中学で学ぶ意思があれば、受け入れられる道が開かれた。

　さらに不登校支援策として、2016年12月には「義務教育の段階における普通教育に相当する教育の機会の確保等に関する法律」（いわゆる「教育機会確保法」）が成立した。現在の競争優先の教育制度、学校改善より、不登校が法で規定されるなど、むしろ子どもにはストレスになるとの意見もあるが、何よりも学ぶ権利が

積極的に受け止められ、学校以外のフリースクールでの学びの重要性が認められた意義は大きい。

　特に同法の「基本理念」において、義務教育時点で普通教育を受けられない（受けていない）児童生徒の教育機会の確保に関し、国籍や年齢等に制限を課さなかったのは、画期的である。従来、教育関連の法令が新たに施行されるときは、対象者の国籍なり年齢に一定条件が課せられるのが常であった。そのため、もっとも普通教育を必要とする者が最初に排除される状況も生まれていた。今回、年齢や国籍に関係なく教育機会の確保が各都道府県等の教育委員会に課せられた（「通知」された）事実は重い。文部科学省の施策も、現実に合わせて子の最善の利益を図るよう改められている。

4. 外国につながる子どもの進路保障

　義務教育段階での受入れの実態は、みてきた通りだが、高等学校等への進路はどうか。現状としては地域間のばらつきが否めない。東京都や関西地方の一部には、夜間中学校があり、すでに中学校段階での受入れに重要な役割を果たしている。夜間中学は、16歳以上で、外国でも中学校相当の教育未修了者なら受け入れられる。海外の教育制度は、義務教育期間も入学年齢は国により異なるので、来日の年齢いかんではこれまでも日本の学校への入学や編入学に支障をきたすことが多かった。

　その点で夜間中学は、今や各校とも外国につながる生徒の貴重な受け皿校になっている。しかし、夜間中学は全国で31校しかなく、東は千葉から西は広島までの8都道府県にあるだけである。北海道、東北、四国、九州には1校もない。夜間中学のあるところでは、それを踏台に全日制高校や定時制高校に進学するケースも多いだけに、夜間中学の空白地域の子どもの教育が新しい課題である。

　こうした不均衡に対し、2014年4月「夜間中学等義務教育拡充議員連盟」が発足し、文部科学省も後押しする形で夜間中学の「一都府県一校」の方針が確認された。実現には困難な点も多いが、松戸市は2019年4月を目標に公立の夜間中学校夜間学級開設を目指すとしている。また夜間中学は、これまで中学校修了者には門戸が閉ざされていたが、2015年7月、形式的修了者等にも学び直しの機会が認められた。これまでは不登校でも、本人や保護者が卒業修了証を求めた場合は教育的配慮により卒業証書が付与され、そうなると夜間中学には受け止めてもらえなかったが、「教育機会確保法」で学び直しが可能になった。夜間中学のある自治体居住者とそうでないところとの差はますます開くことになる。

高等学校に関しても、2012年5月時点で特別枠のある都道府県は12で、ない県の方が多い。同じ時期で帰国生の特別枠のある方が16と外国人より多く、帰国生より外国人の方が多い現実ともかけ離れている。さらに高等学校で早急な対策が望まれるのは、高校進学者の中でも日本語の読み書きや学習言語の使用に不自由な者が、全日制で34.1%、定時制で66.4%もいることである（2012「外国人集住都市会議」東京、「長野、岐阜、愛知ブロック」資料）。同調査は、日本語力が高校進学を決意する大きな要因であると同時に、高等学校での日本語教育も将来、大学や高校卒業後の進路において重要な鍵となることを示している。

　高等学校には、高校進学適格者主義が壁になり、日本語教育は制度化されていない。東京都や神奈川県のように、定員内不合格者を出さないとなると、入学者の中には来日後間もない者も含まれており、こうした生徒の日本語力を学習言語にまで高め、高校卒業を確実なものとしつつさらに卒業後の進路も保障するには、高校の日本語教育はかなり重要になる。日常生活言語を学習思考言語に高め、大学や大学院等への進路を考えると、高等学校は日本語教育の重要な時期といえる。

　それと東京都は、外国人生徒のために全日制に特別枠を設けているが、2016年度からは特別枠以外の学校では全日制すべてで5教科（国、数、英、社、理）となり、外国人の多い定時制も学校にもよるが、一次試験は3教科（国、数、英）プラス面接になった。定時制は、2015年までは多くが作文と面接プラス英語か日本語の選択だっただけに、科目数が増えただけでも高校入学には大きな壁になっている。

　さらに見逃せないのは、高校進学に関しては、ともすると入り口部分、すなわち入学させることに関心が集中しがちだが、高校教育で重要なのは出口の部分、すなわち卒業できるだけの学力の養成である。というのも高等学校では、特に外国人が増えつつある定時制に中途退学が多い。全日制を辞めても定時制に移れば中途退学にはならないが、定時制を辞めてどの高等学校にも行かなければ、進路変更という名の中途退学になる。近年高校の中退者が増えている。

　こうした中には、十分な日本語力が欠けているため、年々難しくなる教科についていけなくて辞める外国につながる生徒も多い。これは、前に述べた高等学校の日本語教育の重要性や例えば外国人の多い定時制高校の4年次にも日本語教育を継続する必要性とも絡む問題である。日本語教育を重視している学校でも、4年次まで継続するところは少ない。特別枠の有無のみならず、受験科目を含む選抜の方法や日本語教育のあり方等、まだまだ改善すべき点は少なくない。

（佐久間孝正）

Column 外国ルーツの子どもと学校

日本の公教育において、外国人は就学義務の対象とされていない。そのため、「義務教育年齢で住民票がある全国の外国籍の子ども約10万人のうち少なくとも約1万人に関し、自治体が就学の有無を調査していない」（『西日本新聞』2016年2月21日朝刊）という状況が、公然といまだ許されている。

やや古いデータであるが、2003年4月からの2年間、筆者は外国人が多く暮らす岐阜県可児市において、学齢期のすべての外国人の家庭を訪問しながら就学実態の把握に取り組んだ。その結果、可児市に居住する（当時の外国人登録がある）子どものうち約14人に1人が不就学児であること、不就学児の多くは就労していたことがわかった。日本の法律では15歳以下の子どもを雇用することを禁じているにもかかわらず、多くの不就学児は日本人経営の工場で働いていたのである。この結果を重く受け止めた可児市は、2005年度から調査結果に基づいた施策に着手し、さまざまな機関や団体等と連携することで、1年後には外国人の「不就学者ゼロ」を達成した。それから12年が経過した現在も、可児市は外国人教育の先進地として全国から視察が相次ぐ。

外国人を対象とする施策を実施しようとするならば、対象の何人がどこの学校に通っているかを知る必要がある。多くの自治体が就学の有無さえも調査していないというのは、外国人に対して就学を「恩恵」として認めているだけで、特別な施策は必要ないという考えの表れといえよう。

この10年、高校進学を希望する外国ルーツの子どもが増加している。しかしながら、公立高校の入試特別措置や特別入学枠を設けているか否かには自治体間に地域格差があるために、意欲のある子どもの進路が制限されている。それは、学齢を超えて来日した子どもの進学にも影響する。昼間の公立中学校における学齢超過者の受入れについても、自治体によって判断が異なるからだ。居住地の施策が子どもの夢を断つ原因になっていることは許されない。

日本に暮らす外国ルーツの子どもが通っている学校は、日本の公立学校だけではない。国内には百数十校に及ぶ歴史も規模も言語もさまざまな外国人学校があり、こうした学校に通う子どもも多い。だが、これらの外国人学校の多くは各種学校ないし私塾とみなされて、政府や自治体から十分な補助金が得られず、結果的に学費が高騰したり、設備や教育内容が貧弱になったり、遠方からの通学費が負担になったりして、通学を諦めざるをえない子どもがいる。健康診断を一度も受診したことがない子どももいる。

子どものときの国籍は、必ずしも生涯同じであるとは限らないし、将来の生活の場を決めるものでもない。それゆえに、日本に暮らすすべての子どもについて、子どもの権利条約の「子どもの最善の利益」を考えた就学の対応をすることは、日本政府の責務である。　（小島祥美）

8　言語・教育政策 | 161

8-3 | 外国人学校

(1) 朝鮮学校

1.　朝鮮学校とは

　朝鮮学校は日本の敗戦直後、「国語（＝朝鮮語）講習所」に起源を持つ学校である。日本の植民地支配下では、朝鮮人は徹底して「日本人化（皇民化）」を強いられ、言葉、歴史、文化、さらには名前を奪われた。それらを取り戻し、「朝鮮人性」の回復を目的として、朝鮮人たちが自らの手によって、日本各地に設立したのが「国語講習所」である。そして、在日本朝鮮人連盟（朝連）によって整備され、1946年秋にはすでに普通教育を実施する朝鮮人学校となり、全国に500校程度あったという。

　しかしながら、それらが共産主義の影響を強く受けているとして、GHQや日本政府からの弾圧を受け、閉鎖に追い込まれる。それでも公立朝鮮人学校、自主学校等の形式で存続し、1955年の在日本朝鮮人総聯合会（総聯）発足後は、その支援の下に学校運営が行われてきた。今日では、初級部（小学校相当）から大学校（東京・1956年創立）があり、体系的な民族教育を受けることができる。学校は全国に66校あり、うち、高校相当の高級学校は10校、その他は小中学校にあたる初級・中級学校である。また、初級学校には幼稚園が付設されているところも少なくない。

　もちろん、この間、学校の運営は決して平坦ではなかった。1965年には文部事務次官通達「朝鮮人のみを収容する教育施設の取扱について」が出された。それは、都道府県知事・教育委員会宛てに、朝鮮学校の学校法人認可をしないように要請する内容だった。つまり、国は、朝鮮学校を学校として認めようとしなかった。当然、今日まで日本政府からの補助金は出たことはない。その一方で、地方自治体は、国の方針に反して、1960年代末から1970年代にかけて、朝鮮学校を学校法人認可、各種学校認可した。そして、1970年代から今日に至るまで補助金の給付も行ってきた。これらは、財政的に厳しい運営を強いられてきた朝鮮学校にとっては大きな支援となってきた。

　しかしながら、朝鮮学校をめぐる政治・社会的状況は、ここ数年、悪化の一途をたどっている。2010年から施行されている「高校無償化」からの排除、それ

と連動するように、大阪、東京をはじめとして、次々と自治体が補助金の不支給を決定した。2016年度時点で、朝鮮学校が所在する28都道府県のうち、宮城、茨城、埼玉、東京、大阪など16の都府県の補助金が不交付である（『中日新聞』2017年4月6日付）。

なぜこのような事態が起きているのだろうか。国や都府県は、朝鮮学校と総聯および朝鮮民主主義人民共和国（朝鮮）との関係をその理由に挙げる。「拉致問題」が未解決であること、また朝鮮の核やミサイルを理由にして、そのような学校に税金を投入することは、「国民（県民）の理解が得られない」という。本来「教育と外交／政治は別」という大前提が「総聯と『北朝鮮』」に対する日本社会の「嫌悪感」を理由に、簡単に崩れてしまっている現状がある。朝鮮学校がどのような政治的立場を持とうが、また、日朝間の国際情勢がどうであろうが、それらが補助金停止の理由にされてはならないはずである。以下では、移民政策の課題の一環として、今、朝鮮学校が直面している問題について論じたい。

2. 無償化排除

朝鮮学校の「権利」は前述のように、1970年前後の学校法人や各種学校認可、補助金支給に続き、1990年代にはJR定期券の学割、インターハイ等公式試合への出場資格、さらに、2000年代に入ってからは、国立大学入学受験資格など、一定の進展は見られた。しかし、2010年の高校無償化から朝鮮高級学校（朝高）が排除されたことを契機にして、朝鮮学校の権利は大きく後退していく。

無償化排除の問題の本質は「北朝鮮バッシング」の一環として、朝鮮学校を無償化から排除するという差別が堂々と行われていることにある。拉致、核、ミサイル等、朝鮮に関して一方的な立場からネガティブな情報が流れるなか、「北朝鮮と関係するならば何をやってもいい」とでも言うかのように、法手続きを無視する形で無償化排除は決定した。最終的には、朝高に無償化適用するための根拠だった規程（（ハ）の条項）まで削除した。しかしながら、朝鮮学校が朝鮮（および総聯）と関係を持つことの何が問題なのかについて、論理的かつ合理的な説明は一切されたことがない。

ところで、そもそも朝鮮学校と朝鮮の関係はどのようなものであろうか。朝鮮半島は植民地支配から解放された喜びもつかの間、東西冷戦に巻き込まれ、朝鮮戦争（1950〜1953年）の後、南北に分断された。このことは、在日朝鮮人社会にも大きな影響を及ぼした。日本の民族団体も北を支持する総聯、南を支持する民団（現在日本大韓民国民団）に分かれ、熾烈な対立が続いた。前述の通り、朝鮮学

校は総聯の支援の下に現在まで運営を続けている。

さらに、本国の朝鮮は1957年から今日に至るまで「教育援助費・奨学金」として、朝鮮学校への支援金を送ってきている。このお金は、日本政府から一切の公的支援がない朝鮮学校にとって、非常に大きな意味を持った。

また、財政面以外でも、朝鮮は朝鮮学校の教育に有形無形の支援をしている。例えば、朝鮮語、朝鮮舞踊、朝鮮音楽などの指導、朝高生および朝大生の「祖国訪問」での受入れなど、さまざまな形で、生徒たちは朝鮮と関わる機会を持つ。もちろん、学校教育の中でも朝鮮については学ぶことが多く、生徒たちは、日本社会で流れる朝鮮像とは異なった知識や情報を得ることになる。このことにより、生徒たちは朝鮮に対する愛着を持つようになる。さらには高3で行く「祖国訪問」で、初めて現地の人と触れあい、歓待を受けることにより、かれらの朝鮮に対するイメージは具体的なものとなり、さらに愛着を強くする。

このような朝鮮学校の営みに対して、日本社会は「洗脳」「思想教育」といった言葉で批判するが、それは、日本社会（およびアメリカ傘下の西側諸国）の価値観に基づいている。複雑な国際情勢の中での朝鮮半島の歴史、現状を鑑みると、軽々に私たちの「価値観」で朝鮮学校の教育のあり方を批判できないのではないだろうか。しかし、「北朝鮮＝悪」という図式があり、そこと関係を持つ朝鮮学校が「悪」とみなされてしまう現状がある。これを背景に、朝高無償化排除は行われているのである。このことを不当として、現在、東京、愛知、大阪、広島、九州の朝高が裁判で争っている（2018年2月現在、東京、広島は敗訴、大阪は勝訴）。

おわりに

2016年6月「ヘイトスピーチ解消法」が施行されたが、在日朝鮮人に対する差別の問題はいまだ放置されたままである。朝鮮学校に対する抑圧も日本の植民地責任の一環として、「移民政策」の課題として解決の方向をさぐるべきであろう。なお、付言すれば、日本政府は2016年3月29日に朝鮮学校がある28都道府県知事宛てに「朝鮮学校に係る補助金交付に関する留意点について」という通知を出した（「329通知」）。その内容は、朝鮮学校と朝鮮、総聯の関係に言及し、補助金交付について再考を促すものであった。

このような政府の行為、またそこに呼応する地方自治体の行為が、朝鮮学校に対する差別であり、こうした「官・公」の差別が、現在、ネット空間を中心としてまん延する在日朝鮮人に対する差別行為を支えていることも指摘しておきたい。

（山本かほり）

(2) ブラジル学校

　日本でのブラジル学校の歴史は1990年代半ばに遡る。日本におけるブラジル学校の特徴は、在日ブラジル人コミュニティと世界各地の在外ブラジル人コミュニティとを比較することによって、鮮明になる。まず、そもそも日本以外の地域の在外ブラジル人は子どもたちを現地校に通わせており、ブラジル学校をつくっていない。ブラジル学校は、きわめて特殊で異質な存在だといえる。

　ブラジル国外で暮らす在外ブラジル人は約300万人。そのうちおよそ半分の150万人が北米地域、特に米国に在住しており、さらにその半分の75万人がヨーロッパに、55万人が南米、特にパラグアイとの国境地帯に暮らしている。

　在外ブラジル人の子どもたちは、米国では、公立学校とチャーター・スクール等で、ポルトガル語と英語のバイリンガル教育の環境で学ぶことが可能である。それらは無料の教育であり、ブラジル人が集住するフロリダ州やマサチューセッツ州はもちろん、ブラジル人集住地域ではないロードアイランド州やユタ州においても同様のバイリンガル教育が行われている。パラグアイでも、ポルトガル語とスペイン語のバイリンガル教育を行っている公立学校が存在する。

　1990年代、多くのブラジル学校は、親が仕事をするために必要な託児所として始まった。それがやがて、子どもが成長するにつれて学校へと発展していき、在日ブラジル人人口の増大とともにブラジル学校の数も増加し、ついにはブラジルに本校があるブラジル学校が日本校を設立するまでになった。その教育内容は、1990年代から現在に至るまで、ブラジル人の子どもたちがいずれブラジルに帰国したときに困らないための教育を行うという傾向が強い。具体的には、ブラジルの学校の教科書を使用し、ポルトガル語中心でブラジルの社会、歴史、地理などを教えている。

　ブラジル学校の数は、2008年以前には全国で100校以上にのぼっていたが、その後、世界経済危機をもたらしたリーマンショック、さらには東日本大震災の影響も重なって在日ブラジル人人口が減少するにつれて学校数も減り続け、2016年現在、10県に43校ほどにまで減少した（表1・2）。

　この43校のうち15校は各種学校である。しかしいずれの各種学校も、一部のインターナショナル・スクールとは異なり「特定公益増進法人」の指定を受けていない。そのため、各種学校もそれ以外の学校も、財政面の課題が深刻であり存続できるかどうかが不安定であるという点に違いはない。

　日本におけるブラジル学校の誕生の背景には、日本政府が外国籍児童生徒を義

務教育の対象外にしていること、さらに日本の公立学校の受入れ体制が不十分であることが大きく影響している。ブラジル学校に通う子どもたちが直面する主な課題は、多くの学校で経営が不安定なために、教職員の移動が激しく、教育内容の継続的な保証が必ずしも万全とはいえないこと、さらに深刻なのは日本語を習得する機会に乏しいため、日本で生活しながら、日本で生きていくための十分な知識が身につかず、待望のブラジル「帰国」予定が実現しなかったときには、日本での進路が限定的なものとなり制限されてしまう確率が高くなってしまうことにある。

表1　ブラジル人人口の多い都道府県（2016年12月）

	県	ブラジル人人口	ブラジル学校数
1	愛知	51,171	10
2	静岡	26,565	11
3	三重	12,445	3
4	群馬	12,243	4
5	岐阜	10,381	4
6	神奈川	8,448	0
7	滋賀	8,036	3
8	埼玉	7,288	2
9	茨城	5,743	3
10	長野	5,067	2
	37都道府県	33,536	1
	合計	180,923	43

出所：法務省とブラジル学校調査のデータをもとに筆者作成（2016）

　滞在期間が長期化するにつれ、「帰国」より「定住」志向に変わってきている。ブラジル学校も今後の存続を考えるにあたって、これまでに果たしてきた役割と存在意義を踏まえて、教育内容を見直し、さらにはコミュニティの定住化に対応した教育目標と学校のあり方を組み立てるべき移行期を迎えている。バイリンガル、もしくは英語を含めたトリリンガル教育を目指す学校が現れて、ブラジル学校がグローバル人材を育てる場として機能する潜在的可能性は十分にある。

　ところで、ブラジル人の日本在住を可能にする条件は、どちらかの親が日系でなければならないことであるが、ブラジルは移民の国であるため、保護者のルーツは多様で、多民族であるが、さらに日本で多様化している。日本で育った親たちも増加し、その中には、義務教育対象外にされてきたため、日本で生まれながらも十分に教育を受けられなかった世代が含まれることを認識する必要がある。

　日本の学校で教育を受け、その環境で成長する外国籍の子どもたちは日本語しか話せなくなり、アイデンティティについて悩む傾向が強い。2世の親世代の多くは日本語が十分に話せないため、家庭内で親子間の対話ができる共通言語が持てないという状況が珍しくない。アイデンティティ形成が困難な状況がある。

　このような現状、背景を前提にすると、ブラジル学校は多くの課題を抱えていても、子どもたちの教育に関して重要な役割を果たしているといえる。

　また、着目すべきは、コミュニティが多様化するのに伴って、ブラジル学校は

表2 都道府県別ブラジル学校数、ブラジル教育省
（MEC）認可と文科省大学受験資格（2016）

	県	学校数	MEC認可	各種学校	大学受験資格
1	愛知	10	10	4	6
2	岐阜	4	4	2	4
3	群馬	4	4	2	4
4	茨城	3	3	0	2
5	三重	3	3	2	2
6	長野	2	1	0	2
7	埼玉	2	2	1	2
8	滋賀	3	3	1	1
9	静岡	11	11	3	6
10	山梨	1	1	0	1
	合計	43	42	15 (13)*	30

*15校の各種学校のブラジル学校のうち、2校は高等学校が
ないため、高校無償化就学支援金を受けていない。
出所：筆者のデータをもとに作成（2016）

現在、ブラジル人だけが通う学校ではなくなっているという点である。保護者の国際結婚が進んでいる影響で、日本を含む多様な国籍の子どもが通うようになっている。例えば、日本にはスペイン語で教育する学校は少ないため、日本の学校でいじめなどのさまざまな経験をしたスペイン語圏の国籍の子どもたちがブラジル学校に通っているなど、ブラジル学校は不登校の子どもたちの受け皿にもなっている。日本では、不登校児童生徒の教育機会の保障について、2016年12月に「義務教育の段階における普通教育に相当する教育の機会の確保等に関する法律」（平成28年法律第105号）が公布され、同法3条第4号は、次に掲げる事項を基本理念として規定している。

　　「四　義務教育の段階における普通教育に相当する教育を十分に受けていない者の意思を十分に尊重しつつ、その年齢又は国籍その他の置かれている事情にかかわりなく、その能力に応じた教育を受ける機会が確保されるようにするとともに、その者が、その教育を通じて、社会において自立的に生きる基礎を培い、豊かな人生を送ることができるよう、その教育水準の維持向上が図られるようにすること。」（強調筆者）

　この規定によって戦後初めて、十分な教育を受けていない外国籍の子どもも教育を受ける機会が保障されるべきことが、法の明文で宣言されたと解釈できる。
　ブラジル学校は、これまで、日本の学校で不登校になった子どもたちの受け皿としての役割を十分に果たしてきた。今後は、ブラジル学校を含む多様な学びの場が日本の教育制度内に位置づけられることが望ましく、さらに、日本の教育制度が、多様な子どものニーズに応え、国際社会で通じる人材を育てる教育機会を提供するものへと変化していくことが期待される。　　（リリアン　テルミ　ハタノ）

(3) 多文化共創社会における外国人学校の可能性

1. 外国人学校の教育的役割の変化

　外国人学校は、元来日本で暮らす外国人子弟が、帰国後も自国での教育を継続して受けられるよう、出身国の教育制度に則した教育を行う出先機関という役割を担うことが多い。また、自国にルーツを持つ児童・生徒に対し、自国文化と言語を理解し、継承していくことを目的とした教育を行うのが使命である。こうした背景から、外国人学校はあらゆる国籍の児童・生徒に門戸が開かれている場合でも「ナショナル・スクール」[1]という役目を主とする。しかし、冷戦の終結を境に世界は加速度的にグローバル化し、各国では「グローバル人材」と呼ばれる「多文化を理解し、複数言語を操ることができる」高度人材への需要が急速に高まり、今後もその傾向にある。こうした環境の変化波に押され、特有の言語と文化に特化した教育の必要性は徐々に薄れつつある。代わって需要が増しているのが、多様性に適応できる能力の養成であり、自国の言語に加え、世界的公用語である英語力の強化と第三言語の学習機会の提供である。社会の変容に伴って、外国人学校に求められる役割が変わりつつあり、「教育の国際化」のニーズに呼応するかのように、古くからある民族学校[2]も教育改革を図っている。

　以下の実例は、外国人学校の教育的役割の変化を如実に表している。

(1) 中・日・英の三言語の高度運用を目指す中華学校

　台湾の「ナショナル・スクール」としても知られる東京中華学校[3]では、多言語教育に力を入れている。日本の小学校課程に当たる小学部より英会話と英文講読の授業を取り入れており、中学課程に当たる中学部に上がると日本語講読の授業が課される。高校課程に当たる高中部になると、英語の各分野の難易度が高くなり、文法や作文も加わる。その上、日本語も現代文・古典・表現法・小論文は日本の高校と同レベルで授業が進められる。高中部を卒業する頃には、母語である中国語に加え、英語と日本語の高い運用能力を身につけることを目指しているという。また、言語だけでなく文化も同時に習得できるよう、地理歴史の授業では文科省が認定した教科書を用いた「日本史」の授業も行っており、日本語と日本史は教員免許を有する日本人教師が担当している。

(2) 理数教育と多言語教育に力を入れるインド人学校

　同じように、インド人学校 (Global Indian International School: GIIS)[4]でも多言語教

育に重きを置いている。インド人学校といえば、優秀な理数脳教育を行う教育方式が広く知られているが、多言語教育に関しても国際的競争力に留意している。中華学校が民族の共通言語である中国語を基軸言語に置いているのに対し、インド人学校では世界的公用語である英語を基軸言語とした教育を行っているのが大きく異なる点である。授業はすべて英語によって行われ、G1（5歳半）の学年から第二外国語の習得が必修となる。語学に長けている生徒は第三外国語を習得することも可能である。第二外国語は、日本語・ヒンディー語・フランス語・タミール語の4つから、第三外国語は、日本語とフランス語の2つから選択することができる。多民族かつ多言語であるインドだからこその取り組みであるともいえるが、よりグローバル社会を強く意識した教育を実施していることがうかがえる。

2. 国際バカロレアへの期待

　グローバル化の深化に伴い、インターナショナル・スクールの評価に関する日本政府の対応にも変化が見られるようになった。文部科学省は、WASC（Western Association of Schools and Colleges: 米国西部地域私立学校大学協会）・ACSI（Association of Christian Schools International: キリスト教学校国際協会）・ECIS（European Council of International Schools: インターナショナル・スクール欧州協議会）の3つの国際的な教育機関の評価団体の認可をインターナショナル・スクールの評価基準としてきた。しかし、いずれも国際的な団体でありながら、網羅される学校が宗教や地域によって限定的になってしまう点と評価する教育プログラムが団体間で異なる点が課題となっている。とはいえ、日本国内で新たに基準を構築するのも容易ではない。

　日本においても社会の変化に対応できる人材を輩出することが急務となっていた2011年8月、政府は「国際バカロレア」を新たな国際基準として、積極採用に踏み切った。国際バカロレアは本部をジュネーブに置く「国際バカロレア機構」が提供する国際的な教育プログラムであり、現在、約140か国・地域において、4784校が取り入れている[5]。バカロレアは、年齢に応じてPYP（Primary Years Programme, 3～12歳）、MYP（Middle Years Programme, 11～16歳）、DP（Diploma Programme, 16～19歳）の三段階に分かれており、DP資格取得のための統一試験に合格することで、国際的に認められている大学の入学資格「国際バカロレア資格」を取得できる制度を用いている。

　従前の評価基準と大きく異なるのは、国際バカロレア制度を外国人学校のみならず、日本に現存する一条校も含め、あらゆる学校法人を対象とした評価基準と

して用いている点である。現在、同制度には日本では 101 校が参加している[6]が、文科省ではより多くの学校の参加を目指している。2013 年 6 月 14 日に閣議決定された「日本再興戦略」においても「グローバル化に対応した教育を牽引する学校群の形成」を計画として挙げており、「グローバル・リーダーを育てる教育を行う新しいタイプの高校（「スーパーグローバルハイスクール〔仮称〕」）の創設」を謳っている。計画では、元来英語で行うプログラムを一部日本語に置き換えた教育プログラムの開発・導入を進めており、さらに認定校の大幅な増加、具体的には 2018 年までに 200 校に広げる考えであることを明記している。

　政府の目指す学校法人による国際バカロレア制度の拡大がある一方で、学校法人という枠には囚われず、株式会社立の国際バカロレア制度の学校も誕生している。東京都練馬区と目黒区にキャンパスがある「アオバジャパン・インターナショナルスクール」は、オンラインによる高等教育を提供する株式会社ビジネス・ブレイクスルーが経営母体である。現在、光が丘校に約 360 名の児童・生徒が通学しており、国籍別では日本人が 50%、外国人が 50%、民族別ではアジア系が 75% を占めている[7]。学校法人という認定に拘らない理由として、教育の自由度の確保を重要視しているとの考えを示している。もちろん、学校法人として認可を受ければ、税金や補助などの優遇措置の利点があるが、その反面、教育委員会の定めるルールなどに縛られるデメリットも大きいとの見解である。同校は将来的な展望として、オンラインを活用した教育を全世界に展開したいとしている。このように外国人学校は、日本国内の認可という枠を超えて、従来の学校法人の基準に囚われない方法を模索し、進化し続けているのである。

3. 「エスニック・スクール」の新たな挑戦

　「エスニック・スクール」は、1990 年代後半以降に設立されたニューカマーの外国人子弟が通う学校として広く知られている。もともとは、日系人の子弟が通うブラジルを主とした南米系の外国人学校のことを指したが、近年では、インド人学校やネパール人学校も設立され、多様化が進んでいる。

　「エスニック・スクール」が設立されるようになった背景には、1990 年の改正入管法の施行が大きく関係している。同改正入管法の施行に際し、日系人の在留資格を拡大したため、数多くの南米系日系人が来日するようになり、家族として彼らの子弟も帯同来日するようになったことから、各地で日系人子弟の教育問題が顕在化するようになった。日本の義務教育は外国籍児童・生徒の就学を妨げないが、義務の対象としていないため、学校側も受入れ体制が不十分のまま、受け

入れてしまうケースが多かった。それゆえ、多くの日系人子弟が日本の教育環境に適応できず、不就学に陥るなどの問題が浮上するようになった。また、上手く適応できたとしても、本国へ帰国した場合、継続した教育が受けられないという課題も顕在化した。こうした背景から、一定の定住期間を経て帰国した後も、本国で学習が継続して受けられるようにとの目的で「エスニック・スクール」が相次いで設立されるようになった。

　しかし、近年では「エスニック・スクール」の役割が少し変わりつつある。その変化の大きな特徴は「国際化」への対応である。先に述べたインド人学校（GIIS）における英語を基軸とした教育や多言語教育もその傾向の一つといえる。「エスニック・スクール」としての本来の役割を果たしつつも、新たな付加価値として国際人材の育成という役割を担おうとする努力を行っている。この傾向は、日本初のネパール人学校（エベレスト・インターナショナルスクール・ジャパン）でも見受けられる[8]。

　2013年4月に日本の大学で学んだ元留学生たちの手によって設立された同ネパール人学校は、来日するネパール人の急増が開設の大きなきっかけとなった。帯同家族として来日した子弟たちは、当初日本の一条校に就学するのが一般的だったが、すぐに多くの児童・生徒が授業についていけない、あるいは環境に適応できないといった問題に直面した。そこで言語や文化の壁に悩まされることなく、自然体で学べる環境を提供する目的で、日本初のネパール人学校が開設されることとなった。同学校が実施している教育カリキュラムは、ネパール本国のCDC（Curriculum Development Centre, Nepal）が定める内容を基本プログラムとし、英語を基軸とした教育を行っている。この基本プログラムに加え、日本人教員による日本語教育も学年に応じた時間数で実施している。同学校が目指すのは「日本やネパールの未来を担う子どもたちの教育」を行うことにあるという。将来的には、ネパール人の子弟だけでなく、希望するあらゆる国籍の子どもたちも受け入れる方針であるとのことだ。

　自国の子弟だけでなく、他の国籍の子どもたちも制限なく受け入れるという考えは、先に述べたインド人学校も同じである。実際のところ、インド人学校の教育方針に共感する他国籍の保護者もおり、前述のインド人学校（GIIS）では、日本国籍のほか欧米諸国の国籍を持つ子どもたちも複数在籍している。

　このように「エスニック・スクール」は、もともとは各国の在日子弟のために開設された外国人学校であるが、民族学校として運営する意識はそれほど高くなく、開設の時点からグローバル化を意識した学校運営を目指している点が大変興

味深い。多文化化が進む日本社会において、広い視野に立った学校運営を行う「エスニック・スクール」が担う役割はますます重要になると考えられる。

4. 外国人学校の可能性

　以上、筆者が行った調査での知見をもとに述べてきたが、調査を通して強く感じられたのは、外国人学校はかつてのナショナル・スクールとしての役割から大きく可能性を広げ、越境移動する子どもたちの教育を補うだけでなく、グローバル人材の育成を行う有力な教育機関として機能し始めているという点である。しかし、高い教育基準を採用しているにもかかわらず、いまだ「各種学校」という位置づけにある。

　日本社会における多文化化は、外国人と対等な立場でお互いの文化的違いを認め合うことから、共に考え、共に創り上げていく「共創」段階に入っている。この動きは、企業や自治体といった組織にも見られるようになってきている。今後の多文化共創社会を担うグローバル人材の育成を考えたとき、外国人学校が果たす役割は小さくないと考えられる。育成した優秀な人材が日本社会で活躍できるよう、外国人学校の社会的地位を今一度再考する必要があるのではないだろうか。

　外国人学校のグローバル人材教育の可能性を踏まえ、外国人学校の認可制度に関して今一度再考する必要があることを示唆し、結びに代えたい。　　　（郭 潔蓉）

注

1) 特定の国籍の児童・生徒を対象とし、その国が定める教育内容を基準とする外国人学校とする。
2) 古くから特定の民族を対象または主とし、その文化と言語の教育を重視した外国人学校を指す。
3) 2013 年 9 月 3 日、自由面接方式によるインタビュー調査を実施。
4) 2014 年 10 月 23 日、自由面接方式によるインタビュー調査を実施。
5) 2017 年 3 月 1 日現在の数値（大臣官房国際課国際協力企画室）。
6) 2016 年 10 月現在の数値（大臣官房国際課国際協力企画室）。
7) 2016 年 10 月 31 日、自由面接方式によるインタビュー調査を実施。
8) 2014 年 10 月 30 日、自由面接方式によるインタービュー調査を実施。

《文 献》

郭 潔蓉 2014「グローバル化の深化と外国人学校政策の矛盾――外国人学校・エスニック・スクールの法的位置づけの変遷と現状」川村千鶴子編『多文化社会の教育課題――学びの多様性と学習権の保障』明石書店、62-96 頁
郭 潔蓉・田中真奈美・金塚 基 2015『グローバル教育の現在（いま）』ムイスリ出版
Bunnell, T., 2008, "International education and the 'second phase': a framework for conceptualizing its nature and for the future assessment of its effectiveness," *Compare* 38(4): 415-426.

III 社会統合政策／多文化共生政策

9 差別禁止法制

はじめに――外国人に対する差別禁止法制の国際的進展と日本の遅れ

　国際社会の趨勢は、外国人・移民に対する差別禁止を含む人種差別禁止法制の進展を促している。2000 年 2 月 19 日、国連人権高等弁務官事務所は、各国で反人種差別法を立法する際の基礎的ガイドラインとして、「反人種差別モデル国内立法」を公表した。欧州連合も 2000 年 6 月と 11 月にそれぞれ、「人種平等指令」（Council Directive 2000/43/EC）と「雇用平等指令」（Council Directive 2000/78/EC）を制定し、加盟国はその国内法化に努めてきた。一方、日本は、国連人権機関からの勧告、ならびに、市民団体、弁護士団体によるさまざまな提言にもかかわらず、外国人・移民に対する差別禁止の動きはあまりに鈍い。それはなぜなのか。問題の原因を明らかにし、課題を提示するのが、本章の目的である。

　以下にみるように、外国人は、国家による人権侵害だけでなく、部落差別や先住民族差別などと同じく、マイノリティとして、私人による社会的差別も被っている。紙面の都合から、すべての差別事例を検討することはできないので、まず、国連人権機関による日本政府への勧告から、差別禁止法制を含む日本の人権法制全体の特徴を明らかにする。次に、その検討から今後の課題を提示する。

1. 国家による人権侵害被害者としての外国人

　国家による人権侵害の典型的な例が、退去強制手続と技能実習制度である。まず、退去強制手続について。自由権規約の実施監督機関である規約人権委員会は、第 6 回日本政府国家報告書審査を経て、2014 年 7 月に総括所見を発表した。同委員会は、日本の退去強制手続において、規約 7 条が禁止する拷問があることを、以下のように指摘している。

　　難民申請者及び非正規滞在者の退去強制と収容
　　19. 委員会は、退去強制手続中における虐待に関する複数の報告事例について懸念を表明する。結果として、2010 年には 1 人が死亡している。委員会は、

また、出入国管理及び難民認定法の改正にもかかわらず、ノンルフールマン原則が実際のところ効果的に履行されていないことについて、懸念を表明する。委員会は、さらに、難民不認定処分に対して執行停止の効力を有する独立した異議申立ての制度を欠いていること、及び十分な理由の開示もなく、かつ、収容決定に対する独立した再審査もないまま、行政による収容が長期化していることに懸念を有する（2条、7条、9条及び13条）[1]。

次に、技能実習制度について。同総括所見は、規約8条が禁止する奴隷禁止に該当することを、以下のように指摘している。

技能実習生制度
16. 委員会は、外国人技能実習生に対する労働法の保護を拡充する法制度の改正にもかかわらず、技能実習生制度の下において、性的な虐待、労働に関連する死亡、強制労働にもなりかねない労働条件に関する報告が多く存在することに、懸念をもって留意する（2条、8条）。
　　前回の総括所見（CCPR/C/JPN/CO/5, para. 24）に従って、締約国は、低賃金労働力の雇入れではなく、現在の制度を能力開発に焦点を当てた新しい制度に置き代えることを真剣に検討すべきである。他方、締約国は、事業場への立入調査の回数を増やし、独立した苦情申立制度を設立し、労働者の人身売買及びその他の労働法違反事案を効果的に調査し、起訴し、かつ、制裁を科すべきである[2]。

2. 社会的差別被害者であるマイノリティとしての外国人

同総括所見は、外国人が、ヘイトスピーチおよび人種差別を被り、表現の自由（自由権規約19条）、差別扇動禁止（同20条）、マイノリティの権利（同27条）が認められていないことを指摘している[3]。さらに、同年、人種差別撤廃条約の実施監督機関である人種差別撤廃委員会も、以下のように指摘している。

ヘイトスピーチ及びヘイトクライム
11. 委員会は、締約国内において、外国人やマイノリティ、とりわけ韓国・朝鮮人に対し、人種差別的デモ・集会を行う右翼運動や団体により、差し迫った暴力の扇動を含むヘイトスピーチが広がっているという報告を懸念する。また、委員会は公人や政治家による発言がヘイトスピーチや憎悪の扇

動になっているという報告にも懸念する。委員会は、ヘイトスピーチの広がりや、デモ・集会やインターネットを含むメディアにおける人種差別的暴力と憎悪の扇動の広がりについても懸念する。さらに、委員会は、これらの行動が必ずしも適切に捜査及び起訴されていないことを懸念する（第4条）。

人種差別的ヘイトスピーチへの対処に関する一般的勧告35（2013年）を想起し、委員会は、人種差別的スピーチを監視し対処する措置は、抗議の表現を奪う口実として使われるべきではないことを想起する。しかしながら、委員会は、締約国に人種差別的ヘイトスピーチやヘイトクライムから保護する必要のある社会的弱者の権利を擁護する重要性を喚起する[4]。

3. 日本の人権は、個人の権利ではなく、国家の裁量権限

以上の例は、数はわずかでも、日本における外国人差別の特徴を十分明らかにしている。日本においては、国家による差別撤廃の努力にもかかわらず、社会的差別が根強く残っているという図式ではなく、国家による差別が社会的差別を助長しているのである。退去強制手続や技能実習制度といった国家制度自体が、外国人の人権を侵害することによって、「差別されてもしかたない外国人」というイメージを社会に広め、実際、上記指摘のように、「公人や政治家による発言がヘイトスピーチや憎悪の扇動」となっている。日本における外国人差別禁止法制の第一歩として期待されている「本邦外出身者に対する不当な差別的言動の解消に向けた取組の推進に関する法律（以下、ヘイトスピーチ解消法）」ですら、「本邦外出身者」すなわち「専ら本邦の域外にある国若しくは地域の出身である者又はその子孫であって適法に居住するもの」（同法2条）にしか適用されないため、それ以外の外国人を差別してしまっている。結局、拷問禁止、奴隷禁止、表現の自由といった、国際人権法および日本国憲法が何人に対しても保障しているはずの人権が、外国人には認められていないのである[5]。どうしてこのようなことが起こりうるのだろうか。それは、日本の裁判所が認めたからである。1978年マクリーン事件最高裁判決によると、「外国人に対する憲法の基本的人権の保障は、…（中略）…外国人在留制度のわく内で与えられているにすぎない」[6]。つまり、入管法に基づく外国人在留制度という国家裁量の枠内でしか、人権は認められないというのである。近藤敦は、この判決を、「あたかも入管法が憲法の上位法であるかのようなマクリーン事件最高裁判決の転倒した思考方法」と批判している（近藤 2004: 18）。

ここである疑問が生じる。もし、外国人の人権が国家裁量の枠内にとどまるな

ら、日本国民の人権も同様なのではないか。実際、日本政府が国連人権機関に対して行った説明によると、憲法12条、13条の「公共の福祉」が人権を制約するという。驚くべきことに、その制約には具体的根拠がないことを認めながら、その内容は、「国家の要請」「国益」という国家裁量にほかならないことを明らかにしている（窪 2016: 9, 13）。「ヘイトスピーチ解消法」だけでなく、「部落差別の解消の推進に関する法律」「障害を理由とする差別の解消の推進に関する法律」など、差別撤廃に関する法律が主に規定しているのも、「施策」「措置」といった国や地方公共団体が執る裁量権限についてであり、被害者の権利ではない。また、「ヘイトスピーチ解消法」の政府広告が案内する相談救済窓口は、この法律実施のために外国人向けに特別に設置された窓口ではなく、一般的な人権侵害に対応するための法務省人権擁護局・全国人権擁護委員連合会である[7]。そこで、予定されている7種類の「救済措置」とは、「援助（関係機関への紹介、法律上の助言等を行います）」「調整（当事者間の関係調整を行います）、説示・勧告（人権侵害を行った者に対して改善を求めます）」「要請（実効的対応ができる者に対し、必要な措置をとるよう求めます）」「通告（関係行政機関に情報提供し、措置の発動を求めます）」「告発（刑事事件訴訟法の規定により、告発を行います）」「啓発（事件の関係者や地域に対し、人権尊重に対する理解を深めるための働きかけを行います）」といった国家の裁量権限であり、被害者の権利ではない。しかも、その「救済措置は、関係者の理解を得て、自主的な改善を促すことを主な目的とするもので、強制力はありません」[8]としている。

　結局、問題は外国人法制ではなく、人権法制そのものなのである。日本の人権法制とは、外国人であれ国民であれ、個人の権利を認めるものではなく、国家の裁量権限を認めるものである。人間は、外国人であれ国民であれ、国家の裁量権限の枠内でしか存在しない。これを国家裁量型人権概念と呼ぶことができよう。これが日本における外国人法制のみならず人権法制全体の進展を妨げてきた最大の原因である。

おわりに──国家裁量型人権概念から、共生社会建設型人権概念へ

　以上の考察から、今後の課題が明らかになる。日本の法制度が前提とする国家裁量型人権概念から、国際人権法が前提とする、すべての人間のための共生社会建設型人権概念への転換である。共生社会建設型人権概念とは何か。世界人権宣言1条は言う。「すべての人間は、生まれながらにして自由であり、かつ、尊厳と権利とについて平等である」。この理念実現を目指すのが、共生社会建設型人

権概念である。すなわち、すべての人間の自由を、権利すなわち法によって実現する社会を建設するということである。このため、国家は二重の義務を負っている。第1に、国家が人権を侵害しない義務であり、第2に、私人が人権を侵害しないよう「確保する」義務である[9]。なぜなら、人権侵害は、上にみたように、国家によって行われることもあれば、社会的差別として、他の私人によって行われる場合もあるからである。それぞれの義務について、順を追って検討しよう。

まず、自由権規約は、国家による人権侵害を厳格に規制し、絶対的人権と相対的人権を区別している。前者は、第6条「生命に対する権利」、第7条「拷問又は残虐な刑の禁止」、第8条1「奴隷禁止」、第8条2「隷属状態禁止」、第11条「契約不履行による拘禁禁止」、第15条「遡及処罰の禁止」、第16条「人として認められる権利」、第18条「思想・良心及び宗教の自由」などの特に重要な権利であり、いかなる事態においても、その制約が許されない（窪 2016: 5-7）。後者は、前者ほど厳格ではないが、それでも、各条文が認める条件においてしか権利制約が許されない。よって、「公共の福祉」といった一般的な人権制約は、認められない。ある自由権規約委員会委員が指摘するように、「規約によれば、ただ特定の権利のみが公的利益や公的秩序を理由として制限されうるのであり、また国家によってもまったく制限できない権利が存在する」からである[10]。ましてや、外国人の人権を国家裁量権限の枠内にとどめることが許されないのは言うまでもない。このように、人権とは、個人を国家と法的に同等の地位に置くものなのである。つまり、個人には、自己に対する国家措置の合法性を検証する機会が常に保障されなくてはならない、かつ、人権侵害に対する救済が確保されねばならない。それを制度的に保障するものが、効果的救済を受ける権利（自由権規約2条3）であり、裁判を受ける権利（自由権規約14条）であり、そうした理念に基づいて、国連人権諸条約の個人通報制度や欧州人権裁判所制度といった、個人が国家を訴える制度が現実に機能しているのである。よって、国家が人権法、差別禁止法を制定する場合においても、個人が国際人権条約を援用して、国家措置の合法性を検証し救済を確保することを、裁判所に求めるための請求権が、常に確保されねばならない。

次に、私人が人権を侵害しないよう「確保する」義務について。これが、冒頭に示した、差別禁止法制定の動きの世界的趨勢である。たとえ、国家からの人権侵害がなくなっても、マジョリティがマイノリティを差別していては、マイノリティにとっては自由も平等も存在しない。例えば、ヘイトスピーチがマジョリティの表現の自由であるとしても、それがマイノリティの表現を萎縮させるので

あれば、マイノリティの表現の自由は奪われ、平等が存在しないからである。そのために、国家は差別禁止法を制定し、マイノリティにも自由と平等を確保せねばならない。

　こうして、現実には圧倒的に弱小な個人が国家にチャレンジする機会を、制度的に保障すること、これが共生社会建設型人権への第一歩なのである。そのために、日本が一日も早く各人権条約における個人通報制度を受け入れるよう、声を上げ続けねばならない。

（窪　誠）

注

1) UN Doc., CCPR/C/JPN/CO/6. 翻訳は日本弁護士連合会編（2016: 152）参照。
2) 同上、149 頁。
3) 同上、142 頁。
4) UN Doc., CERD/C/JPN/CO/7-9. 翻 訳 は 外 務 省 HP 参 照（http://www.mofa.go.jp/mofaj/files/000060749.pdf, 2017 年 4 月 23 日閲覧）
5) 実際、外国人の出入国、帰化に関する処分について、行政手続法も行政不服審査法も適用されない。
6) 民集第 32 巻 7 号 1223 頁。
7) 法務省「ヘイトスピーチに焦点を当てた啓発活動」http://www.moj.go.jp/JINKEN/jinken04_00108.html（2017 年 4 月 23 日閲覧）
8) 法務省「人権侵害を受けた方へ」http://www.moj.go.jp/JINKEN/index_chousa.html（2017 年 4 月 23 日閲覧）
9) 自由権規約 2 条 1、人種差別撤廃条約 2 条 1[a]および 2 条 2 など。
10) 第 4 回政府報告書審査，ララー委員。UN Doc., CCPR/C/SR.1714, para.35. 窪（2016）参照。

《文 献》

窪 誠 2016「なぜ、日本国憲法『公共の福祉』概念が、国際人権機関で問題とされるのか？」『大阪産業大学経済論集』18 巻 1 号、1-27 頁

近藤 敦 2004「比例原則に反し恣意的に退去強制されない権利と立憲性質説」『国際人権』No.15、17-25 頁

日本弁護士連合会編 2016『国際人権（自由権）規約第 6 回日本政府報告書審査の記録──危機に立つ日本の人権』現代人文社

IV

移民政策の確立に向けて

IV 移民政策の確立に向けて

10 諸外国の移民政策に学ぶ

本章は、アフリカと中南米を除き、北米、オセアニア、ヨーロッパ、アジアの主な国々の動向を分析する。移民政策には、入管政策と統合政策の両面がある。

入管政策において、伝統的な移民国家（北米のアメリカとカナダ、オセアニアのオーストラリアとニュージーランド）は、入国時に永住を認める「移民」とそれ以外の「非移民」とを法的には区別する。一方、伝統的には移民送出し国であった多くのヨーロッパ諸国も、今日では外国出身の事実上の移民（以下、この意味で移民を使う）の受入れが多く、移民国家と呼ばれる。1970年代前半までの比較的自由な入管政策が、オイルショックにより新たな入国規制が厳しくなるにつれ、家族呼び寄せと難民の流入が多くなった。1990年代のEUの創設が、域内の自由移動をもたらし、難民や家族をめぐる最低限の基準を共通化したが、2015年からの大量の難民の流入により、共通難民政策が破綻しつつある。シリアをはじめとする西アジアからの大量の難民は、西アジアにも滞留しているが、湾岸諸国では難民の受入れには消極的であり、短期の移民労働者の受入れが多い。東アジアの日本や韓国や台湾も、すでに移民の受入れの方が多くなっている。東南アジアのASEAN共同体は、専門家・熟練労働者の域内自由移動にとどまっている。

統合政策は、伝統的な移民国家では、アメリカを除いて多文化主義の名で語られることが多く、言語や文化の多様性が尊重されるものの、近年、自助を基調とする新自由主義的な傾向が強まっている。一方、フランスやドイツの統合講習は、同化主義的な側面の強化が指摘され、イギリスの市民権と永住権の取得要件も厳格化されている。他方、東アジアでは、家族主義的な傾向が強いこともあって、日本を除いて韓国や台湾では多文化家族支援に積極的である。西アジアでは、永住許可や帰化が容易でなく、統合政策の内容が乏しい傾向があり、社会空間的な隔離の現象も見られる。東南アジアでも、短期の移住労働者政策が中心であり、定住を前提とした移民の統合政策は十分ではない。統合政策では、人権保障の進展に伴う共通性と、各国の歴史的要因に伴う独自性との緊張関係がみてとれる。

（近藤　敦）

10 諸外国の移民政策に学ぶ | 181

10-1 アメリカとカナダの移民政策
——移民・非正規移民・難民の受入れと統合政策

はじめに

　国境を越える人の移動が大量化するグローバル化の下、世界各地で相次ぐテロ事件。ヨーロッパ諸国において、テロ事件を外国人と移民・難民の受入れ統合政策の失敗と結びつけ、移民排斥とナショナリズムを煽る政治家が一定の人気を博していることは、アメリカやカナダにとっても対岸の火事ではなく、それは 2016 年 11 月ドナルド・トランプが米大統領選で勝利したことにも表れている。トランプは大統領選出馬中、2015 年 12 月のカリフォルニア州サンバーナーディノの銃乱射事件を受け、「全イスラム教徒の全面的入国禁止を求める」と主張し、外国人や移民の受入れ政策に疑問を呈した。就任直後には公約通り、イスラム圏 7 か国出身者に対する一時入国停止や難民受入れの停止に関する大統領令を発表し、アメリカ国民の半数以上に支持された。アメリカやカナダの国民の間では、国内外で頻発するテロ事件によって不安や恐怖が高まり、それに伴う形で外国人や移民に対する受入れ政策は国家安全保障の観点から喫緊の課題となっている。それと同時に、テロ事件を用いて、ナショナリズムや移民排斥を煽る政治家や政党の台頭で、外国人や移民に対する受入れ統合政策は今や欧米諸国において政治化されている。本節では、移民の最多受入れ国のアメリカ、それに次ぐカナダの外国人と移民の受入れ統合政策を簡潔に紹介する。外国人の入国および在留時の大まかなステータス別（移民・非正規移民・難民）に両国の受入れの状況を概観したうえで、テロ防止政策の一環として重要視される移民・難民の統合政策を簡単に紹介する。

1. 移民の受入れ

　まずは、移民、つまり合法的な永住権取得者の外国人である。現行の移民法では、アメリカの移民の大半が家族の再統合として受け入れられている一方、カナダは大半が経済移民として、つまり移民の経済貢献への能力によって受け入れられている。アメリカとカナダは移民国家でありながらも、その受入れ基準は異なっている。

　アメリカの場合、現行の受入れは、1990 年移民法により、家族の再統合、経済的利益、多様性の 3 つの観点から受入れ基準とその割当数が定められている。

IV　移民政策の確立に向けて

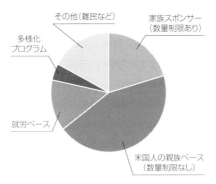
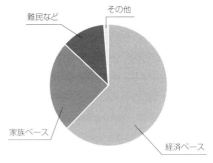

図1　アメリカの移民受入れ基準別の
　　　割合（2015年度）
出所：Office of Immigration Statistics のデータより
　　　筆者作成

図2　カナダの移民受入れ基準別の
　　　割合（2015年度）
出所：Citizenship and Immigration Canada のデータ
　　　より筆者作成

　年間の移民の受入れ総数は、約100万人である。最新のデータによると、2015年度の移民の受入れ総数は105万1031人であり、その中でも家族の再統合のための受入れは、約67万8000人であり、全体の約65%を占める（図1参照）。一方、国内経済利益に応じて受け入れられた移民は、14万4000人であり、全体のおよそ14%である。このような受入れ状況は、1990年移民法の実施以降、ほぼ変化していない。
　1990年移民法以前、アメリカは戦後、2度にわたり、移民法を包括的に改定してきた。1度目は、1952年移民及び国籍法（以下、1952年移民法）である。1952年移民法の主な問題とされたのが、出身国割当制がそれ以前の移民法から踏襲されていたことである。出身国割当制では、外国人の出身国に応じて受入れが決められ、特にアジアとアフリカ出身者に対して厳しい割当数が定められた。その後、1965年移民及び国籍法（以下、1965年移民法）では出身国割当制が廃止され、アジアと中南米出身の移民が急増した。
　他方、カナダは、アメリカとは異なり、家族の再統合ではなく、国内経済の利益に応じた移民の受入れ基準を採用している。2015年度の移民の受入れ総数は、27万1847人であり、その中でも高度人材や起業家など経済ベースで受け入れられた移民数は、17万398人であり、全体の約63%を占める（図2）。他方、家族の再統合として受け入れられた移民は、6万5490人であり、全体の24%である。
　カナダは、戦後、1952年に移民法を改定した後、1967年には学歴や職歴、語学力などに応じた点数によって、受入れの可否が決められるポイント制度での受

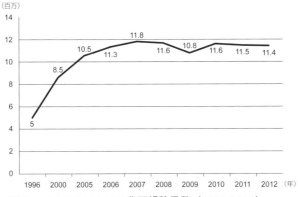

図3 アメリカにおける非正規移民数（1996-2012）
注：米国土安全保障省が2001-2004年度は推計データを作成していない。
出所：Office of Immigration Statistics のデータより筆者作成

入れを行ってきた。このポイント制度も1985年、2001年と度々改定されてきた。とりわけ、1980年代以降、家族の再統合の受入れ枠を減少させ、経済メリットベース枠の移民受入れを広げてきたことで、国内経済に応じた能力別の受入れが推進されてきた。

2. 非正規移民の現状

　第2に、非正規移民である。非正規移民となるのは、外国人がビザを持たずに不法に入国し滞在し続けている場合か、所持するビザで定められている滞在期間を超えて滞在している場合である。アメリカでは、約1100万人以上の非正規移民が滞在していると推計されている[1]。この数は、1990年代から増加し、2000年代以降は常に1000万人以上で推移している（図3参照）。アメリカで、非正規移民に対する処遇が、大統領選や議会などで移民政策の問題を議論する際に必ず取り上げられるのは、このような莫大な数が原因となっている。
　米国土安全保障省の移民統計局によると、アメリカの非正規移民の半数以上が、カリフォルニア州、テキサス州、ニューヨーク州、フロリダ州に居住しているとされる。同局の2012年度の報告書では、全体の約40％の非正規移民が2000年以降に入国したものであり、全体の60％はメキシコからと推定された。他方、ピュー・リサーチセンターによると、2007年以降、メキシコからの非正規移民は依然として全体の大半を占めるが、数としては減少傾向にあり、アジアや中央アメリカ、サブサハラ・アフリカからの非正規移民が増えているとしている[2]。

他方、カナダでは、公式に推計されているものがなく、出所により開きがある
が、アメリカほど膨大な数には達していない。2万人から20万人の間だと推計
するところもあれば[3]、約7万5000人と報じるところもある[4]。2005年には駐
米カナダ大使が、非正規移民は6万人だとも発言している[5]。

3. 難民の受入れ

　第3に、難民である。2017年1月、イスラム圏7か国出身者の入国の一時停
止と難民の受入れの停止を決めたトランプの大統領令は、世界で波紋を呼んだ。
今回の大統領令は、とりわけシリア出身の難民受入れに対して厳格化されたよう
に感じるが、大統領が難民受入れを一時的に保留したケースは今回が初めてのこ
とではない。さらに、世論の半数以上が、アメリカはシリア難民の受入れに対し
て責任があるとは思っておらず、トランプ支持者であれば、その圧倒的多数がそ
う考える[6]。アメリカ市民において、難民の受入れに寛容ではない姿勢は、戦後
以降さほど変わってない[7]。

　それでも、アメリカは、歴史的に世界でも最大規模の難民を受け入れてきた。
アメリカが初めて難民に関する移民法を制定したのは、1948年である。その
後、何度か改定がなされ、現行の難民受入れ制度は「1980年難民法（Refugee Act
of 1980）」に依拠する。「1980年難民法」では、難民の定義を国連難民条約に合わ
せることや、難民の割当数の決定権を大統領と議会に与えることなどが定められ
た。アメリカの難民への対応を含めた移民政策が大きく変化したのは、2001年
の同時多発テロ事件による。その直後に法制化された「2001年愛国法（Patriot Act
of 2001）」によって、移民と難民の受入れは厳格化される。テロ事件前の2001年
度の難民受入れ数は6万8920人であったが、事件後の2002年度は2万6785人
と激減した[8]。その後、徐々に受入れ数はテロ事件以前の水準に回復していき、
2016年度に難民として認可されたのは、8万4989人である（図4）。難民の出身
国は、上位からビルマ（1万8386）、イラク（1万2676）、ソマリア（8858）、コンゴ
（7876）、ブータン（5775）である。

　他方、カナダでは数量的にはアメリカほどではないが、歴史的に多数の難民を
寛容に受け入れてきた。2015年度の難民の受入れ数は、3万2115人である（図5）。
難民の出身国は、上位からイラク、エリトリア、イラン、コンゴ、ソマリアと
なっている[9]。カナダは、移民の受入れ総数の10%前後を占める2～3万人の難
民を毎年受け入れている。カナダの難民の受入れが、その数だけでなく、その方
法においても、世界的に非常に寛容であることは、1986年に国連難民高等弁務

10 諸外国の移民政策に学ぶ | 185

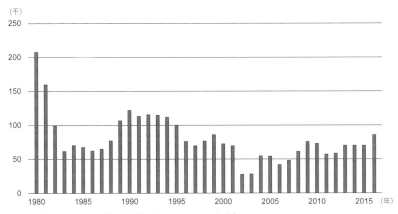

図4 難民の受入れ数の推移（1980-2015年度）
出所：Office of Immigration Statistics のデータより筆者作成

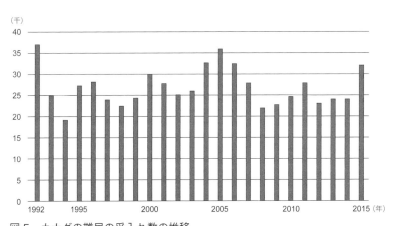

図5 カナダの難民の受入れ数の推移
出所：Citizenship and Immigration Canada のデータより筆者作成

官事務所（UNHCR）がカナダ国民にナンセン難民賞を授与したことに証明される
だろう。ナンセン難民賞は、国連から難民の救助と支援に多大な貢献をしたもの
に与えられる。カナダは、ベトナム戦争による難民を6万人以上、官民をあげた
制度で積極的に受け入れていたことが評価された。「官民をあげた制度」という
のは、カナダには、難民の受入れ体制として、政府が行う難民の受入れ制度の
ほかに、民間の団体や組織に難民の受入れを認める民間難民受入れ制度（プライ
ベート・スポンサー）がある。今回のシリア難民の受入れ問題に対しても、カナダ

は国際社会でいち早く対応し、シリア難民受入れ総数の4万81人の35%を占める1万4274人の難民を民間難民受入れ制度で受け入れている（2017年1月27日時点）[10]。このような民間主導の難民受入れ制度はカナダ独自のものであり、世界的に注目が集まっている。

4. 統合政策

　総人口に占める移民（他国出身）の割合は、アメリカでは13.2%、カナダでは20.6%に達する。移民は、新たな社会に自らを適合させる必要がある。受入れ国の移民の統合政策は、移民の社会・経済への適合を促し、受入れ国への不満や不安を取り除き、受入れ国の社会の安定化を保つ役割を担うため、国家安全保障の観点から最重要視されている。それは、言語教育や医療の提供から、人種や民族などに対する差別禁止や市民権の取得要件といった法制度の整備まで、多岐にわたる。移民・難民の受入れ国への統合のしやすさを測定した移民統合政策指数（Migrant Integration Policy Index: MIPEX）2015年版によると、アメリカは調査対象国の38か国中9位で、カナダは6位となっている（Huddleston et al. 2015）。

　では、両国は具体的にどのような統合政策をとっているのか。市民権取得要件や差別是正に関する法律などの法整備や統合政策への予算配分など連邦政府と州政府によるものから、言語教育や生活に必要な情報提供、コミュニティ参加促進といった非政府団体レベルによるものまでさまざまなものがある。紙幅の都合上、ここでは連邦政府レベルのものを簡単に紹介する。

　アメリカの統合政策は、国土安全保障省の市民移民局が中心となっており、市民移民局内の市民権オフィスが市民権の習得に必要な能力の向上を支えている。米会計検査院によると、移民統合に関する連邦政府の支援プログラムは、市民権、経済、言語、それ以外という4つの分野に分けられる（GAO 2011）。

　他方、カナダでは、連邦政府レベルで多文化主義（multiculturalism）を掲げ、それに沿った統合政策を行っている[11]。先述した通り、カナダの移民の受入れの大半が経済メリットベース枠であることから、それらの移民の国内労働市場への統合を積極的に推進するプログラム「カナダ移民統合プログラム（Canadian Immigrant Integration Program: CIIP）」があることは特徴的だろう。2007年に試験的に始まり、2010年から本格的に実施され、経済移民として入国見込みの者やその家族に対し、カナダ入国前に世界各地で、就職や生活に必要な情報を提供するオリエンテーションを行っている。もちろん、家族枠の移民や難民に対しても、言語（英語もしくはフランス語）能力の向上、就職活動、コミュニティへの参加な

どを促すさまざまなプログラムもある。 (手塚沙織)

注

1) 米国土安全保障省の移民統計局によると、1140万人（2012年1月時点）と推計されている（https://www.dhs.gov/sites/default/files/publications/Unauthorized%20Immigrant%20Population%20Estimates%20in%20the%20US%20January%202012_0.pdf, March 10, 2017）。一方、ピュー・リサーチセンターによると、約1110万人（2014年時点）と推計されている（http://www.pewresearch.org/fact-tank/2016/11/03/5-facts-about-illegal-immigration-in-the-u-s/, March 10, 2017）。このように非正規移民の数は異なるが、大きな数としてははずれていない。

2) Pew Research Center, "Overall Number of U.S. Unauthorized Immigrants Holds Steady Since 2009," http://www.pewhispanic.org/2016/09/20/overall-number-of-u-s-unauthorized-immigrants-holds-steady-since-2009/ (March 10, 2017)

3) Lilian Magalhaes, Christine Carrasco and Denise Gastaldo, "Undocumented Migrants in Canada: A Scope Literature Review on Health Access to Services, and Working Conditions", https://www.ncbi.nlm.nih.gov/pmc/articles/PMC3084189/ (March 10, 2017)

4) Ottawa Citizen, "What of Canada's illegal immigrants?" Dec 1, 2014.

5) Canadian Press, "Canada is not soft on security, Ambassador McKenna assures New York audience," May 11, 2005.

6) Pew Research Center, "7. Opinion on U.S. international involvement, free trade, ISIS and Syria, Russia and China," http://www.people-press.org/2016/10/27/7-opinions-on-u-s-international-involvement-free-trade-isis-and-syria-russia-and-china/ (March 10, 2017)

7) Pew Research Center, "Over the Decades, American Public Generally Hasn't Welcomed Refugees," http://www.pewresearch.org/fact-tank/2015/11/19/u-s-public-seldom-has-welcomed-refugees-into-country/ft_15-11-18_refugeepublicopinion/ (March 10, 2017)

8) アメリカは、国外に亡命せざるをえない者として、難民（refugee）と亡命者（asylum）の2種類に分けている。難民は、アメリカ国外で難民申請をし、認可後に入国した者である一方、亡命者はすでにアメリカ国内（1年未満）で難民申請を行う者を指す。

9) CBC News, "Canada's refugees by the numbers: the data," Oct 4, 2015. http://www.cbc.ca/news/canada/canada-s-refugees-by-the-numbers-the-data-1.3240640#arrivals (March 10, 2017)

10) Government of Canada, "#WelcomeRefugees: Key figures," http://www.cic.gc.ca/english/refugees/welcome/milestones.asp (March 10, 2017)

11) ケベック州では、連邦政府の統合政策と並行して、州独自の統合政策を実施しており、それらの政策が及ぼす影響は Banting and Soroka (2012) に詳しい。

《文献》

Banting, K. and Soroka, S., 2012, "Minority nationalism and immigrant integration in Canada," *Nations and Nationalism* 18(1): 156-176.

Huddleston, T., Bilgili, O., Joki, A. L. and Vankova, Z., 2015, *Migrant Integration Policy Index 2015*, Barcelona Center for International Affairs/Migration Policy Group.

United States Government Accountability Office (GAO), 2011, "Immigrant Integration: U.S. Citizenship and Immigration Services Could Better Assess Its Grant Program," GAO.

10-2 オセアニア
──オーストラリアの移民政策を中心に

1. 移民受入れの優先順位

　近年、先進諸国の移民受入れ政策の選別性が強まっているという見解が、移民政策研究で共有されている。その背景には、グローバル資本主義の発展による競争の激化に対応すべく、国内産業の労働力を確保し生産性を向上したいという各国政府の思惑がある。そのような潮流は、市場原理を優先する新自由主義のイデオロギーにも大きく影響されている（小井土 2017: 1-17）。

　移民受入れにおける選別性の強化とは、どのような移民を歓迎するかという優先順位が、移民のもたらす経済的メリット（「国益」）に基づいて決定される傾向の強まりである。逆にいえば経済・社会的コストが大きいほど優先順位が下がり、排除の対象にもなる。オーストラリアの移民受入れ政策では、もっとも優先順位が低いのが（特に非正規入国による）庇護希望者（asylum seekers）、次いで国外でビザを申請する「難民と人道的見地からの受入者（refugee and humanitarian entrants）」、そして家族移住（family migrants）、技能移住（skilled migrants）と続き、もっとも歓迎されるのが、いわゆるグローバル・エリートである。この優先順位が明確に制度化されたのが、2000 年代以降の大きな変化であった。

2. 庇護希望者と難民

　国際法が規定する難民やそれに準ずる人々を、オーストラリアは数多く受け入れてきた。「難民と人道的見地からの受入者」が移住者一般から施策上区別された 1970 年代後半以降、毎年平均 1 万 4000 人ほどがビザを交付されてきた[1]。一方で、こうした人々の受入れに大きな公的コストがかかることが批判された。連邦政府は、難民と人道的見地からの受入者は短期的にはコストがかかるが、順調に社会に統合されれば中長期的にはオーストラリア社会にもたらすメリットが大きいと主張してきた[2]。

　難民等の受入れ実績は、非正規に入国する庇護希望者（Irregular / Illegal Maritime Arrival: IMA と呼ばれた）を連邦政府が拒絶する口実にもなった。正規の経路で国外から難民をたくさん受け入れるのだから、非正規の「横入り（queue jumping）」は許さないという理屈である。例えば 2012 年度に難民受入れ数が急増したが、これは当時急増していた IMA を受け入れない代わりに、正規の難民受入れを増

やす苦肉の策であった。なお IMA ほどではないが、他のビザで合法的に入国後に庇護申請する人々にも、連邦政府は厳しい姿勢で臨んだ（塩原 2017a: 77-95）。

庇護希望者への厳格な姿勢は、二大政党である保守連合と労働党の区別なく、2000 年代以降の歴代政権に共通していた。この政策はしばしば、排外主義的なナショナリズムだと解釈された。しかし、例えば 2007 〜 2013 年の労働党政権期、IMA に多数交付された仮放免ビザ（Bridging Visa E）のように、庇護希望者への対処に費やされる行政的コストを節減しながら問題に対処しようとする思惑もあった（同 : 87-92）。

3. 家族移住

移住者を選別し、受入れの公的コストを最小限に抑える方針は、家族移住の割合の低下と、入国を許可される家族・親族の範囲の狭まりとしても表れた。移住した人が家族を呼び寄せて一緒に暮らすことに対して、オーストラリアは比較的寛容だった。1990 年代半ばまでは、家族移住者は後述する技能移住者よりも年間移住者数が多かった。しかし家族移住は、受入れにかかるコストが技能移住に比べて大きい。そのため経済的メリット重視の傾向が顕著になると、移住者数全体に占める割合は抑制された。1997 年度からは親戚などの呼び寄せがしにくくなり（塩原 2005: 164-165）、のちに原則として家族としては移住が認められなくなった。その結果、技能移住者が家族移住者を上回るようになり、2000 年代半ば以降は家族移住者が年間の移住者（難民と人道的見地からの受入者を除く）に占める割合はほぼ 30% 台前半である[3]。また親を呼び寄せた場合、保証人となった者が一定期間（2017 年時点で最長 10 年間）[4]、その親にかかる社会福祉給付の費用を負担する原則になった。その結果、現在では毎年交付される家族移住ビザ（2015 年度は約 5 万 7000 件）の大半がパートナー（同 8 割以上）である（DIBP 2016a: 13-14）[5]。一方、親については 2017 年初頭時点で、連邦政府に高額の費用（4 万 7000 豪ドル以上とも言われる）[6]を支払えば比較的早く（2〜3 年）[7]呼び寄せられた。しかしそれが払えないと、長期間（連邦政府当局によれば「30 年以内」[8]）待たされた。

4. 技能移住

技能移住では、本人の持つスキルや資質が評価されるか、雇用主が就労を保証（スポンサー）して入国する。オーストラリアでは、移住者（難民と人道的見地からの受入者を除く）は原則として、家族移住か技能移住によって入国する。技能移住については、1990 年代前半までは比較的明確な「供給主導（supply-driven）」型で

あった。すなわち、その国が定めた基準を満たせば、移住する権利を獲得できる制度による移住者が多かった。多くの人々は、年齢、英語能力、職歴、学歴、資格などで判定するポイント・テストに合格して永住ビザを得た。

しかし連邦政府は1990年代半ば以降、ポイント・テストではなく雇用主のスポンサー付きのビザでの移住者を増やし始めた。移住者を雇用したい側が主導権を持つため、このような受入れは「需要主導（demand-driven）」型と呼ばれる。2008年の世界経済危機後、景気や労働市場のニーズに迅速に対応するためにこの傾向に拍車がかかり、雇用者のスポンサー付きビザによる需要主導型のビザが技能移住全体の6〜7割を占めるようになった。また本来は供給主導型であるポイント・テスト移住をより需要主導型に近づけるため、「スキルセレクト（SkillSelect）」制度の導入などが行われた（塩原 2017a: 103-108）。

また永住ビザを直接取得する移住ではなく、「457ビザ」等の長期一時滞在技能ビザの交付が増加した。457ビザ労働者の導入は2000年代半ばのハワード政権末期に進んだが、続く労働党政権はその労働条件を改善し低賃金労働者化を防ぐとともに、非移民労働者の雇用を奪わないように配慮した。そのうえで、人手不足が深刻な資源・建設・観光産業などで457ビザ労働者の導入を促した（同:104-112）。その結果、交付数はさらに増加し、2012年度には約12万件に達した（DIBP 2016b: 51）。それとともに、457ビザでいったん長期一時滞在者として入国して何年か働いた後、スポンサーである雇用主の同意を得て永住ビザに切り替えるという需要主導型の方式が、オーストラリアに永住移住するための経路として定着した（塩原 2017a: 106）。なお、457ビザは2018年3月をもって廃止され、新しいビザが導入されることになった。

5. グローバル・エリートの勧誘

日本語の「外国人高度人材」はグローバル・エリートと、より広い技能労働者全般の両方を含意する。しかし技能移住者を大量に（2007年度以降は毎年10〜13万人）[9]受け入れるオーストラリアでは、技能移住者とグローバル・エリートは明確に区別される。すなわち後者は、国家からさまざまな特典を示されて移住を勧誘されるほど、ずば抜けた業績・能力・資産を持つ人々である（塩原 2015）。

オーストラリアがグローバル・エリートを誘致する制度には、技能移住に分類される「卓越した人材（Distinguished Talent）」ビザと「重要な／プレミアムな投資者（Significant / Premium Investor）」ビザがある。「卓越した人材」は、世界的な業績を持つスポーツ選手、芸術家、研究者などに交付される永住ビザであり、2006

年度以降年間 100 〜 200 件交付されている（DIBP 2016b: 20）。2012 年 11 月に導入された「重要な投資者」ビザは、長期滞在者としてオーストラリアに 4 年間居住する間に 500 万豪ドル以上投資すると永住ビザを取得できる（塩原 2017a: 101-102）。このビザは、2017 年 1 月までに累計 1721 件が交付された[10]。さらに 2015 年度に新設された「プレミアムな投資者」ビザでは、オーストラリアに 1 年間居住し 1500 万豪ドル以上投資すると永住ビザが取得できる（DIBP 2016b: 10）。

6. 移民受入れ政策と社会統合政策の連動

　新自由主義の影響は、移民受入れ政策だけではなく社会統合政策としての「多文化主義（multiculturalism）」にも見られる。オーストラリアの多文化主義は 1980 年代、「主流化（mainstreaming）」と呼ばれる制度変革によって福祉国家的社会政策全般のなかに組み込まれた（「福祉多文化主義」）。それゆえ福祉国家の新自由主義的改革の進展は、多文化主義政策にも影響を与えた。

　新自由主義は、社会政策を残余主義的なものに変質させる。すなわち、それはすべての市民（国民）に社会的シティズンシップを保障するためにではなく、自立と自己責任を果たせないとレッテルを貼られた一部の人々に、政府が恩恵として必要最低限与えるものとなる。オーストラリアの福祉多文化主義の改革においても、移住者の自立と自己責任を前提として、定住支援にかかる政策的コストを最小化（「効率化」）することが目指された（塩原 2010: 49-81）。

　2000 年代初頭には、オーストラリアの多文化主義とはマイノリティの集団的権利の保障ではなく個人としての文化的多様性の尊重を意味すると、公式理念が再定義された。それは文化的差異をリベラル・デモクラシーに基づく国民統合に抵触しない範囲内で承認する、「リベラルな多文化主義」（塩原 2017b: 184）の原則を追認するものであった（塩原 2005）。その結果、エスニック・コミュニティへの公的支援は周辺化された。さらに、移民定住支援施策の現場における事業効率化とアウトソーシングが進行した。支援団体は支援事業を請け負う「サービス提供業者（service provider）」として行政への財政的依存を強め、行政への異議申し立ては行いにくくなった（塩原 2010: 49-81）。一方、ミドルクラス移民の文化的多様性は創造性の源泉であり、国内経済の競争力と生産性の向上のために活用すべきという「ミドルクラス多文化主義」の言説が影響力を強めた（塩原 2015）。それはメリットとなる多様性を持ち、受入れのコストが少ないミドルクラスやエリートを優先するという、移民受入れ政策における優先順位とも合致していた。

　こうして、オーストラリアでは社会統合政策としての多文化主義が新自由主

によって変容し、同じく新自由主義の影響を受けた移民受入れ政策との連動性が高まった。筆者はこの傾向を「ネオリベラル多文化主義」と呼ぶ（塩原 2017a: 116）。ネオリベラル多文化主義とは、経済的国益に資する文化的に多様な人材を優先的に受け入れると同時に、社会統合政策を当事者の自立と自己責任を前提として効率化・民営化する移民政策である。かつて難民と人道的見地からの受入者、家族移住、ポイント・テストによる供給主導型技能移住を重視し、福祉多文化主義の観点からの社会統合政策を進めてきたオーストラリアだからこそ、新自由主義が与えた影響がより顕著に現れた。その意味で、それは他国における移民政策の変容を考察するうえで有益な比較事例を提供している。

7. ニュージーランドの場合

　筆者の専門分野はオーストラリアであり、ニュージーランドの移民政策については基礎的な情報を提供するに留める。両国とも英国の植民地として出発し、第二次大戦後まで英国系移民が圧倒的多数を占め、そこから1970年代半ばに非差別的な移民政策に転換したが、ニュージーランドでは歴史的・地理的に関係の深い南太平洋島嶼国からの非熟練労働者がまず流入した。そしてオーストラリアよりも徹底した新自由主義的改革が1980年代に行われ、移民受入れ政策でも経済的国益に貢献する技能・ビジネス移民優先の方針が明確化し、ポイント制度などの選別メカニズムが整備された（西川 2006; Spoonley 2008）。

　一方、ニュージーランドの先住民族マオリはオーストラリア先住民族に比べて権利を承認され、より二文化主義的な思想が社会に定着していた。そのことが逆に、移民の流入に伴う多文化主義的理念の定着を妨げたとされる。また福祉多文化主義の段階を経ずに新自由主義改革と技能移民受入れが推進されたことが、移民定住支援施策の整備を遅らせたとも指摘される（Spoonley 2008）。

　ニュージーランドは国内労働市場の規模が小さいこともあり、経済社会的に緊密なオーストラリアをはじめ国外へ流出する人口が多く、国内に流入する人口をしばしば上回ることが特徴的である（ただし近年では、流入が流出を上回る状況が続いている〔MBIE 2016〕）。オーストラリアとニュージーランドの比較分析のさらなる蓄積は、日本の移民政策研究の課題のひとつであろう。　　　　　　　　　（塩原良和）

注
1) Department of Immigration and Border Protection (DIBP), Historical Migration Statistics (https://

www.border.gov.au/about/reports-publications/research-statistics/statistics/live-in-australia/ historical-migration-statistics, March 28, 2017)

2）例えば Hugo（2011）を参照。

3）注 1 参照。

4）DIBP, "Fact sheet - Assurance of Support (AoS)," (http://www.border.gov.au/about/corporate/ information/fact-sheets/34aos, March 28, 2017)

5）子どもの呼び寄せビザは、2015 年度より家族移住ビザとは別枠で交付されるようになった。その件数は約 3500 件であった（DIBP 2016a: 15）。

6）SBS Radio, "Settlement Guide: Parent visas cost time and money," (http://www.sbs.com.au/radio/ article/2016/06/02/settlement-guide-parent-visas-cost-time-and-money (September 12, 2016), March 28, 2017)

7）DIBP, "Global visa and citizenship processing times," (https://www.border.gov.au/about/access-accountability/service-standards/global-visa-citizenship-processing-times, March 28, 2017)

8）DIBP, "Parent category visas," (http://www.border.gov.au/trav/brin/pare, March 28, 2017)

9）注 1 参照。

10）DIBP, "Significant Investor visa statistics," (https://www.border.gov.au/about/reports-publications/ research-statistics/statistics/work-in-australia/significant-investor-visa-statistics, March 28, 2017)

《文 献》

小井土彰宏編 2017『移民受入の国際社会学――選別メカニズムの比較分析』名古屋大学出版会

塩原良和 2005『ネオ・リベラリズムの時代の多文化主義――オーストラリアン・マルチカルチュラリズムの変容』三元社

塩原良和 2010『変革する多文化主義へ――オーストラリアからの展望』法政大学出版局

塩原良和 2015「グローバル・マルチカルチュラル・ミドルクラスと分断されるシティズンシップ」駒井 洋監修・五十嵐泰正・明石純一編『「グローバル人材」をめぐる政策と現実』〈移民ディアスポラ研究 4〉明石書店、222-237 頁

塩原良和 2017a『分断するコミュニティ――オーストラリアの移民・先住民族政策』法政大学出版局

塩原良和 2017b『分断と対話の社会学――グローバル社会を生きるための想像力』慶應義塾大学出版会

西川圭輔 2006「ニュージーランドの移民政策と移民の経済的影響――オークランド経済における移民労働者の貢献と活用」『オーストラリア研究紀要』（追手門学院大学）32 号、127-146 頁

Department of Immigration and Border Protection (DIBP), 2016a, *2015-16 Migration Programme Report,* Canberra: DIBP.

DIBP, 2016b, *Australia's Migration Trends 2014-15*, Canberra: DIBP.

Hugo, G., 2011, *Economic, Social and Civic Contributions of First and Second Generation Humanitarian Entrants* (Final Report to Department of Immigration and Citizenship), Canberra: Department of Immigration and Citizenship.

Ministry of Business, Innovation and Employment (MBIE), 2016, *Migration Trends 2015/2016,* New Zealand Government.

Spoonley, P., 2008, "Managing Immigration in Aotearoa/New Zealand," In Kondo, A. ed., *Migration and Globalization: Comparing Immigration Policy in Developed Countries,* Tokyo: Akashi Shoten, pp.185-205.

10-3 ヨーロッパ

(1)ドイツの移民政策——「非移民国家」からの転換

　かつて同質的な民族国家であるとみられてきたドイツが、今世紀に入り、様変わりするようになった。ドイツは歴史的に多くの移民が流入し、定住する国家であったが、ドイツ政府は1990年代まで「ドイツは移民国家ではない」との姿勢を変えなかった。そうした立場を堅持してきた背景には、ブルーベイカーによれば、エスノ文化的なネーション理解があると言われてきた（Brubaker 1992=2005）。

　「非移民国家」の時代におけるドイツでは、移民・難民の支援は、一部の地方自治体や福祉団体、教会などの市民社会レベルで行われることはあったものの、連邦政府が移民をドイツ市民として認め、長期的な展望に立った支援策を講じることはなかった。またその当時のドイツの国籍法は血統主義に基づくものであった。

　しかしながら1990年代後半には全人口のおよそ9%、700万人にものぼる外国籍者を抱えるようになったドイツが、連邦レベルで移民政策を策定しないことには限界があった。1999年に国籍法が改正され、同法の中に出生地主義原理が加味され、外国人の国籍取得が容易化された[1]。また2004年には紆余曲折を経て、移民法（移民制御法）が成立した。

　さらに従来の人口統計のあり方が見直され、2006年に公表された公式統計から「移民の背景を有する人々」というカテゴリーが導入された[2]。移民の背景を有する人々は、2015年には1710万人でドイツの全人口の約21%を占めている。

　このように2000年代以降、移民は連邦政府の政策対象として認知され、「統合」という政策概念のもと、移民の定住支援が実施されるようになった。

　連邦政府主催の統合サミット[3]をもとに策定された国民統合計画では、統合には主に以下の3つの内容が含まれた。第1に、移民が受入れ国の公用語であるドイツ語を習得することである。第2に、移民が受入れ国の法規範・制度を熟知し、普遍的な価値（法治国家の原則、人権の保持、両性の平等、政教分離）を理解することである。第3に、統合原則を守る者に対して統合のための支援を与えるという「支援と要求」の標語の下で、国家が移民に対して職業教育・労働市場への参入をサポートし、経済的に自立させることを目指すというものだった。

　こうした統合政策の導入が示すのは、社会契約的に権利・義務を果たす合法的

な移民が統合の対象となる点であった。ただ、それは普遍的な統合原則を守らない移民を排除することにつながる。例えば統合原則に基づいて実施される統合講習[4]に参加しない者には、社会扶助の受給額を最大30％減額するとされた[5]。このように統合政策の方針は「飴とムチ」の側面が如実に見られるという問題がある（昔農 2014）。

　また政府の統合政策は、移民に対して受入れ社会の言語や規範を守るように要求する一方で、それに比べると移民の文化的権利の保障が不十分であることなどから、統合は実質的に受入れ社会の文化や生活形態へ同化を目指すものではないのかとの批判がある。他方で、統合政策には地方自治体、教会、福祉団体などの従来の移民政策における主要な担い手だけではなく、移民団体など、移民自身が積極的に関与できる可能性もある。また地方自治体レベルでみてみると、移民は自分たちの文化的・宗教的権利の保障を求めて積極的に活動を行い、部分的に諸権利が承認されている側面もある。

　前記の移民法は統合の側面では大きな変化があったものの、移民の受入れについては変化の乏しいものであった。なぜなら成立した法律では、法案審議の過程ではあった移民受入れのためのポイント制度が削除され、ドイツの労働市場で不足する高度人材の受入れなどに限られる傾向があったからである。さらに高度人材の受入れに関しても、法律成立当初の流入数は、厳しい受入れ規制によりかなり限定的であった。

　ただそうした受入れ規制に関しても、近年、徐々に変化が見られる。例えば、欧州連合（EU）の共通移民政策であるEUブルーカード指令が国内法化され、高度人材の受入れの条件である年収の下限が引き下げられたことに加えて、数年で永住許可が取得できるようになる法改正などが行われた。

　このように近年のドイツの変化は瞠目に値するものであるが、諸課題も多い。第1に経済的な観点からの移民受入れに関しては、高度人材以外の移民を含む、熟練労働者などのより多様な移民受入れを実施するのかどうかが論争点となっている。

　第2に人道的な観点からの移民の受入れである。憲法で難民受入れを規定しているドイツは2015年を中心にシリアなどからの難民の大量流入に直面し、ドイツの難民申請件数は2016年に過去最大の約74.5万件となった。2000年代までのドイツの難民保護は、難民を労働市場・職業教育市場や統合講習から閉め出すなど、社会的に排除する傾向が強かった。しかしながらドイツ政府は厳格な難民政策を見直し、難民の就労条件を緩和するなどの改善策を実施した。また2016

年には統合法が制定され、難民申請中から統合講習、職業教育の受講を可能にする政策がとられた。こうした統合支援の対象となるのはシリア、イラク、イラン出身者などの「良好な滞在の展望を有する」難民であるとされた。他方でアフガニスタンなどの出身者は「良好な滞在の展望を持たない」難民とされ、保護の優先順位の低い難民とされる傾向にある。さらに近年はセルビアなどのバルカン諸国から流入する難民の割合が高かったが、バルカン諸国からの難民は政治的な迫害のない「安全な国」出身であるとして、難民保護から排除されている。このように近年の難民政策は難民を選別的に保護する問題がある。

　第3に移民統合一般に関する問題である。統合政策は移民に対して普遍的な価値の遵守を要求している。現在、移民統合の議論においては、ムスリム移民・難民は政教分離や男女平等などの問題で、普遍的な価値を遵守することが困難ではないかとみなされ、統合政策の論理はムスリム移民を排除しかねないパラドクスを抱えている（昔農 2014）。こうしたパラドクスは欧米諸国共通の問題でもあるが、ドイツはムスリム移民・難民の社会的排除の問題を乗り越えて、いかにして移民政策を策定・実施していくかが問われている。

（昔農英明）

注

1) 1999 年の改正国籍法では、外国人の子どもが出生とともにドイツ国籍を取得し二重国籍となった場合に、18 歳から 23 歳までにいずれか一つの国籍を取得することが規定されていたが、2014 年の法改正により、上記の年齢以降も、一定条件の下、二重国籍を保持できるようになった。
2) 移民の背景を有する人とは、1949 年以降に現在のドイツに移住した人、ドイツで生まれた外国人、少なくとも一方の親が外国人で、ドイツで生まれたドイツ国籍保持者を指している。
3) 統合サミットに加えて、ムスリムのドイツ社会の統合を協議する、ドイツ・イスラム会議も開催されている。ドイツ政府とムスリム団体との協議が持たれる同会議では、公立学校での宗教教育の問題などが話し合われている。
4) 統合講習とはドイツ語学習（600 時間）とドイツの法律、規範、歴史、文化などを学ぶオリエンテーション学習（100 時間）からなる。
5) また 2007 年の法改正により、理由なく統合講習への参加を拒む者に対して、最高 1000 ユーロの過料を課せるようになった。

《文 献》

昔農英明 2014 『「移民国家ドイツ」の難民庇護政策』慶應義塾大学出版会

Brubaker, R., 1992, *Citizenship and Nationhood in France and Germany,* Cambridge: Harvard University Press.〔＝2005, 佐藤成基・佐々木てる監訳『フランスとドイツの国籍とネーション——国籍形成の比較歴史社会学』明石書店〕

(2) フランス

1. 選択的移民の政策へ

「移民国」として長い歴史を持つフランスは、在留外国人約440万人、移民人口（外国生まれ人口）は約795万人を擁している（いずれも2015年現在）。移民政策については、一方で経済的な意味合いが大きい労働力として、ないし人的資源としての外国人の受入れを図り、他方で人道的意味合いが大きい家族移民や、国際貢献としての難民（庇護申請者）受入れを果たし、さらには入国し滞在する移民の統合政策を進めるという課題を負っている。また、留学生、さらに「自由移動」という、説明を要する多数の入国がある（表1）。移民の社会的統合という課題はフランスでは特に重要で、滞在歴の長い、世代交替を経た広義の移民が多いからで、統合の課題は住宅、社会保障、教育、市民権などにわたる。

約10年前、フランスは移民政策の一つの転換を図ろうとした。「選別移民法」（2006年）と一般に呼ばれる新法により、経済的貢献という目的に添う人の受入れへの切り替えを図り、高度人材の受入れ、その定着のための優遇措置、将来の高度人材の確保の手段としての留学生受入れの重視、経済移民を入移民の50%にまで増やすとの目標などを打ち出した。しかし、それは成功したか。

表1で明らかなように、「就労」は「家族」に比し、さらに「留学」に比べても少ない。ただし、「自由移動」という項目があり、これは、EUの他国からの入国者であって、2011年以降はかなり高い割合で就労目的の移動者を含むようになっている。これは、2004年に始まるEUの東方への拡大により、西ヨーロッパとの経済格差の大きな国々がEUに加盟してきて、7年間の猶予期間を経て、フランスもそれらの国の国民に国境を開いたからである。こうして、ポーランド、ルーマニアなどからビザなし、労働許可不要で入国、就労している者が年に5～10万人に達すると思われる。

入国数で上位を占めている国籍は依然としてアルジェリア、モロッコ、チュニジアであり、この順位は数十年来変わっていない。しかしこれらEU外諸国からの新規入国移民の多くは、家族移民であると推測される。その内訳は、以前は再結

表1　外国人入国数（滞在許可別、1000人）

	2013年	2014年
就労	34.7	40.4
家族（呼び寄せ、帯同、結婚）	105.0	103.9
人道的受入れ	12.1	13.2
自由移動	95.9	87.6
留学	63	65.4
その他	31	32.3
合　計	341.7	342.8

出所：OECD (2016: 259) に基づき、筆者作成

合（配偶者と未成年の子）が多くを占めたが、次第に多様化し、結婚のための配偶者の来仏、親類縁者の来訪なども含まれるようになった。家族呼び寄せは、フランスの場合1976年に移民の権利として認められ（コンセイユ・デタ）、行政の裁量では拒否できないものとされてきたが、2006年法以来、「経済移民」重視の目的に沿わないものとして、制限措置が強められている。

2. 高技能移民の受入れ政策

　その一方、高技能移民の受入れは、成果を上げていない。新たに設けられた滞在証に「能力と才能」があって、経済的、知的、文化的等のすぐれた功績をフランスおよび出身国にもたらす外国人に認められ、3年間有効、更新可の滞在許可証が与えられ、その他の特典もある。だが、ビザ発給数は多くはなく、年間、数百人のオーダーにとどまった。その理由はおそらく、リーマンショックおよびその後のフランス経済の低迷、非フランス語使用外国人の受入れの条件（教育など）が十分ではないこと、また高技能外国人は定着が期待されながら他企業、他国に移動しやすい存在であり、企業からは必ずしも歓迎されないこと、などにある。

　この点では、むしろ高度人材受入れの実を取る政策として、留学生受入れ政策が重視されているように思われる。2016年には史上最多の約6万5000人の外国人学生の受入れがあり、これは同年の労働許可件数をはるかに上回っている。そして2006年法では、留学生は修士課程以上の学位取得後もフランスに6か月間は留まり、就職活動を行うことが認められ、職に就いた場合、別の資格に切り換えられるようになった（以前は、少なくとも給費留学生は課程修了後、半強制的に帰国させられた）。留学生を、高度人材として確保しようとする狙いがうかがわれる。

　留学生には発展途上国の出身者が多く、そのため途上国からみれば「頭脳流出」になるのではないかという危惧も生じる。フランスは、人材獲得に努める一方、送出し国である途上国との「共同発展」（co-développement）の理念も掲げていて、経済援助の責任も負っているが、その成果は明らかではない。

3. 統合政策の強化──統合が受入れの条件に

　かねて入国者には家族移民など長期滞在を目指す者が高い割合を占めてきたが、そうした入国者に、フランス語およびフランスに関する知識の習得を課する措置が強められている。2003年に法制化された「受入れ・統合契約」（contrat d'accueil et d'intégration）は、長期に滞在しようとする外国人に、フランス語教育および同国の制度や価値に関する講義の受講（いずれも無料）を定めたもので、後者

の講義内容にフランスの制度と共和国の理念、とりわけ男女の平等とライシテの
それを含む。当初は任意の契約の性質を帯びていたが、今日では義務化が強めら
れ、講義の修了証を持つことが、その後の種々の申請や手続き（国籍の申請など）
に利・不利の影響を及ぼすと言われる。

　無料で受講できるフランス語講座などは、得がたい機会であり、従来の移民受
入れに欠けていたサービスの提供だといえるが、他方、市民教育の内容が統合の
共和国モデルに沿っており、文化的同化ととられかねないものも含んでいる。こ
の契約の署名者は増え、2013年をとってみると、10万9000人にのぼっている。

　なお、これはひとりフランスのみの措置ではなく、ドイツの新統合法による
「統合コース」、オランダの「外国における市民化法」なども、類似した趣旨、内
容を持っている。そして、見方によっては、それだけ、移民たちの固有の文化や
アイデンティティを尊重するという寛容さは後退しているといえる。

4. 非正規移民——正規化と退去強制の間で

　伝統的にフランスでは「不法」移民という言葉は避けられる傾向があり、非正
規滞在者にも、正規化の可能性を否定するものではなかった。移民支援運動の側
では、書類不保持を意味する「サン・パピエ」という語も使われてきた。2006
年移民法で廃止されるまでは、入国・常住で10年を経過する非正規滞在者は申
請により正規化されるとの規定があった。今日でも、個別の出頭、申請による正
規化は行われていて、その基準には、人道的な理由も挙げられており、正規化件
数は年間に2万から3万に及ぶ。EU域内出身移民については「非正規滞在」の
観念はもはやありえず、非正規者とは即、EU域外出身者であり、正規の入国で
ない者、有効なビザを持たない者、超過滞在者、難民申請が却下され国内に留
まっている者などがこれにあたる。

　かつては非正規として摘発され、退去命令書が発せられても、収容や退去が強
制的に行われることは少なかったが、今日では摘発、収容、実際の国外退去（航
空機等による）が増え、年間3万人を超えることもある。移民・難民を支援してい
るNGO等からは、人権・人道上の理由から、また不服申し立てや裁判の権利の
保障が十分でないとし、懸念や抗議が示されている。　　　　　　　　　（宮島 喬）

《文 献》

OECD, 2016, *International Migration Outlook 2016*, OECD

⑶ イギリスと EU

1. イギリスの現状と EU 離脱

　イギリスが欧州連合（以下、EU）から離脱する。2016 年 6 月に、EU からの離脱・残留を問う国民投票が実施され、離脱派が勝利した。2017 年 3 月末には、リスボン条約 50 条が発動し、メイ首相（Theresa May）は正式に離脱手続きを開始した。イギリスは今後、暗雲が漂う「危機」に直面するのか、積極的な「変革」を経て躍進するのか。2018 年 3 月の執筆時点では、2 年に及ぶ EU との正式な交渉期間内に、離脱後の関係について合意できるかどうかさえ怪しい。

　これまで、イギリスの国籍・入国管理政策には、宗主国としての帝国や加盟国としての EU のように、超国家的政治体との関係が大きく反映してきた（Karatani 2002）。EU 離脱によって、連合国家としてのイギリスのあり方が問い直されることで、これらの政策も変わることになる。国内的にみれば、残留派が多数を占めたスコットランドでは、独立をめぐる住民投票が再び実施される可能性がある。また離脱に伴い、EU 加盟国国民に入国管理を実施するためには、北アイルランドとアイルランド間に国境規制を導入する必要が生じる。EU 加盟以前、アイルランドとイギリス間ではすでに、両国の国民の自由な移動および居住・就労の権利が認められていた。これらの権利が制限され国境警備が始まれば、アイルランドとのつながりを重視する北アイルランド住民の間に不満が高まり、紛争が再燃することさえありうる。

　これまで、宗主国としてのイギリス、EU 加盟国としてのイギリスという視点が、イギリスの国籍・入国管理政策を理解するためには不可欠だった。そもそも、イギリス人とは誰を指すのか。一体、イギリス人を規定するための「ブリティッシュなるもの（Britishness）」とは何か。それは、連合王国の一部である「イングリッシュなるもの（Englishness）」とどこが異なるのか。EU 離脱後の政策をみすえ、「ブリティッシュなるもの」の定義をめぐる論争は白熱している。

2. 宗主国としてのイギリス、EU 加盟国としてのイギリス

　国籍・入国管理政策の目的は、国家の現在および将来の成員を定義することである。この作業は、国家を取り巻く外部を定義する作業と不可分である。植民地宗主国としての歴史を持つイギリスの場合、成員を定義する際に、イギリスとそれ以外の国々という構図だけでなく、イギリスと植民地との間の特別な関係を考慮する必要があった。

絶頂期には海外植民地は全世界に拡がっていた。当然のことながら成員資格は、帝国という超国家的政治体を構成する成員に付与されるものだった。そのため、カトリック信者のアイルランドの成員も、海外植民地で生まれ育ったジャマイカの成員も、ロンドンで生まれて生活を続ける成員と同様に正規の成員だった[1]。これを可能にするために、「ブリティッシュなるもの」は「つかみどころのなさ（slippery and elusive）」を特徴としていた（Gamble and Wright 2009: 7）。

第二次世界大戦後、イギリスは 1948 年国籍法の下で、「連合王国及び属領地市民（Citizen of UK and Colonies）」という資格を制定した。同時に、イギリスおよび旧植民地により構成される「コモンウェルス（英連邦）」の加盟国国民に対しては、「コモンウェルス市民権」という資格を付与し、この資格保有者全員にイギリス国内への移動および居住・就労の権利を認めた。結果として、1981 年国籍法が制定されるまでは、移民・国籍法上に「イギリス市民（British Citizen）」という、イギリスに限定した法的資格は存在しなかった。1981 年国籍法の目的は、帝国の名残である「包括的な国籍概念の放棄」と、「イギリスと密接な関係を持つ者のための、より意味のある市民権」の創設だった（Home Office 1977: 4, 10）。

21 世紀に入り、「ブリティッシュなるもの」を成員資格の認定基盤とするための制度構築が進んでいる（柄谷 2013）。目的は、「ブリティッシュなるもの」をイギリス入国後の統合の基盤として確立し、その受容と共有を成員の条件とすることである。象徴的には、2004 年から市民資格獲得儀式の開催とその式での宣誓および誓約、2005 年から市民資格獲得のための試験が実施されている。ただし現在でも、イギリス政府の HP には、イギリス市民を含めた 6 つに及ぶ法的地位が、イギリス国籍（British nationality）として記載されている[2]。

一方、イギリスは 1973 年に EU 加盟国となった。1985 年のシェンゲン協定の下で誕生したシェンゲン圏にイギリスは入っていない。そのためイギリス入国時に、EU 加盟国国民の身分確認が実施される。とはいえ EU 加盟国国民は、2008年からイギリスで実施されている能力別外国人労働者受入れ制度、いわゆるポイント・システムの対象外である。EU 加盟国である限り、イギリスは他の EU 加盟国国民の入国を制限することは原則としてできない。つまり EU 加盟国国民は、イギリスに利益をもたらすかどうかに関係なく受け入れられる。

EU 離脱支持の理由として、EU 加盟国国民に認められる域内移動の自由を挙げる人が多い[3]。政府は、実質受入れ者数（入国者数から出国者数を引いた数）を万単位にまで削減することを公約に掲げている。その実現のため、域内出身者の移動の管理を含めた改革を EU に要求していた。というのも、ポーランドなどの旧

東欧諸国が 2004 年に EU に加盟した後、これらの国々からイギリスへの移動が急増した。EU 離脱後は、EU 域内と域外出身者を区別することなく入国管理の対象にすることが可能になる。

3. 「イギリス人」の行方

今後の入国管理政策において、「ブリティッシュなるもの」との近さを基盤とする要望が離脱派を中心に目立つ。その際強調されるのが帝国との歴史的つながりである。中でも、「カナダ、オーストラリア、ニュージーランド、イギリス間の自由移動・自由貿易圏構想（CANZUK）」のように、人種や言語の共通性を重視する傾向が強い（*The Observer,* 19 March 2017）。

宗主国として、EU 加盟国として、また連合国家としてのイギリスにおいて、「ブリティッシュなるもの」のつかみどころのなさこそが、多様な文化や言語、宗教的背景を持つ人々に成員資格を認めることを可能にしてきた。EU 離脱後の国籍・入国管理政策がどうなるかは不透明である。離脱交渉の過程で、イギリス人を規定する「ブリティッシュなるもの」の定義をめぐり、国内での論争は続いていく。

（柄谷利恵子）

注

1) 現在でもイギリスにおいては、イギリス市民資格の保持と、成員としての権利・義務の付与が結びついていない。例えばイギリス議会議員選出のための投票権は、アイルランド共和国の国籍保有者や永住資格を持つコモンウェルス加盟国国民にも認められている。
2) https://www.gov.uk/types-of-british-nationality/overview (March 27, 2017)
3) 実際には、ヨーロッパ経済地域（European Economic Area: EEA）加盟国およびスイスの国籍者は入国管理制度の対象とはならず、イギリスに入国し就労することができる。しかしスイス国民や EEA 加盟国国民の入国が問題視されることはなく、論争の焦点は EU 域外と EU 域内の区分となる。

《文 献》

柄谷利恵子 2013 「国籍・入国管理政策と対外政策の交差——英国人性をめぐる議論から考える」『国際政治』173 号、141-154 頁

Gamble, A. and Wright, T., 2009, *Britishness: Perspectives on the British Question,* Hoboken, NJ: Wiley-Blackwell.

Home Office, 1977, *British Nationality Law: Discussion of Possible Changes,* Cmnd. 6795, HMSO.

Karatani, R., 2002, *Defining British Citizenship: Empire, Commonwealth and Modern Britain,* Oxford: Routledge.

Olusoga, D., 19 March 2017, "Empire 2.0 is dangerous nostalgia for something that never existed," *The Observer.*

10 諸外国の移民政策に学ぶ | 203

10-4 アジア

(1) 東アジア（韓国・台湾）

欧米に比べて移民受入れ後発国といえる東アジア諸国であるが、1980年代以降外国人の移住が増え続けている。経済発展と少子高齢化を同時期に経験しているこの地域において、移民の流入には経済要因のみならず、かつての「帝国日本」の拡張、朝鮮半島と台湾の植民地経験に由来する「歴史性」と、20世紀後半の冷戦崩壊と世界的に展開されたグローバリゼーションが重なり合った現象として理解できる。本節(1)では、東アジアの移民政策について、外国人労働者と結婚移住者の受入れの現状と課題を日本と関連づけながら概観する。

1. 東アジアの外国人労働者

1980年代中盤以降、日本を追うように韓国と台湾にも外国人労働者の流入が本格化した。その流れは1990年代後半のアジア通貨金融危機、2000年代後半のリーマンショックといった変動期にもかかわらず長期的にみれば増加傾向にあり、各国の労働市場において欠かせない存在になっている。

台湾労働部によれば、2016年末現在、台湾の非熟練外国人労働者は62万4768人で、業種別にみると製造業や建設業が38万7477人、介護やヘルパー（家事労働者）が23万7291人となった[1]。一方韓国は2017年2月現在、53万1437人でその大半は製造業に就業している（韓国法務部「出入国・外国人政策統計月報」）。これらの外国人労働者数を自国の就業者比でみると、台湾は約1120万の就業人口比約5.5%に、韓国は2620万の2.0%に当たり、いずれも日本を上回っている。特徴的な点といえば、台湾は上記の統計からもわかるように介護や家事労働者が多いこと、韓国は単純機能労働者の約半分をコリア系（主に中国朝鮮族）が占めている点である。介護や家事労働部門への外国人就労に関しては、韓国が法制的にコリア系に限定している一方、台湾はインドネシアやフィリピンからの労働者が多くを占めている。

かつて移民といえば外国に出て行く移民を連想していた韓国と台湾において、経済発展による雇用機会の増加と急速に進展した少子高齢化に起因する労働力不足を背景に1990年を前後して外国人労働者の流入が増加した。この時期に、

両国はそれまで出て行く移民が減少し、入ってくる移民が出移民を上回る「ター
ニング・ポイント」を通過し、移住労働者の就労先となったのだ。ただし両国と
もに、外国人労働者を専門技術職（いわゆる「高度人材」）と非熟練労働者（いわゆる
「単純労働者」）に分類し、後者については定住を認めない期限付きの短期循環（ロー
テーション・システム）の政策基調を堅持している。定住を前提とする移民を受け
入れない、そして非熟練労働者の反定住政策は日本を含む東アジア諸国の移民政
策の共通点といえよう。

2. 非熟練労働者受入れ政策の法制化

　韓国と台湾は、日本との比較の観点でいえば、非熟練外国人労働者の受入れに
関する法整備が進んでいる。台湾の外国人労働者雇用は、「就業服務法」の中に
外国人の雇用と管理について規定され、1980 年に制度が導入され、1992 年に対
象分野を拡大し本格的に受入れが開始された。外国人労働者の雇用は、台湾人の
労働権を保護するため、国民の就業機会、労働条件、国民経済発展、および社会
安定を妨げることができないとされている（今泉 2012）。

　韓国は 1993 年に、日本の外国人研修制度に類似する外国人産業研修制度を導
入し、制度上は学ぶことを目的とする「研修生」を多く受け入れたが、実態は
「労働」に従事していた。しかし研修生は労働者としての権利保障が不十分なま
ま、賃金未払い、違法な長時間労働など現場での人権侵害が横行し、多くの研修
生が未登録労働者に流れる事態を招いた。この制度は 2004 年から非熟練労働者
を合法的に受け入れる雇用許可制の実施後、2007 年に廃止された（宣 2013）。日
本の外国人研修・技能実習制度が 2010 年の法改正に伴い、技能実習制度が外国
人労働者受入れ制度として本格的に機能する変貌を遂げているのと対照的である。

　法制において、両国は基本的に自国労働者の仕事を奪う事態を回避し、労働市
場において供給が不足する部門に外国人労働者の雇用を認める補完性を原則とす
る制度的装置を組み入れている。台湾の場合は、雇用主が「就業安定費」（外国人
雇用税あるいは外国人雇用負担金と言われる）を納入する方法がとられている。韓国
の場合は、労働市場テスト、各企業が雇用できる外国人労働者の上限を定める雇
用率、年間受入れ総量規制などを制度的に組み入れている。2017 年現在、台湾
は最長 12 年（介護は 14 年）、韓国は 9 年 8 か月を上限に就労が可能となっている
が、非正規滞在者が多く存在し、また現実には短期循環の制度的枠組みとは別に
さまざまな形で定住化の現象も見られ、両国ともに多文化に伴う諸課題に直面し
ている。

（宣 元錫）

3. 東アジアの国際結婚

80年代後半に日本の地方・農村で男性の結婚難対策として始まった国際仲介結婚は、90年代後半に入ると韓国・台湾へと急速に広がった。3か国とも国際結婚件数は2000年代半ばにピークを迎え、その後は仲介業者の規制強化や配偶者ビザの発給要件の見直しによって漸減しているが、外国にルーツを持つ子どもたちは着実に増えている。

結婚移住女性の主な送出し国は、中国、フィリピン、ベトナム、インドネシアと多様化しつつあるが、日本も5位前後とその存在感は小さくない。またアジアの女性たちに比べ、両国への日本人女性の結婚移住は「帝国日本」の時代に遡ることができ、80年代後半の民主化以降に始点をおいてもすでに四半世紀が経過している（武田2017）。

韓国では80年代後半以降に統一教会を介した日本人結婚移住女性の大きな流れが生まれ、その後に続くアジアからの結婚移住者の受入れ基盤をつくった（同：105）。台湾で暮らす日本人女性の結婚経路は大半が留学や就労であるが、結婚移住者の先発隊が日本人女性であったという点は共通している。

4. 結婚移住者の永住権

1997年、台湾の日本人女性たちは台湾人配偶者と離別／死別した場合に、依親居留証では就労も居住もできないことがわかり愕然とした。女性たちは「子どもと一緒にいるための永住権」を求めて組織化を図り、立法院（国会）へのロビーイング活動を展開した。立法院で公聴会を開くための署名活動では日本統治下で教育を受けた「日本語世代」の台湾の人々の支援が大きな力になった（同：126）。

結婚移住者の永住権が認められるようになったのは、台湾が2000年、韓国は2002年である。また台湾では2005年にケア指導基金が設立され、韓国では2008年に多文化家族支援法が施行された。韓国では統一教会を通して政府に結婚移住女性の課題を伝える回路がある。日本人女性たちの自らの法的地位の獲得を求める活動が、両国における結婚移住者に対する法整備の一端を担ったとみることができるだろう。

5. 国民国家と結婚移住女性

国民国家は「ひとつの国家はひとつの国民によって形成される」（大澤ほか2014：248）。このフィクションは「どっちつかず」のグレーゾーンを許容しない。日本は1873年に夫婦国籍一元主義をとるナポレオン法典を参考にして外国人と結婚

した女性は日本国籍を喪失すると定めた。夫婦国籍独立主義に変わるまで、国際結婚女性を他者化する制度は77年間続いた。

東アジア3か国で国籍法が父系血統主義から父母両系血統主義に改正されたのは、日本が1985年、韓国が1998年、台湾が2000年である。日本では父母両系血統主義に国籍法を改正する際に「グレーゾーン」（複数国籍）の拡大を抑制するための「国籍選択制度」を導入し、「国籍留保制度」の対象を海外で出生し複数国籍になったすべての子どもに拡大した（武田 2017: 30）。一方、韓国では2010年に条件付きではあるものの複数国籍を認める国籍法改正を行っている。また台湾に帰化した日本人は実質的に日本と台湾の重国籍になる。日本政府が台湾国籍を取得するための日本国籍離脱を認めていないためである。フィリピンは2003年に、ベトナムも2009年から外国籍を取得しても原国籍を維持できるように国籍法改正を行った。ヨーロッパ国籍条約（1997年）は加盟国に対して出生と婚姻により重国籍になった者の国籍を奪ってはならないと義務づけている。

2000年代に入って各国で結婚移住者に関わる法制度の見直しが大きく進んだ背景には、グローバル化の下では「国籍唯一の原則」は形骸化せざるをえないという現実がある。各国政府は外国の国籍法を適用する権限・立場にないからだ。結婚移住者は国境を多孔化しグレーゾーンを拡大する。しかしそれはグローバル化の下で国民国家の制度と人々の多様な生き方を許容する仕組みを創出する契機になると捉えることもできるだろう。結婚移住女性が生み出している越境する多様な親族ネットワークを前提にした新たな共生秩序を構想することは韓国・台湾と共に日本が取り組む未来に向けた課題のひとつになる。　　　　　　　（武田里子）

注

1) 「フォーカス台湾」2017年2月27日の記事：http://japan.cna.com.tw/news/aeco/201702270004.aspx （2017年4月1日閲覧）

《文献》

今泉慎也 2012「外国人労働者受け入れに関する法的枠組み――韓国と台湾の比較を手がかりに」山田美和編『東アジアにおける人の移動の法制度』（調査研究報告書）、アジア経済研究所

大澤真幸・塩原良和・橋本努・和田伸一郎 2014『ナショナリズムとグローバリズム――越境と愛国のパラドックス』新曜社

宣元錫 2013「雇用許可制への転換と韓国の非熟練労働者政策」『国際問題』No.626、18-31頁

武田里子 2017「東アジアにおける日本人結婚移住女性の歴史的考察」（平成26年～28年度科学研究費助成事業、研究課題番号26380725、報告書）

(2) 東南アジア

　東南アジアにおいて、人の越境移動は域内、域外のいずれも日常的に見られるものであり、経済、政治、社会に大きく関わる事象である。移動の目的・形態は多岐にわたる。非熟練、半熟練労働者として移動する者は、正規、非正規を問わず数多い。熟練労働者、専門職従事者などの高度人材、留学生の移動も注目される。難民に関しても、ロヒンギャ難民など、新たな対応を迫られる人々が現れている。本節(2)では、その中でも外国人労働者（主に非熟練と半熟練）の東南アジア域内越境移動と、受入れ国と送出し国それぞれの政策の基本方針と課題について、現状を述べたい[1]。

　現在の東南アジアには、経済発展の程度とも関わり、外国人労働者の受入れ国、受入れ国であり送出し国、送出し国の3つのタイプの国が見られる。受入れ国はシンガポール、ブルネイ、マレーシア、受入れ国であり送出し国はタイ、送出し国はフィリピン、インドネシア、ベトナム、ラオス、カンボジア、ミャンマー、東ティモールである。受入れ、送出しのどちらであれ、東南アジア域内のみならず、中東、東アジア、欧米などの域外からの流入、域外への流出も多く見られる。男性の移動とともに、女性の労働者としての移動、いわゆる移民の女性化が顕著に見られることも、東南アジアの特徴といえよう。

　シンガポール、ブルネイ、マレーシアおよびタイにおいて、外国人労働者受入れ政策の基本的特徴は、「一時的滞在者として、管理しながらの受入れ」である。例えばシンガポールでは、労働許可証、雇用主への雇用税、一企業当たりの外国人労働者への依存割合の上限の設定により、外国人労働者の数を折々に調整し、労働者を管理している（MOMS HP 2018）。家族の帯同、定住、永住は原則として認められず、「市民」としての社会への受入れ、統合も考慮されていない[2]。就労可能な分野は国により異なるが、建設、製造業、農林水産業、サービス業など多様な非熟練・半熟練労働、家事労働に、多くの外国人が従事している。これらの国ではきつい、汚い、危険という3K労働に自国民が就労しなくなっており、外国人労働者は必要不可欠な存在である。過度の依存への懸念はあっても、受入れそのものを停止することは難しい。

　外国人労働者は、基本的に東南アジア域内の近隣送出し国出身者や、自国民を構成するエスニック集団との文化的な親和性があると考えられる人々が多い。やはりシンガポールを例にとると、労働許可証発給国・地域は、建設業ではマレーシア、中国、インド、スリランカ、タイ、バングラデシュ、ミャンマー、フィ

リピン、香港、マカオ、韓国、台湾であり、家事労働ではバングラデシュ、カンボジア、香港、インド、インドネシア、マカオ、マレーシア、ミャンマー、フィリピン、韓国、スリランカ、台湾、タイである（MOMS HP 2018）。しかし、文化的親和性があるといっても、出入国政策により国籍による線引きが政治的に行われ、国民もまた他者として彼・彼女らを社会的に区別し、時に差別する状況が見られる。

　フィリピン、インドネシア、ベトナム、ラオス、カンボジア、ミャンマー、東ティモールおよびタイは、自国民を海外に送り出している。フィリピンはマルコス政権期（1970年代）から多くの自国民の在外就労を推進してきた国であり、送出し過程、送出し先での人権擁護に関しても、法整備、政策的対応を包括的に行っている。これに続くのがインドネシアである。ベトナム、カンボジアなども徐々に政策を整えつつある。在外自国民による送金は、送出し国にとって重要な収入源である。その一方で、送出し先での人権侵害、自国に必要な人材の喪失（頭脳流出）、残した家族との関係の悪化・家族の崩壊、帰国後の再適応など、問題も数多く指摘されており、これらは送出し国政府にとって対応を要する政策的課題である。

　東南アジアの受入れ国でも、人身取引による被害、労働・居住条件の厳しさ、家事労働者に対する雇用主からの暴力など、外国人労働者の人権侵害問題がしばしば起こっている。受入れ国政府の対応は十分であるとはいえない。送出し国政府、NGOなどの働きかけにより、一定程度の対応が行われる場合はあるものの、外国人労働者の管理については、依然として受入れ国側の意向が強い傾向にある。非正規労働者はさらに劣悪な状況に置かれることも珍しくない。受入れ国にとって、非正規労働の取り締まり、解消は重要な課題である。マレーシアでアムネスティ（正規化）、タイで「半合法」労働者に国籍証明書提出を義務づけ合法化する試みがあるものの、非正規で働く労働者は依然として多数にのぼる。

　こうした状況については、リージョンレベルでも検討、取り組みが行われている。2015年末にASEAN共同体が発足した。発足に至る協議の過程で、専門家および熟練労働者の移動に関しては自由な移動を奨励する合意がなされている。一方、非熟練労働者に関しては、送出し国の権利保護への要請は強いものの、受入れ国と送出し国の利害が対立し、送出し国もまた一枚岩ではない。2007年の「移民労働者の権利保護と促進に関するASEAN宣言」とこれを受けた行動計画および2017年の「合意」、人身取引に関する2015年の「人、特に女性と子どもの取引に対するASEAN条約」などにより徐々にルール形成が行われつつあ

るが、実効力を持つ合意の形成は容易ではない（青木 2016; 石井 2009; 鈴木 2012; 山田 2016; ASEAN HP 2018）。東南アジアでは移民問題に関しても国家の主権が尊重され、国際関係は二国間協力が中心であるが、状況改善のためには ASEAN をはじめとする国家間のリージョン、サブリージョンレベルでの取り組み、国際労働機関（International Labour Organization: ILO）や国際移住機関（International Organization for Migration: IOM）などの国際機関、NGO といった非国家アクターの活動と意見（Kneebone 2010; Rother and Piper 2014）の影響力強化が必要であろう。　　（石井由香）

注

1) 東南アジア域内の人の越境移動状況、送出し国と受入れ国の政策的課題について捉えた最近の研究として、Hugo（2012）、トランほか（2015）、山田編（2014）を主に参照。
2) ただし、シンガポールでは、近年外国人のシンガポール社会への「統合」が議論されるようになってきている（石井 2016: 81-82）。新たな政策課題として注目される。

《文 献》

青木まき 2016「人身取引問題をめぐる国際関係——東南アジアにおける地域的な人身取引対策協力の力学」山田美和編『「人身取引」問題の学際的研究——法学・経済学・国際関係の観点から』アジア経済研究所、109-139 頁

石井由香 2009「リージョナリズムと移民問題——ASEAN の取組みから」篠田武司・西口清勝・松下 冽編『グローバル化とリージョナリズム』〈グローバル化の現代——現状と課題　第 2 巻〉御茶の水書房、383-405 頁。

石井由香 2016「アジアにおける○○系概念——国民構築とエスニック・アイデンティティ」駒井 洋監修、佐々木てる編『マルチ・エスニック・ジャパニーズ——○○系日本人の変革力』〈移民ディアスポラ研究 5〉明石書店、70-85 頁

鈴木早苗 2012「移民労働者問題をめぐる ASEAN のジレンマ」『アジ研ワールド・トレンド』No.205、39-44 頁

トラン・ヴァン・トゥ・松本邦愛・ド・マン・ホーン編 2015『東アジア経済と労働移動』文眞堂

山田美和 2016「移民労働者に関する ASEAN 共同体の政策課題」鈴木早苗編『ASEAN 共同体——政治安全保障・経済・社会文化』アジア経済研究所、161-185 頁

山田美和編 2014『東アジアにおける移民労働者の法制度——送出国と受入国の共通基盤の構築に向けて』アジア経済研究所

ASEAN Secretariat HP (ASEAN HP), http://asean.org/ (March 1, 2018)

Hugo, G., 2012, "International Labour Migration and Migration Policies in Southeast Asia," *Asian Journal of Social Science* 40(4): 392-418.

Kneebone, S., 2010, "The Governance of Labor Migration in Southeast Asia," *Global Governance* 16(3): 383-396.

Ministry of Manpower, Singapore HP (MOMS HP), http://www.mom.gov.sg/ (March 1, 2018)

Rother, S. and Piper, N., 2014, "Alternative Regionalism from Below: Democratizing ASEAN's Migration Governance," *International Migration* 53(3): 36-49.

(3) 西アジア

温暖な気候と肥沃な土地に恵まれた西アジアは、歴史的に多くの移民・難民を受け入れてきた地域である。現在のトルコを中心に600年以上続いたオスマン帝国内では、人の移動や交易が盛んで、地域や宗派ごとに一定の自治が認められていた。15世紀のレコンキスタの後には、イベリア半島から多くのユダヤ教徒がコンスタンティノープル（現在のイスタンブール）へ移住した。また19世紀のロシア帝国の侵攻後は、チェルケス人がトルコやシリアなどに移住し、後のヨルダンで王室の近衛兵などとして重要な役割を果たすことになった。

近代以降に国民国家が成立する過程では、紛争により西アジアの中で故郷を追われた人々の大規模な移動が起きた。トルコとギリシアの間での人口移動、アルメニア教徒のベイルートやエルサレムなどへの離散、イスラエル建国を受けたパレスチナ人の難民化などはその代表例である。この時点ではすでに国籍やパスポートといった制度が発達し始めており、その子孫は後の移動の自由を法的に制限されることになった。

とはいえ比較的自由であった移動の歴史を映してか、西アジア諸国では今でも、特に関係の深い隣接国の間では、出入国に際して相互にビザの取得やパスポートの提示が免除されている場合が多い。当該国の国民は、内務省などが発行する自国のIDカード（身分証明証）の提示のみで簡単に越境が可能だ。例えばシリアとレバノン、シリアとヨルダン、ヨルダンとパレスチナなどの間に、その関係は成立する。その結果、レバノンには多くのシリア人労働者が住み、建設業や農場での季節労働を担ってきた。2011年以降のシリア難民の受入れは、そうした移動の延長線上に位置する。

人の移動が流動的であるのに対して、法律上の帰化要件は厳格に適用される。移民や難民に対して国籍は、大半の場合付与されない。不動産の購入も認められず、滞在国で生まれた二世代目に対しても国籍は与えられない。他方で国籍がなくても、保証人（カファーラ）制度などを通して、長期滞在は認められる。クウェートで働いていたパレスチナ人は、1991年に湾岸戦争が起きた際、すでに数十年以上居住していたが大半は国籍を持たなかった。彼らはクウェートに侵攻したイラク政府に対して、パレスチナ解放機構（Palestine Liberation Organization: PLO）が支持を表明したため、敵対国側についた外国人労働者として、戦後、国外追放されることになった。

西アジアのアラブ諸国では、国籍の取得は父系血統主義を基本とし、無国籍を

避けるために一部例外的に生地主義が定められている。大半の国では母系での国籍付与が認められないため、エジプトやレバノンなど一部の国では、男女平等な権利を求めて議論が起きている。国によっては、帰化の要件にイスラーム教徒であることが含まれたり、アラブ人が優先されるところもある。ただし実際には、国籍付与に際して政府の裁量の余地が大きい。湾岸アラブ諸国では法定された帰化要件にかかわらず、最終決定が国家機関の判断に委ねられる。またクウェートやカタール、UAE（アラブ首長国連邦）では、自国に対して評価に値する貢献をしたことを理由に、特に国籍の付与を認める規定がある。

　帰化が問題になるのは移民だけではなく、短期的には帰還が難しい難民もその俎上に上る。しかし西アジア諸国の大半は、欧米諸国を中心とした難民保護の枠組みに加わっていない。難民条約・難民議定書を批准しているのは、イエメン、エジプト、チュニジア、モロッコなど、地政学的・経済的に難民の比較的少ない国々に限られる。批准国の中でトルコとイランは、隣国からの移民／難民を数万人単位で受け入れてきたが、彼らには国籍は与えられず政治的・経済的に利用される立場にある。

　シリア難民をはじめ、イラクやパレスチナなど紛争状態にある地域からの難民は、周辺アラブ諸国にその大半が居住している。それらの受入れ国では、国境検問の開閉や、受理するパスポートやビザの種類など、出入国管理に関する手続きを短期的に変更することで、難民の受入れ人数を調整している。また難民を受け入れることの負担を国際社会に対して訴えることで、受入れ国自体への支援を含めた国際援助を呼び込む政策をとっている。

　紛争に巻き込まれた難民のほかに、西アジアの中で移民の送出し国となるのは、相対的に貧しいエジプト、シリア、パレスチナ、イエメンなどの国々である。それに対してもっとも移民労働者の受入れ数が多いのは、UAE、カタール、クウェート、バーレーン、サウジアラビア、オマーンなど湾岸アラブ諸国だ。これらの国々には西アジアからだけでなく、インドやパキスタン、フィリピン、インドネシアなど南アジアや東南アジアからも多くの出稼ぎ労働者が来る。彼らは家事労働者やタクシー運転手などサービス産業のみならず、建設業や看護師、教職員など専門的・技能労働者を含めた幅広い職種に従事している。

　これらの出稼ぎ労働者には国籍付与が想定されていないので、受入れ国の中で社会統合政策は実質的に存在しないと言ってよい。また西アジア諸国内での出稼ぎの場合、送出し国・受入れ国ともにアラビア語を母語とするので、言語政策は問題にならない。移民労働者は仲介機関を通して、渡航前に受入れ国内にカ

ファーラ（保証人）を見つけることで入国できる。雇用期間中は雇い主にパスポートを預けて住み込みで働くなど、拘束時間や労働条件は厳しくなる場合が多い。雇い主による暴力や自由の剥奪など、国際NGOからはしばしば人権侵害の問題が指摘されている。

　他方で賃金は高く、契約の更新も可能で、生活インフラは整っているため、湾岸アラブ諸国での就労を望む労働者は多い。2000年代以降もその増加は止まらず、人口規模の小さい国では、出稼ぎ労働者の人口が、自国民の人口を上回る国もある。こうした状態は「国民マイノリティ国家」とも呼ばれる。湾岸アラブ諸国は、イスラーム諸国の中でも特に宗教的・文化的に保守的な地域で、男女の生活空間を分ける習慣がある。そのため、単身外国人男性の労働者が眼に見えて増えることは歓迎されない。UAEやカタールでは、彼ら専用の宿泊施設や娯楽施設を通勤圏内の郊外に建設し、社会空間的な隔離をすることで、地元社会との衝突を回避するなどの試みが進められている。

　西アジアの中でもう一つ独特な移民政策をとる国としては、イスラエルが挙げられる。イスラエルはシオニズムという思想・政治運動のもと、ユダヤ教徒を中心とする国家形成を国是とするため、国外からのユダヤ教徒の移民が政策的に推進されてきた。帰還法では「移民の査証はイスラエルに定住する希望を表明するすべてのユダヤ人に与えなければならない」と定められている。また1970年の同法改定では、ユダヤ人の定義を定めたうえで、「ユダヤ人の子どもおよび孫、ユダヤ人の孫の配偶者にも」新移民の諸権利を付与するとしている。実際に移民したユダヤ人には、仮の居住施設やウルパンと呼ばれる語学教育コースが用意され、ヘブライ語を習得してイスラエル国内での就業先を決めるための組織的な支援体制が整備されている。

　このほかの西アジアでの主要な人の動きとしては、巡礼や留学が挙げられる。イスラーム教徒にとって一生に一度のメッカ巡礼は目標のひとつであり、各国別の割当人数に沿って旅行業者がツアーを組んでいる。またイスラーム教の権威として名高いエジプトのアズハル大学への留学は、イスラーム学者にとって重要な意味を持ち、近年では東南アジア諸国からの留学も増加している。こうした人の移動と交流は、イスラーム世界の発展・拡大のためにも大切な動きと位置づけられているのである。

（錦田愛子）

Ⅳ　移民政策の確立に向けて

11 日本社会を変える

　ユニバーサルデザイン（Universal Design: UD〔以下、UD〕）という考え方がある。これは米国の建築学者ロナルド・メイスが提唱した概念で、できる限り最大限すべての人が利用できるように、製品、建物、空間等をデザインすることである。道の UD、公共交通の UD、建物の UD、水回りの UD などを例に出せば、UD のイメージが伝わるだろう。その根底には障がい者が使いやすい、高齢者が使いやすい、子どもが使いやすい、外国人が使いやすいといった発想がある。すなわち何らかのバリアを抱えた人にとって使いやすいものは多くの人々にとって使いやすいという思想がUDであり、差別と排除のない社会づくりのための考え方なのである。

　UD はモノや空間のデザインに関する概念として広まったが、社会のあり方にも UD 化が求められる。グローバル化が進む 21 世紀の日本社会はこれまで以上に多様な人々を含むようになってきた。外国につながる人々を排除するのではなく、社会を構成する仲間として捉え、日本社会のあり方を UD 化していくことが必要であろう。なぜなら、多様な人々に社会を開くことは人々の社会参加を促すことにつながり、その結果として多様性が社会を活性化する「力」となるからである。多様な文化的背景を持つ人々が自らの能力や資質を開花させる社会は、柔軟性と包容力に富み、外国人のみならず社会から阻害・排除されがちな日本人にとっても生きやすい社会となるだろう。

　本章では、社会の UD 化の一環と言いうるような多文化共生の諸活動に着目し、移住者と連帯しながら日本社会の変革を推し進める市民活動や地域の国際交流協会の取り組みをまず取り上げる。次に当事者の主体性に着目しながら、地域社会で生きる結婚移住女性の姿を描き出す。都市と地方（農村）における結婚移住女性を比較してみると、共通点が認められる一方、相違点も浮かび上がる。さらに関西と東北の事例から、当事者による自助活動や組織化のあり方を明らかにし、その意義を問う。最後に近年各地で目立ち始めたニューカマー第二世代の若者たちによる日本社会への発信を取り上げる。　　　　　　　　（池上重弘）

214 IV 移民政策の確立に向けて

11-1 社会を変える市民運動ネットワークの土台
——政策形成・決定者が移住者の権利保護とその促進を
高らかに訴えられる「雰囲気」のために

「日本社会を変える」際、何を変えようとし、そのために何を試みるのだろうか。ここでは、移住者の権利保護とその促進のために声を上げ、社会全体に影響を及ぼすことを目的に、広く公のサポートを得ようとすること、または政策提言を行うこと（アドボカシー）を「日本社会を変える」行動とする。特に、筆者の2015年までのNGOでの経験をもとに、国の政策形成・決定者に対するアドボカシーに焦点を当て、彼・彼女らの意思決定に影響を及ぼそうとする試み（ロビーイング）について論じ、移住者の権利保護およびその促進とロビーイングとの関係、ロビーイングの土台となる市民運動ネットワークづくり、ロビーイングの手法、そして移住者をめぐるアドボカシーの課題と展望について述べる。

1. 移住者の権利保護およびその促進とロビーイング

　移住者の権利保護およびその促進のロビーイングは、他の課題のロビーイングとどう異なるのだろうか。第1に、日本では外国籍の移住者に対して国政だけでなく地方参政権も保障されていない。政治家にとって、移住者の利益になる政策に労力を割くことは、直接次回選挙の結果に影響しないように見える。つまり「見返り」に欠ける。第2に、個別の在留資格によって結果的に獲得できる利益に差が出てくる。つまり、在留資格がロビーイングの方法、戦略や獲得目標、結果を左右する。それは日本国籍者とは比べものにならないほど困難な方法や戦略、制限された結果になることが多い。第3に、移住者という理由だけで差別の対象になり、社会でのそうした「雰囲気」が直接あるいは間接的に政策形成・決定者に影響を与える。政治家や官僚たちは特定の政策を形成・決定するにあたって自らの立場を気にして弱腰になり、また、政策が決定されたとしても内容が骨抜きになる。つまり、根拠なきマジョリティからの視線が脅威となり、意識的無意識的に意思決定に影響を与える。第4に、移住者自身が政策形成・決定者に直接働きかけることが困難を極める。言語の壁や不安定な在留資格、不利益なしっぺ返しへの懸念といった要因がある。政策対象者から直接働きかけられなかった政策形成・決定者は、政策を実行に移すインセンティブを持てない、あるいはモチベーションを持続させられない。

　総じて有利な点はなく、不利な点が多い。また、ロビーイングと成果との因果

関係の一般的な不確かさが「移住者の権利保護およびその促進とアドボカシー」全体にも影を落とす。

2. ロビーイングの土台となる市民運動のネットワーク

「移住者の権利保護およびその促進とロビーイング」は不確かで困難を伴うものである。こうした逆風の中でも、市民運動の強い土台とネットワークがあれば、ロビーイングへの参加者を増やし、成果の恩恵を受ける人の数をも増やすことができる。ロビーイングは必然的な正当性を生み出すのである。全国的な市民運動のネットワークの形成に成功した移住者の権利保護とその促進を掲げる団体である「移住者と連帯する全国ネットワーク」（移住連）の軌跡を例にとってみよう。

1970年代後半以降、アジアから多くの女性が日本にやってきた時は、人身売買などで被害を受けた彼女たちを支援しようと教会、NGOや女性団体が活動し、80年代後半にアジアから多くの男性たちが来日し、主に建設や製造の現場で働き始めた時は、労働組合が、彼らが運動を始める受入れ先となった。こうして、移住女性やその子どもたち（国際結婚が増え始める1980年～）、非正規滞在者（1993年がそのピーク）、ラテンアメリカからの日系人労働者（その定住を可能とした改正入管法が施行された1990年～）、外国人研修・技能実習生（それぞれ1990年、1993年～〔団体監理型〕）、留学生（在留資格審査が緩和された1990年代末から増加）や難民（2008年に申請者が1000人を超える）から直接相談を受けた個人や団体が自発的に支援活動を続ける。移住女性の支援団体や労働組合などで顕著なように、やがて相談を受ける側になる移住者も出てきた。各地で生まれたこうした自発的な相談・支援活動は、やがて地域を超えてつながり、社会を変える運動へと発展していく。同じ課題を解決していくうえでの情報交換の必要性から、つながりが生まれるのは自然な過程だったといえる。1987年からは、各地の団体が情報交換を行うネットワークの活動も開始した（アジア人労働者問題懇談会）。1991年には初めて地域フォーラムが埼玉で開催され、ネットワークは地理的、社会的に広がっていく。1996年には、「全国」フォーラムが開催され、「移住労働者と連帯する全国ネットワーク」（当時）の設立が合意される。こうしてアドボカシーを「全国規模」という看板で、事務局を中心によりまとまった形で行えるようになった。

このように、全国的な市民運動ネットワークは、受入れ社会や移住者のイニシアティブによって「自然」と発展してきた一方、結果的には国政へ働きかけを行ううえで「必然」的な正当性という名の土台をつくった。これは、移住者の権利保護とその促進のロビーイングにとって前述した不利な点や不確かさを補完す

るものとして重要である。

　なお、労働組合も団体交渉をするなかで移住者の権利保護とその促進を担ってきた。在留資格の有無や種類にかかわらず、個人で加盟できる労働組合は移住労働者の組織化に大きく寄与してきた。

3. ロビーイングの手法

　では、どのように移住者の権利保護とその促進のために国政に働きかけるのだろうか。主に筆者の移住連での経験をもとに述べる。

(1) 省庁へのロビーイング

　移住者をめぐる政策分野は人の人生サイクルの課題すべてを網羅するため、異なる省庁に一斉に交渉することが必要である。省庁との交渉を労働省との交渉実績をもとに1993年に始めたのは「生活と権利のための外国人労働者総行動実行委員会」[1]であったが、移住連が結成されてからはこの動きと合流する形で年に2度行われるようになった。近年、労働、技能実習制度、女性、医療、入管法および住基法、難民、収容、子どもの教育、貧困（高齢化問題含む）などといった分野に分けて省庁との交渉が行われている。なお、省庁との窓口はネットワーク事務局としての移住連が担うものの、それぞれの要請・交渉内容や個別ケースに深く取り組んでいるのは個々の団体であり、実際に意見交換に立つのもこれら団体・個人である。

　省庁に要請や提言をした内容と結びつく結果も出ている。例えば2012年7月の新たな在留管理制度の実施を前にして、移住連は省庁交渉の数を増やし、行政サービスや広報、移住女性の権利といった具体的な政策課題に関して省庁との意見交換を行ってきた。非正規滞在の子どもの就学が排除されないよう求めた後には、在留カードがなくてもその他の書類で居住地を確認するなど「柔軟な対応をおこなうこと」を文科省が教育委員会に求める通知が発せられた（24文科初第388号平成24年7月5日）。同じく非正規滞在者への予防接種を受ける権利を訴えた後には、仮放免を受けた非正規滞在者と限定したものの、厚労省は彼・彼女らが予防接種を受けられるよう「特段の配慮を（全国の衛生主管部局へ）お願い」した（平成24年6月14日付厚生労働省結核感染症課事務連絡）。

　さらに、従来の不安定な在留資格に加え、在留資格取消制度によりさらに移住女性が脆弱な立場になると訴えた後は、法務省が「『日本人の配偶者等』又は『永住者の配偶者等』から『定住者』への在留資格変更許可が認められた事例及び認

められなかった事例について」を、さらに、「配偶者の身分を有する者としての活動を行わないことに正当な理由がある場合等在留資格の取消しを行わない具体例について」をその HP 上に在留管理制度施行の際に公開した。制度周知について求めた末には、内閣府は 6 言語の字幕対応をしているインターネット TV で広報し[2]、法務省は移住者に対する周知のため 26 言語でのリーフレットを作成した。総務省は、「入管法等の規定により本邦に在留することができる外国人以外の在留外国人に対して行政サービスを提供するための必要な記録の管理等に関する措置に係る各府省庁の取組状況について（通知）」（事務連絡平成 24 年 7 月 10 日）を各都道府県住民基本台帳事務担当課に発出した。これは、非正規滞在者の基本的人権に係る行政サービスの提供が後退することのないよう移住連がしつこく要請してきた末に発出されたもので、それぞれの行政サービスごとの所管省庁の取組状況を網羅し、全国の自治体が差別なく確実にサービスを提供することを求めたものである。

　その他「みなし再入国許可制度」の導入後、そのわかりにくさを解消すべきとの提言も法務省に重ねて示されてきた。運用面で漸進主義的な進展にとどまってきたものの、2016 年 4 月からは指摘されてきた再入国出入国記録（ED）カードの様式が変わり、前よりはわかりやすいものとなった。とはいえ、改善を求めて 4 年を経てのことだった。

　また、「人身売買禁止ネットワーク」では人身売買に関する省庁連絡会議との意見交換を定期的に行っており、そのプロセスを経て信頼関係を築くなかで、個別課題に関しての連絡のやり取り、また、個別ケースにおいての事案研究などを行うことに成功している。また、「技能実習生権利ネットワーク」は、技能実習生の強制帰国の水際対策をとるよう、途中帰国する技能実習生への入国審査官からの声かけを提言してきた。その防止策は「外国人の技能実習の適正な実施及び技能実習生の保護に関する法律（技能実習法）」の文言には入らなかったものの、技能実習生の出国時に同審査官が技能実習生の帰国の意思を確認する手続きが始まっている。さらに、同ネットワークや移住連などの働きかけにより、技能実習生の報酬額、不当な控除、予告なしの実地検査、「人権保障の観点から」の実習先の変更、二国間取決めなどが同法に附帯決議として盛り込まれた。

　国土交通省は「外国人建設就労者受入事業」において制度施行前から現場で相談・支援活動をする、技能実習生権利ネットワークの個人・団体や移住連との意見交換を行い、運用内容を着実に軌道修正していった。この「聞く耳」を持つ姿勢は、制度開始当初の厳格な制度運用につながった。これらの成果に結びついた

提言は、現場で直接移住者の相談を受ける各地の個人・団体、そして移住者自身の声から発せられたものである。

（2）国会議員へのロビーイング

　国会議員へのロビーイングは「成果」がわかることが多く、政策形成・決定者と移住者が直接つながる機会にもなる。他方で、良くも悪くも政治情勢に左右されやすい。例えば、国会議員が法務省とやりとりをするなかで、移住者個人の在留資格が安定化（「定住者」になる、在留期限が長くなるなど）することは「成果」として多数の事例がある。他方で、移住連を中心に、各地の団体が協力して「在留特別許可に係るガイドライン」の見直しのため国会議員に協力を求めた案件では、民主党（当時）政権から自民党政権への交代を経て、今ではこのような変更への対話など法務省としては「なかったこと」になってしまった。

　その他、国会議員を介して、個別ケースを超えて移住者の人権保護・促進が求められた例として以下がある。出国手続きでの入管職員の説明不足で、再入国許可を得ないまま再入国しようとした移住者の在留資格「永住者」が取り消されたものの、移住連と国会議員が法務省に問いただした結果、その移住者の永住資格が回復されるとともに、法務省は地方入管局に「不適切な対応をしないよう」通知を出し、また、出国する外国人に審査官が「いつもどりますか？」とEDカードへのみなし再入国許可を求める旨の記入にかかわらず聞く運用が始まった例（2014年）、「ん」で始まる移住者の名前に対し、「日本人」の名前ではありえないとしてこれまで社会保険事務所のシステムが対応していなかったことが、国会議員を通しての働きかけにより改善された例（2015年）などがある。

　そして、国会議員を通して省庁に移住者の権利保護とその促進が求められてきた制度として、近年ではチャーター機を使用した送還忌避者の集団送還、外国人家事労働者と外国人建設労働者の受入れ、外国人技能実習制度などがある。

　さらに、移住連も発足に関わった民主党（当時）「外国人の受け入れと多文化共生社会のあり方を考える議員連盟」は、現場で移住者の権利保護とその促進を訴えるNGOの意見に耳を傾け、同課題に関して関心を持つ議員をまとめたという点で特筆に値する。外国人人権法連絡会などは「人種差別撤廃基本法を求める議員連盟」の設立に関わった。

　なお、移住者に関する国会議員への働きかけにおいては、「子どもの教育」「高齢者」「女性」などと、異なる切り口で問題を提起することで協力議員を獲得していくことができる。これは、移住者をめぐる政策はその人の人生サイクルすべ

てに関わるため可能になるものである。

(3) 国会における各委員会の活用

国会の各委員会での議論において、委員を務める議員に移住者の権利保護とその促進を働きかけることも有効である。例えば、家事労働者受入れに関しての 2015 年の議論では、移住連などが偽装請負防止対策を所管省庁に求め、そのために政府が周知徹底することが地方創生に関する特別委員会や厚労委員会、法務委員会などでの答弁で確認された。このことにより、制度に落とし込まれた言葉では確証が得られない運用面において、移住者の権利が保護されることを確認し、現場で反映させることが可能となる。外国人技能実習制度に関しては、長年技能実習生に対する権利侵害に対し国会の場で認めてこなかったものが、2015 年頃から総理大臣が「制度の趣旨や目的と実態の間に乖離がある」ことや「国内外から様々な指摘や懸念が表明されている」こと、「(制度への) ご批判」を認める答弁にまで変わった。これらは、権利侵害を主な理由とした制度変更の必要性を政府としてしっかりと認めた大きな一歩であり、この認識の変更は NGO の国内外での働きかけ・情報提供活動の成果といえる。また、幅広いネットワークと現場の豊富な情報を持つ NGO であればこそ、答弁を引き出す質問委員へのインプットが可能であり、かつ答弁から現場への活用へのアウトプットも可能になる。さらに予算委員会や本会議での代表質問といったテレビ中継が入る答弁において移住者問題が取り上げられることは、メディアや一般の人々に対しても問題を啓発する貴重な機会となる。

(4) その他

関係構築がなされていない議員に働きかける場合に特に有用なのがメディアの活用である。「移住者の人権」を高らかに訴えたくはないが、課題について国会の委員会などで取り上げたい議員に、新聞記事の内容を引用するなどして取り上げるよう促すものである。このためには NGO 側は常日頃からさまざまな記者らと綿密な連絡を取り、移住者をめぐる状況について広く深く理解を求めておく必要がある。逆に、記者と中途半端な関係を持つと、「日本社会を変える」ためのアドボカシーも移住者の権利後退という逆効果を生み出しかねない。さらに、議員の動員という面で、国会内で開く院内集会も、移住者問題においては活発に開かれてきた。国会での参考人招致制度やパブリックコメントといった、NGO らの参加を可能にする制度を利用することも、移住者の権利保護とその促進を数

ある政策課題の中で主流に乗せていく有用な方法である。

4. 移住者をめぐるアドボカシーの課題と市民運動ネットワークの重要性

　移住者の権利保護とその促進におけるアドボカシーにおいては、「当事者の主体性」と「マジョリティの責任」という2つの課題にぶつかる。同時に「当事者」と「当事者以外」という二分法では割り切れないのも現実である。つまり、問題を移住や移住者に帰すのではなく、受入れ社会全体の課題として政策形成・決定者を説得する必要がある。マジョリティがその責任を放棄してマイノリティ（移住者）のみが矢面に立つアドボアカシーでは日本社会全体は変わらないだろう。強く、広い市民運動ネットワークがあることはこの点で重要であり、また、ロビーイングをするうえで主張の正当性を担保することにつながる。さらに、現場を持つ個人や団体の運動ネットワークであればこそ、なおそのロビーイングに重みが増す。現場の情報にもっとも近く、情報に時間差がなく、それを広範囲で行い、かつ構成員が各地で「運動」をしていることは、政策形成・決定者を説得する格好の材料となる。そして、ネットワークが強く広ければ、移住者の権利保護とその促進における地盤（constituency）の存在感が増す。このことは、冒頭で述べた移住者の権利保護とその促進をめぐるロビーイングの不利な点を補完することができる。

　移住者を受け入れる社会で幅広いネットワークが備わっているという事実は、マイノリティである移住者の権利保護とその促進の課題は日本社会「全体」の課題であるということを明示することにつながる。同課題を「ないがしろにはできない」という「雰囲気」をつくり出すことができるのである。こうして、国の政策を形成し決定する者たちが高らかに、そして当然に移住者の権利保護とその促進を訴えられる社会を私たちは目指さねばならない。

（大曲由起子）

注

1) 当時の成果として、全国労働安全衛生センターによる「外国人労災白書」が労基法3条（均等待遇）を根拠に、非正規滞在者への労災保険の適用と労働法全般の（入管法より優先しての）適用を導き出したことが挙げられる（平成元年10月31日、基監発第41号）。これが、移住労働者の労働組合での組織化につながり、非正規滞在者自身が運動当事者となる社会運動「外国人春闘」が始まる（1993年）。移住労働者の権利を保護し、その促進をする労働組合の活動は、日系人労働者や語学学校で働く移住労働者の組織化、技能実習生の相談活動を中心とした全国規模の活動へと広がっていく（メールインタビュー、鳥井一平、2017年6月）。
2) テレビスポットでの政府広報も要請したものの、インターネットTVのみの対応となった。

Column 非正規滞在者の支援活動

非正規滞在者とは、在留資格を持たずに滞在している外国人を指す。非正規滞在者支援の過程では、非正規滞在者「個人」が入管法を犯したという「不法」性が問われる場合が多い。しかし、日本社会が、彼・彼女らを労働力として活用してきた側面がある。特定非営利活動法人 ASIAN PEOPLE'S FRIENDSHIP SOCIETY（以下、APFS）では、設立以来、非正規滞在者の支援に取り組んできた。

1990年代後半、日本で非正規滞在の外国人同士が結婚し、子どもを育んでいる家族ケースが顕在化してきた。APFSでは非正規滞在家族と話し合いを重ね、「在特弁護団」を結成した。1999年9月1日、非正規滞在5家族、単身者2名が東京入国管理局に在留特別許可を求め一斉に出頭した。存在を公にしてこなかった非正規滞在者家族が姿を公にした事実に意義があった。1999年12月には、第2次出頭（5家族17名）、2000年7月には第3次出頭（7家族単身者1名、計26名）が行われた。結果、10家族42名（うち子どもは21名）に在留特別許可が認められた。APFSは、非正規滞在家族に在留特別許可が認められるかわからないときに、「一斉出頭」という運動によって、結果を出した。外国人家族に在留が認められるかどうかはわからないという「外国人家族の壁」を乗り越えたのである。

2003年、「犯罪に強い社会のための行動計画」において、約25万人存在した非正規滞在者を、今後5年間で半減させることが目標に掲げられた。APFSに

は、入国管理局に摘発され、退去強制令書が発付されている家族が多く集うようになってきた。子どもは日本で教育を受け続けること、親は子どもに日本で教育を受けさせることを望んでいた。APFSでは2009年2月に、すでに退去強制令書が発付されている22家族72名による「一斉再審情願行動」を展開した。「再審情願」とは、すでに退去強制令書を発付されている非正規滞在者が、発付後の状況変化を理由に、再度の審査を入国管理局に求める行為を指す。入管前でのアピール、街頭署名活動等に当事者は懸命に取り組んだ。結果、2009年12月〜2010年7月にかけて11家族39名に在留特別許可が認められた。退去強制令書がすでに発付されている状況から、在留を勝ち取った事実には大きい意義がある。APFSはその活動を通じ、「退去（強制令書）先行の壁」を乗り越えたのである。

2011年以降、非正規滞在家族のケースでは膠着状態が続いている。入国管理局は、複数のケースについて、親が帰国することを条件に子のみに在留特別許可を認めると言う。「親子分離の壁」とでも呼ぶべき壁が存在する。しかし、家族の統合は守られるべきである。APFSでは、2015年8月から「子どもの夢を育む100日間行動」に取り組み、日本社会に問題を顕在化させることに努めてきたが、まだ壁は乗り越えられていない。当事者や市民から、英知を結集し、引き続き支援に取り組む必要がある。

（加藤丈太郎）

11-2 地域の国際交流協会による外国人支援

1. 自治体の国際活動と国際交流協会の変遷

　全国自治体の国際活動は、福祉やジェンダーなどの分野とは違い、法的根拠の"なさ"にその異質さがある。内容を通覧しても、敗戦後始められた姉妹都市親善友好型のもの、1980年末～90年代にかけての「国際交流推進大綱」や「国際協力推進大綱」に沿ってつくられた自治体国際交流政策のフレームによるもの[1]、90年以降のニューカマー激増と「外国人集住都市会議」の流れでできた2006年の「多文化共生推進プラン」以降のもの、そしてリーマンショック以降の定住外国人支援などさまざまである。設置の基準もないため、自治体の自由裁量の範疇に留まる傾向は否めない。場合によっては、首長の嗜好が反映されたり、国際的祭典などのブームに左右される可能性もありえる状況だといえよう。

　振り返ると、バブル経済が崩壊する前の時代に、旧自治省が出した「国際交流大綱」に国際交流推進体制・国際交流施設の整備を定め、その補助をした意味は大きかったといえる。その時期に自治体が出資・出捐する外郭団体としての国際交流協会や、その活動の拠点となる公共施設としての国際交流センターが都道府県や政令指定都市のみならず、市町村単位でも誕生したからである。

　しかし、90年代半ばから2000年前半にかけて国が行った地方行政改革の影響を真っ向から受け、特に市町村の外郭団体としての国際交流協会等は苦渋の道を歩むことになる。その一つは、2003年の地方自治法の改定で導入された指定管理制度であり、公の施設の管理運営主体に競争原理に基づく選定が取り入れられたこと、もう一つは2006年の地方公共団体における行政改革の更なる推進のための指針（地方行革指針）で、公益法人からの自治体職員の引き揚げや法人に対する出資金・補助金の見直し、統廃合の推進が謳われたこと、加えて、最後の一つは2008年公益法人制度改革関連3法[2]の施行である。いわゆる社団法人や財団法人は、2013年までに所定の手続きをとり法人移行しなければ自動的に解散したものとみなされることになったのである。

　自治体から誕生し、そのコントロール下で育った地域国際交流協会が、こうした苦境を乗り越えられたのは、90年代から普及し始めた多文化共生という文言が、2000年代に入って、官製のお墨付きをもらったこと[3]、そして阪神淡路大震災以降の市民活動への着目と特定非営利活動促進法（NPO法）等の整備であろ

う。移民政策不在の日本で、外国人を支える多様な市民活動の受け皿・中間支援組織として、元半官半民でスタートした国際交流協会の役割は決して小さくはない。補助金という紐付きがなくなった後も、主要な収入源となる指定管理制度の縛りを受けながら、自治体とは一線を画した位置を得られたことは、強みでもある。自治体から誕生したからこそ、その施策に「モノいうことのできる立場」にあるサバイバーとしての意義は大きい。日本という国では、トップダウンとしての移民政策や、外国人の人権を保障する法的根拠がないからこそ、地域から生の声を上げ、ある意味健全なボトムアップ型の多文化共生を現場から推進する役割が、地域国際国流協会に期待できるのではないだろうか。

　次項以降は、公益財団法人とよなか国際交流協会（以下、“とよなか国流”）を具体的な事例として、どのような外国人支援ができるのか、その役割を考察していくことにする。

2. 多文化共生の拠点として、「外国人の居場所」を公的施設に創出する

　大阪府豊中市は人口約 39.8 万人、大阪市北部のベッドタウンである。外国人人口は 5400 人ほどで 1.36%、全国平均の 1.87% より低く、少数点在している。阪急豊中駅に隣接するビルの 6 階が、豊中市が公益財団法人に管理運営委託をしている「とよなか国際交流センター」である。センターの年間利用者数は約 8 万人であり、うち外国人利用者数が 4 割に当たる 3 万人以上を占めており、地方自治体の公的施設で群を抜いて外国人の利用率が高い。事業数は 30 弱であるが、10 数人の職員と約 500 人のボランティアがそれを成り立たせている。

　“とよなか国流”は、1993 年豊中市の出捐金により設立され、同市はその活動拠点として国際交流センターを開設した。現在の事業体系（図1）は、2007 年に刷新されたものである。事業の最重要課題に掲げられたのは、社会で周縁化される外国人を意識し、積極的に差別を是正するため「総合的外国人サポート」を乳幼児から高齢者まで世代を分断することなく推進させることであった。

　そのため設立以降一貫して、外国人の「子どもの居場所」「おとなの居場所」として機能するための事業が展開されている。大人に対しては、週 1 回 11 言語による「多言語による相談サービス」や「DVホットライン」の提供、地域住民グループによるさまざまなスタイルでの「にほんご活動」[4]、子育て中の親を活動に参加しやすくする「多文化子ども保育」、地域図書館で開かれる「おやこでにほんご」などがある。子どもに対しては「子ども母語教室」「学習支援・サンプレイス」「豊中こども日本語教室」など日本社会で生きていくために必要な力

224　Ⅳ　移民政策の確立に向けて

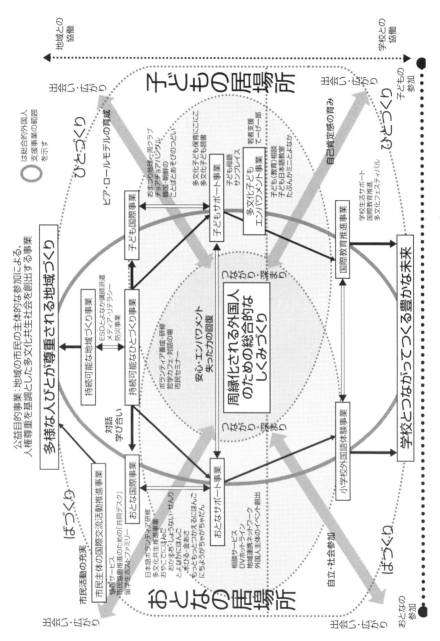

図1　公益財団法人とよなか国際交流協会事業体系図
出所：www.a-atoms.info/whatdoing/（2018年2月10日閲覧）

をつけたり、自己肯定感が持てる機会がつくられている。近年は、大人と子ども
の端境期、キャリアを意識した外国人の若者の溜まり場づくりも行っている。

　「居場所」で大きな役割を果たしているのが、元当事者だったというピア的な
スタッフである。多言語スタッフには地域外国人女性が起用され、子ども向け
の母語や居場所づくりのスタッフやコーディネーターには大学生などの外国に
ルーツを持つ等の青少年が当たっている。自らがさまざまな経験を持つスタッフ
たち[5]は、安心安全な場づくりに欠かせない。

　"とよなか国流"では、1995年当初から事業に外国人の子どもの居場所づくり
という視点が入れられており、学校にも家にも安心して居られる場所がない子ど
もの問題は早期に発見されていた。それらが大人にも向けられるようになったの
は、1998年頃から、出産、子育て、そしてドメスティック・バイオレンス（DV）
など、日本で生活する外国人女性が相談の場面に登場するようになってからであ
る[6]。特に「外国人の居場所」構想は、あるDV被害者の外国人女性をめぐる苦
い体験からきている。問題解決を急ぐ"とよなか国流"スタッフに投げられた言
葉は「ただ、居られる場所が欲しい」であった。その時、支援と言いつつ、実は
日本社会に則した規範的な行動を求める支配的な要素があったことに気づかさ
れ、外国人の行き場のなさをつくっている日本社会とそれを無意識に支持してい
る自分たちを自覚して、公的な場所であるからこそ、外国人の聖域（サンクチュア
リ）をつくる責務があるのではないかと考えるようになったのである。

　2011年の東北、2016年の熊本での震災時、地域に暮らす外国人が真っ先に
頼ったのは、日本語教室などが開かれていた仙台や熊本の国際交流センターで
あった。熊本では、急遽国際交流センターが避難所となり、外国人も含めた地域
の人を受け入れ、全国からの応援を受けながら多言語で生活情報などを発信する
拠点となった。それは日常的にその人が居られ、認められ、危険を感じない場所
であったからこそ機能したのではないだろうか。地域社会と外国人をつなぐ多文
化共生の拠点となる公的な承認の場の形成が求められている。

3. 外国人が住民として存在する「社会モデル」を働きかける

　一般的に、日本社会には外国人への3つの壁があると言われている。すなわち
「言葉の壁」「心の壁」「法の壁」であるが、自治体で一番注目されるのが「言葉
の壁」である。外国人を地域住民として、あるいは観光などの一時的訪問者とし
ても抱えている自治体では、大規模災害時などに日本語を解さない外国人に確実
に情報を伝達していくために、多言語対応をしていかなくてはならないことが明

らかにされており[7]、地域国際交流協会もその一端を担っている[8]。しかし、一方で「言葉が通じない」原因が「日本語ができない」個人に回収されてしまう可能性も高い。危機管理の時には浮かび上がってくる「言葉の壁」であるが、そうした外国人が日常的にどのような状況に置かれているのかという発想はあまりない。

　そこで〈いま〉〈ここ〉で生活しているかれらを代弁するのが地域国際交流協会の役割である。もともと、行政ではやりきれないという意味でできた自治体外郭団体であるから、さまざまな政策現場に参加し、外国人も住民として存在するという立場で関わっていくことは重要であろう。市の関係会議の中で声を上げていくことは、外国人にとっても暮らしやすい地域をつくるきっかけにもなる。

　例えば豊中市では、現在3つの図書館で外国人と日本人の親子が交流する「おやこでにほんご」という活動が行われている。図書館が外国人への配慮をするようになったのは、豊中市が「子ども読書活動推進計画」を策定するにあたって、「障害のある子どもや外国人の子どものグループ」がつくられ、そのメンバーに"とよなか国流"職員やボランティアが参加したからである。2つのカテゴリーを同グループにすることにも議論があったが、読書環境から遠いことがフィールドなどを通して認識され、具体的な支援の政策が計画の中に位置づけられたのである。"とよなか国流"側も「多文化子ども読書推進事業」を立ち上げ、「外国語絵本コーナー」や8言語による図書案内を作成するなどの相乗効果も見られた。不利益な状況を生んでいる社会の側の変革が求められる「社会モデル」を、その暮らしと関係する政策等の会議に参加し働きかけることは[9]、権利の主体として認識されにくい外国人にとってまだまだ必要だと思われる。

　もちろん、その根の部分には国による「法の壁」がある。日本国籍を持たない者は、学校教育をはじめ、さまざまな場面で権利として公的なサービスを受けられなかったり、参加ができないという状況がある。外国人学校への補助金の問題や教員の国籍条項など、普通に考えてもおかしい「差別」が野放しになっている。一方、地方自治法10条は「市町村の区域内に住所を有するものは、当該市町村及びこれを包括する都道府県の住民とする」、同条2項「住民は、法律の定めるところにより、その属する普通地方公共団体の役務の提供をひとしく受ける権利を有し、その負担を分任する義務を負う」と明記されている通り、住民の国籍は問われていない。

　すべての住民が少なくとも地方公共団体の役務の提供をひとしく受けられるような、自治体における外国人の「社会モデル」を推進させるために働きかける

のは地域国際交流協会の役割であるといえよう。 （榎井　縁）

注

1) 国際交流が、地域の活性化や日本人の国際化につながるものとして意義づけられるもので、想定される外国人は、来訪者、JET プログラム等の外国青年、留学生などであった。95 年の国際協力推進大綱では国際協力の視点も入れられたが、どちらの大綱も外国人住民を視野に入れたものではなかった。

2)「一般社団法人及び一般財団法人に関する法律」（平成 18 年法律第 48 号）、「公益社団法人及び公益財団法人の認定等に関する法律」（平成 18 年法律第 49 号）、「一般社団法人及び一般財団法人に関する法律及び公益社団法人及び公益財団法人の認定等に関する法律の施行に伴う関係法律の整備等に関する法律」（平成 18 年法律第 50 号）。

3) 総務省は 2005 年に「多文化共生の推進に関する研究会」を立ち上げ、2006 年には「多文化共生の推進に関する研究会報告書」と、各地方公共団体における多文化共生の推進に関する指針・計画の策定に資するためのガイドラインとして「地域における多文化共生推進プラン」を策定した。

4)“とよなか国流”設立から 4 年までは、なるべく安価で受講できる効率の良い「日本語教室」事業が行われていた。しかし、通っている外国人アンケートから教室以外で日本語を使う実態がないことがわかり「教室」を廃止、学習はもとより、もっと多様な出会い・交流が図られるような「にほんご活動（にほんご交流活動とも称した）」へと展開していくことになった。

5) スタッフや職員として関わってきた者は、旧植民地出身の在日コリアン、中国帰国者、国際結婚などで日本と外国の複数ルーツを持つ者（日本生まれ育ち、呼び寄せで来た者など形態はさまざま）、在日米軍とつながるアメラジアン、海外生まれ育ちのいわゆる帰国生、日本生まれ育ちの外国籍の者など実に多様である。

6) 協会は、1998 年度より「外国人のための相談サービス」に多言語スタッフを導入した。スタッフは外国人女性で日本での生活経験を持つ者（例えば国際結婚等で妊娠・出産・子育てなど）が採用されたこと、また相談日の設定を外国人が多く集まる日本語の活動と重ねたことで、気軽に立ち寄って話せる、という雰囲気がつくられた。

7) 1989 年に自治体共同で自治体の国際化を支援する目的で設立された自治体国際化協会（Council of Local Authorities for International Relations: CLAIR）は、HP 上に多言語情報等共通ツールを提供、災害時の避難所等で使用できる「災害時多言語表示シート」やその支援のための手引き、作成ツール、多言語災害情報文例集など、外国人支援のための情報発信を行っている。

8) 実際、“とよなか国流”は豊中市と 2017 年 2 月に「災害時多言語支援センター」設置に関する協定を締結し、大規模災害時において、外国人市民等が必要とする情報の多言語翻訳、発信や相談など外国人市民等の支援を総合的に行う機能を国際交流センター内に設置することになっている。

9)“とよなか国流”は、豊中市の次の会議に参加している。DV 防止ネットワーク会議、児童虐待防止ネットワーク会議、地域福祉ネットワーク会議、人権啓発市民ネットワーク会議、人権相談機関ネットワーク会議、子ども若者支援協議会、日本語・識字豊中連絡会議、国際教育推進協議会、在日外国人教育推進担当者会議、子ども政策推進連絡会議、地域社会福祉活動計画推進委員会、とよなか市民環境会議などである。

Column　移住者と家族の心の拠り所としての「教会」

毎週日曜日、教会には、さまざまな国籍や民族の老若男女が集う。祈り、歌い、話し、笑い、食べ、くつろぎ、皆が思い思いに過ごす。異国の地で生き抜く術を身につけなければならない移住者にとって、精神的な拠り所は命綱となる。それは、移動する人の多くが故郷を離れ、新天地に移り住む際に、根なし草のような心境となるからである。そこで地を固め、根を張らせ、年輪を刻む必要がある。移住者にとって「教会」はどういう存在であるのか、私のファミリーヒストリーをたどりながら考えてみたい。

日本人の父、フィリピン人の母はマニラで出会って結婚し、その後4人の子どもを育てた（母方祖父母には、マレー民族、華人、スペイン人のルーツがあり、母は移民の子どもでもあった）。私たち家族が誕生してから約40年経つが、その間にフィリピン、オーストラリア、日本、アメリカを行き来し、国内でも東京、香川、大阪への引越しを繰り返した。移動するたびに皆、期待と不安が入り交じり、生活の立て直しが求められた。

私は香川県で生まれ、小学1年生の途中から1年間は、親戚たちに囲まれたアットホームなフィリピンで過ごした。その後は大阪にあるミッション系の学校に通った。当時は、外国人の母とその子どもたちということで、奇異な目で見られていたように思う。その後、小学6年生から中学3年生までを米国サンフランシスコとボストンで過ごした。兄は大阪に残り、父も逆赴任をしていたため、母、姉、弟と私は異文化に馴染もうと必死に努力をした。一方、人種的マイノリティであることに居心地の悪さを感じたこともある。私は、高校進学のために再帰国したものの、大学受験戦争や部活文化に逆カルチャーショックを受け、再適応には苦労した。

このような多文化・多言語環境の中で育ったため、自分のアイデンティティについて問う場面は人の何倍もあった。しかし、私たち家族にとっては、どこにいても、教会は大きな支えとなっていた。

さて、私たちのような移住者家族が教会に求めているのは、型通りの支援よりも、生きていくうえでのよろず相談や人とのつながりではないだろうか。教会のミサ（礼拝）や、イベントに参加することは、神に祈りを捧げるためだけではない。日々の生活から一旦離れ、気持ちをリセットする目的もある。悩み苦しんでいる時に、話を聴いてくれたり、手を差し伸べてくれたりする人がいる。また、問題解決の糸口を見つけ、衣食住の確保すらもしてくれる。それゆえに教会は、コミュニティと移住者、移住者同士がつながれる場なのである。

そして教会は、国境や文化を超えた存在である。私たちがクリスチャンで、移民として生活していること、自分自身のルーツを自覚し、誇りを感じさせてくれる場である。教会を通して、困っている人を助け、助けられるといった強い絆で結ばれていると感じることができるのである。

(津田友理香)

11-3 結婚移住女性と地域社会

(1) 都市型結婚

はじめに——「国際結婚」と日本：概観

　日本における「国際結婚」の推移については、すでにいくつもの研究が指摘しているように、統計がとられるようになってから、いずれも日本社会の変容を強く反映する形でその傾向が変わってきている。よく知られていることであるが、いわゆる「国際結婚」の統計がとられるようになったのは 1965 年からである。そこから 1974 年までの 10 年間を、第 1 期（1965〜74 年）とすると、その組み合わせとしては、日本人女性と米国籍男性が最多のカップルとなっていた。1966 年当時は数としても年間 3976 件（全婚姻数の 0.4%）と少ない時期である（石井 1995; 賽漢卓娜 2011）。その後、1970 年代半ばから 80 年代半ばまでは、外国人配偶者の国籍別第 1 位は夫、妻ともに韓国・朝鮮籍となる。1980 年代前半には国際結婚数は 1 万件を超え、その後、いわゆる「バブル期」の 1980 年代後半からは、国際結婚の件数そのものが急増したが、その後 2006 年をピークに新規の国際結婚の件数そのものは減少傾向にある。ただし、1980 年代後半から今日に至るまでの傾向としての「夫日本、妻外国籍」組み合わせが日本国内における「国際結婚」の主流となっていることに変わりはない。

　1980 年代後半からの国際結婚の増加要因としては、まずアジアからの女性たちの日本への入国増加、特にフィリピンを代表的な出身国とする在留資格「興行」での来日女性の増加と、その多くが接客業の職場で日本人男性と出会っていった、という事実が挙げられる（同時に、この時期以降「国際婚外子」が生まれていったことも忘れてはならない）。合わせてこの時期には、農村嫁不足対策としての自治体主導の「集団見合い」による、いわゆる「農村花嫁」や、民間結婚仲介業者によるアジア女性の斡旋の流れもスタートした。また、忘れてはならないのは、上記の「興行」ビザからの国際結婚や、「農村花嫁」としての結婚によって、日本人男性と結婚した女性たちが、日本と本国それぞれの自分の友人や知人、親族などを紹介する形で、連鎖的に国際結婚が生まれていったという要因である。

　合わせてこの時期以降に見られた新しい現象としては、パキスタン、イラン、バングラデシュなどニューカマー外国人男性と日本人女性との結婚数も増加し

た。

　これに付け加えられるべきこととして、バブル崩壊後からは、国際離婚件数の増加とそれに伴う外国籍母子世帯の増加、2000 年代後半に入ってからの新規の国際結婚減少傾向と全体としての永住化傾向がある。次世代の誕生による「子育て」課題の顕在化期、とも呼べるかもしれない。

　こうした推移をたどってきた日本における国際結婚をめぐっては、フィールド調査に基づくものや、構造的な背景や問題群も網羅するような研究など、さまざまな研究が積み重ねられてきた（佐竹・ダアノイ 2006; 嘉本 2008; 賽漢卓娜 2011; 柳 2013）。

　賽漢卓娜（2011）が指摘するように、1980 年代以降の国際結婚をめぐっては、「農村花嫁」がクローズアップされることが多かったが、本節(1)では、「農村花嫁」とはあえて区別して「都市型」の国際結婚に注目し、その特性を「都市」の文脈の中で把握しながら、同時に、「都市」で暮らす結婚移住女性の、地域社会を変革する主体としてのあり方について論じてみたい。

1.「都市型結婚」の研究動向と、行為主体・地域住民としての結婚移住女性

　日本における国際結婚を、「日本にやってきた "外国人" 花嫁」という視点ではなく、「国際移動する女性／結婚移民女性」という視点から分析した賽漢卓娜は、これまでの日本の国際結婚についての研究を整理するなかで、あらためて「農村花嫁」への注目が高いことを強調している（賽漢卓娜 2011）。なかでも「異文化結婚による移住を経験するアジア人女性自身の適応、あるいは不適応よりも、受け入れ側の視点に立ち、同化されていく過程を提示している」（同 : 34）との指摘は鋭い。同様に、永田（2011）、柳（2013）はそれぞれフィリピン人女性、韓国人女性に着目しながら、「トランスナショナルに移動する主体」としての結婚移住女性の「戦略」やネットワークを描き出している。

　在日フィリピン人の研究においては、職業と密接した名古屋市栄区のような事例（高畑 2010）を除けば、「集住地がない」ことが指摘されている（マテオ 1999; 永田 2011; 高畑・原 2012）。このことは、例えば柳（2013）が調査してきた韓国人女性にも共通すると思われ、農村部への結婚移民の多い韓国・台湾と比較したときの、日本における国際結婚の一つの特徴でもあるといえるだろう。日本の結婚移住女性は集住地域がないなか、「結婚」を通して日本社会の最少単位ともいえる「家族」の中に直接入っていく。「唯一の外国人」として、日本社会と日常的に対峙していかなければならない状況に、彼女たちは置かれるのである。

婚姻を契機とした家族形成と定着は、集住地なきフィリピン・コミュニティ
を生んだ（高畑・原 2012: 161）とされるなかで、特に都市部での国際結婚は、農村
部よりも「外国籍配偶者」の存在が見えにくく、近所付き合いの希薄さや「地
域」としての結びつきの弱さから、問題が「個人化」する傾向があるのではない
かと指摘されてきた。これは、母語での相談活動を行っている NGO への相談傾
向などからもうかがい知ることができる。例えば、1990 年代後半に東京都港区
の NGO、カパティラン（KAPATIRAN）に寄せられた相談ケースは、①共同生活
の破綻と滞在の不安、②結婚観における相克、③日本的家族文化との葛藤、④夫
婦間の上下関係、といったものであったという（定松 2002）。主に言語や文化、家
族観の違いに基づくような上記の「相談」ケースは、都市に暮らす結婚移住女性
の孤独や葛藤を想起させる。2000 年代後半になって、こうした「相談」の一つ
の帰結なのか、離婚件数が増加し、結果として外国籍母子世帯の増加と貧困、さ
らには DV 問題の深刻化といった、「関係の破たん」後の課題が増えてくること
は、結婚移住女性の滞在の長期化が日本社会における生活環境の改善に必ずしも
つながっていない、という厳しい現実を私たちに突きつける。
　しかしながら同時に、多くの調査研究が明らかにしているように（永田 2011;
高畑 2010; 高畑・原 2012）、滞在の長期化のなかで自助ネットワークや、経済活動、
「地域の国際化」活動や、子どもの教育への関与などを通して、日本社会におけ
る新たな行為主体、として登場している結婚移住女性たちの存在を見逃すことは
できないだろう。

2. 行為主体としての結婚移住女性

　ここでは、行為主体としての結婚移住女性の活動を、①経済活動、②社会活動、
③子育てを含む教育活動の、3 つの側面から捉えてみたい。まず経済活動として
は、フィリピン人に関して高畑らが紹介している介護労働職としてのフィリピン
人女性の存在がある。これは、「都市型」結婚に限らないが、首都圏や東北・東
海・関西・九州の主要都市圏における介護現場で結婚移住女性や、元結婚移住女
性が重要な働き手となっていることは、しばしば報告されている。介護の担い手
不足が慢性化するなか、さらにこうした結婚移住女性の「労働」には熱い視線が
注がれていくことだろう。フィリピン人女性を例に高畑が指摘するように、結婚
移住女性たちの「高齢化」が進むなかで、介護職は魅力的な仕事でもある。同時
に、特にフィリピン人女性にとっては、「英語講師」という新しいキャリアの魅
力も大きい（高畑・原 2012）。

232 IV 移民政策の確立に向けて

　社会活動という意味では、結婚移住女性たちの自助組織や相互扶助ネットワークの存在は言うまでもない。名古屋を中心に活動してきたFICAP（Filipina Circle for Advancement and Progress）やFMC（Filipino Migrants Center）、後述する川崎のカラカサンなど、「支援の対象」ではなく、同国人が同国人を助ける、という形での組織活動は早くから結婚移住女性たちによって担われてきた（小ヶ谷 2016）。また教育へのかかわり、という点では、「子育て」をキーワードにつながる結婚移住女性たちのネットワークがある。同時に、「外国籍保護者」や「外国籍プレママ」に対して地方自治体やNGOが「子育てガイド」などを多言語で作り、その作成に各国出身の結婚移住女性たちが、「地域の国際化」スタッフとして関わる、というシステムもある（かながわ国際交流財団の事例など）。

　このように、「結婚」や「家庭問題」に直面する存在としてだけではなく、社会・経済的な行為主体としての結婚移住女性には、今後ますます注目していくべきだろう。

3. DVや貧困、母子世帯問題

　しかし、地域社会の中でさまざまな生存戦略を行使する女性たちや、活躍の場を得る女性たちがいると同時に、国際結婚の破たんも含めて立場の弱い状況に置かれ、経済的にも精神的にもぎりぎりの状況を強いられる女性たちがいることを忘れてはならない。実際、すでに述べたように、外国籍女性が配偶者やパートナーからの暴力（DV）を受け、保護を求める比率が相対的に高いことは指摘されている（カラカサン・反差別国際運動日本委員会編 2006; 髙谷・稲葉 2011）。また、その帰結としての母子世帯の貧困や生活保護受給とそれをめぐる困難などの問題もある。こうした「貧困」の多くは、人間関係の希薄な「都市」の文脈で発生することが多いのではないかと考える。

　フィリピン人女性による自助団体、カラカサンは川崎を拠点にこうした困難を抱えるフィリピン人女性たちを、アクション・リサーチや相互扶助活動を通して長く支えてきた代表的な団体である（カラカサン・反差別国際運動日本委員会編 2006）。カラカサンの取り組みが教えてくれるのは、「DVサバイバー」「生活保護受給者」といったカテゴリーとして捉えられがちな移住女性がまた、とりわけ地域的な結びつきや相互関係の中で、「エンパワーメントの主体」になりうる、ということである。

　以上概観したような日本の現実を考えると、結婚移住女性を「構造的な弱者」としてみるか、あるいはそうした「被害者像」を避けて、「行為主体」とみるか、

という二項対立の議論は不毛であることがわかるだろう。日本社会において、まだまだその生活環境・社会環境が全体としては改善されていかないなかで、しかし着実に結婚移住女性たちの経済活動、社会活動は地域に根を張り、ネットワークを広げ、そして次世代の育成へとつながっているのである。

「そこで生まれた」という事実に基づくのではなく、相互の差異と共通点とを「共振させる」（磯前 2011）ような関係の中、多様性の中で地域が包括的で豊かになる、そういった地域社会のあり方が目指されているのではないだろうか。結婚移住女性たちのさまざまな活動は、こうした新しい地域社会のあり方を示しているように思う。

（小ヶ谷千穂）

《文 献》

石井由香 1995「国際結婚の現状——日本でよりよく生きるために」駒井 洋編『定住化する外国人』〈講座外国人定住問題 2〉明石書店、73-102 頁

磯前順一 2011「批判的地域主義の行方——戦後言説空間の終焉に」『現代思想』39 (8)、167-189 頁

小ヶ谷千穂 2016『移動を生きる——フィリピン移住女性と複数のモビリティ』有信堂高文社

嘉本伊都子 2008『国際結婚論!?（現代編）』法律文化社

カラカサン−移住女性のためのエンパワメントセンター・反差別国際運動日本委員会編 2006『移住女性が切り拓くエンパワメントの道——DV を受けたフィリピン女性が語る』解放出版社

賽漢卓娜 2011『国際移動時代の国際結婚——日本の農村に嫁いだ中国人女性』勁草書房

定松 文 2002「国際結婚にみる家族の問題——フィリピン人女性と日本人男性の結婚・離婚をめぐって」宮島喬・加納弘勝編『変容する日本社会と文化』〈講座国際社会 2〉東京大学出版会、41-68 頁

佐竹眞明・メアリー・アンジェリン・ダアノイ 2006『フィリピン−日本国際結婚——移住と多文化共生』めこん

高畑 幸 2003「国際結婚と家族——在日フィリピン人による出産と子育ての相互扶助」石井由香編『移民の居住と生活』〈講座グローバル化する日本と移民問題　第 II 期第 4 巻〉明石書店、255-291 頁

高畑 幸 2010「地域社会にみる多文化共生——名古屋市中区のフィリピン・コミュニティの試み」加藤 剛編『もっと知ろう!!　わたしたちの隣人——ニューカマー外国人と日本社会』世界思想社、146-172 頁

高畑 幸・原めぐみ 2012「フィリピン人——『主婦』となった女性たちのビジネス」樋口直人編『日本のエスニック・ビジネス』世界思想社、161-189 頁

髙谷 幸・稲葉奈々子 2011「在日フィリピン人女性にとっての貧困——国際結婚女性とシングルマザー」移住連貧困プロジェクト編『日本で暮らす移住者の貧困』現代人文社、27-35 頁

永田貴聖 2011『トランスナショナル・フィリピン人の民族誌』ナカニシヤ出版

マテオ、イーバラ（北村正之訳）1999『折りたたみイスの共同体』フリープレス

柳蓮淑 2013『韓国人女性の国際移動とジェンダー——グローバル化時代を生き抜く戦略』明石書店

⑵ 地方（農村）の結婚移住女性

はじめに──散住地域の結婚移住女性

　2016 年、中長期在留または永住外国人は日本全人口の 1.8% を占めており、東京、大阪、名古屋の三大都市圏や、外国人集住地域に多く分布している。他方、外国人が少数在住している地域──外国人散住地域と呼ぶことにする──も日本各地にある。散住地域では、居住している外国人のうち女性が占める割合が高い。厚生労働省の人口動態調査によると、2016 年日本人と外国人との婚姻件数は、2 万 1180 件で、日本人男性と外国人女性の組み合わせが 1 万 4851 件、日本人女性と外国人男性の組み合わせが 6329 件であった。男女性比はおよそ 7：3 となる。日本人男性と結婚する外国人の出身国は、①中国（5526 人）、②フィリピン（3371 件）、③朝鮮・韓国（2031 件）の順である。いずれの国もアジアで、日本との地理的近接性や日本在住の当該国出身者数による出会いの機会が多く、「上昇婚のグローバル化」によるとの説明がされることもある[1]。

　1980 年代後半より、日本社会の深刻な人手不足が問題となったが、地方社会においてはさらに深刻な状況であり、とりわけ農家人口の少子高齢化の影響や自国民の農業労働力確保における困難がある（小島 2016）。農業従事者数は 2016 年 2 月時点で 317 万人、10 年前に比べて 208 万人減った。そのうち 65 歳以上は 38% から 47% に上昇し、人手不足と高齢化が深刻である。外国人と農村部の関係という観点からみると、1990 年代から研修制度を利用して農業分野でも外国人が稼働するようになり、農漁業の現場で働く技能実習生はすでに欠かせない貴重な存在になっている。2015 年の国勢調査によれば、外国籍農業就業者は 2 万 1465 人いるが、その中には「農村の花嫁」と呼ばれる結婚移住女性たちも含まれている。本節⑵では、農村をはじめとする地方における日本人男性と結婚したアジア系結婚移住女性の置かれた現状と抱える問題について提起を試みる。

1. 「アジアから来た花嫁」になった経緯──村の国際化

　農村における人手不足の背景には後継者不足という根本的な問題があり、農家の後継ぎ男性を含む農山村に住む男性の結婚難は、村や地域の存続に関わる深刻な問題である。50 歳まで一度も結婚したことがない人の割合を示す「生涯未婚率」が過去最高を更新し、2015 年に男性が 23.37%、女性は 14.06% であった。30 歳以上の年齢層における農業男性の未婚率は他産業に比べ、もっとも高い。上記の農業研修生を導入する時期と前後して、1980 年代の後半より日本の

農山村におけるアジア系外国人女性と日本人男性の「国際見合い結婚」は、行政によって導入されてきた。外国人の「お嫁さん」を迎えることで、過疎化を食い止めることが期待されていた。しかし、世論から批判を受け、行政が次第に手を引き、代わって仲介業者が動き出して、フィリピンのほかに韓国、中国などからも女性を斡旋し、「仲介型」国際結婚が急速に行われるようになった。日本人と外国人の国際結婚は2006年に4万4701組でピークを迎えた後、リーマンショックと東日本大震災を経て現在はピーク時の半分以下まで減少した。また、女性たちは、必ずしも農業に就業するわけではないが、高齢化と過疎化により農山村人口が急速に減少するなか、農業や農村社会を支える重要な構成員となってきている。多くの女性たちは、「永住者」の在留資格を取得し、または日本国籍への帰化を選択し、日本の地域社会に定着しているように見える。外見上あまり異質ではないアジア系結婚移住女性は、地域社会から排除と同化の圧力にさらされ、疎外感を経験することは少なくない。

2. 地域社会への統合の様相──「外国人花嫁」として経験する同化と疎外

　地域社会で居住する結婚移住女性についての支配的なイメージとして「農村の花嫁」「アジアから来た花嫁」「外国人花嫁」があるように、「嫁」像が鮮明である。この「嫁」イメージの深層には、「同化」「性別役割分業観」「不可視化」といったメッセージを汲み取ることができる。つまり、この「嫁」イメージが繰り返し語られることで、日本的な「嫁」役割が疑いもなく受け入れられるべき彼女たちの固有の特質であるように自然化され、それ以外の個々の属性や特徴や文化背景やこれまでの生い立ちは不問のまま蔑ろにされてしまう。結婚移住女性は、多様な文化的・社会的な背景を持って生きる個々人ではなく、日本人男性もしくはその家族に帰属する「付属品」として認識されがちである。家族、地域社会は女性たちの言語や文化に対して無関心、無意識化にとどまり、代わりに、その「嫁」たる行為として、「（伝統的な性別役割分業観通りの）お嫁さん」「日本的母親」「日本人のように振る舞う」などの内容が暗黙のうちに期待される。結婚移住女性は当然この空気を感じ取る。自らの国際結婚が、偽装結婚ではなく、「真正」な結婚であることを証明するため、ほかの結婚移住女性と「差異化」を図る動きもある（賽漢卓娜 2017）。「差異化」とは自分自身を同じエスニック・グループから引き離して、日本人の中に位置づける「戦略的不可視化」のことである（李 2012）。「外国人花嫁」という概念は、女性たちを家庭領域に縛り、日本社会へのアクセスは日本人家族を通じてのものに限定するなど、ジェンダー役割を通

じて移住先国家である日本に取り込む役割を果たした。閉鎖的な地域の結婚移住女性たちにとって、「嫁」概念は地域社会、国家の法的処遇で正当な場所を確保でき、社会参加を可能にするものであった。「外国人花嫁」は日本人男性家族を通じて「間接的」な形で収入や社会的地位を受け取ることになる。結局、国境を越える移動をしても、その主体は「母」や「嫁」といったジェンダー役割に収れんされることになる。

　このように、結婚移住女性は、結婚観の対立や日本的家族文化との葛藤、さらに移住者ゆえの不安定な身分などの問題に直面して、日本人の中に囲い込まれ孤立した状態にある。上記の葛藤や日本中心的な発想ゆえに、母親の言語文化の子どもへの不継承、国際結婚家族の子どもたちへの差別・いじめ、夫による妻・子への家庭内暴力、そして移住体験への「誇り」の喪失といった問題が深刻であり、こういった問題を解決するためには、NPO や行政、地域社会など家庭外のサポートが欠かせないと指摘されている（高畑 2003）。彼女たちの経験は、外国人散住地域だけではなく、大都市のアジア系結婚移住女性の経験とも似通っている。G. スピヴァクが指摘した、女性が抵抗を行っても、公的領域へのアクセスがないため抵抗が抵抗として認識されず、訴えに耳を傾ける聴衆がいないため沈黙せざるをえない疎外され従属的な「サバルタン女性（subaltern women）[2]」の存在と重なる（Spivak 1988=1998）。しかしながら、近年、結婚移住女性たちはさまざまな困難に立ち向かいながら、自他の力で私的領域から公的領域へ進出を果たそうとしている。

3.　結婚移住女性の社会参加──日本語学習、「表舞台」への支援

　仲介業者を通じて結婚した女性たちは来日直後には日本語を話せず、のちに日常生活で覚えていき、あるいは地域の日本語教室に通って学習するのが一般的である。「『日本語教室』は、『日本語の勉強』を表看板として掲げながらも、実際には『窓口』としても機能し、生活情報、制度や手続の方法、危機管理情報などをニューカマーに伝える役割を担ってきた。また、滞在、就労、子育て、就学や進学などの相談窓口ともなり、専門機関へとつなぐ中継点としての機能も果たしてきた」（富谷 2009: 37）。各地の日本語教室は、女性のライフステージに応じ、日本語の読み書きから書類の書き方、また資格取得、就職の世話、子どもの学習支援など日本社会へつながる重要な場を提供してきた。同時に、母語を話すエスニック・ネットワーク形成の場でもある。ただ、子どもたちは圧倒的に日本語・日本文化によるモノリンガルの傾向が強く、日本語能力に限界を感じる母親とのコミュニケーション・ギャップが生じる。近年、一部の地域では母親自身が関わる

継承語教室が立ち上がり、教材開発や民話出版の動きがあり、子どもが母親の文化に親しんでおり、脈々と文化の伝承を図っている。

　また、周囲の協力とバックアップを受け、エスニック・ビジネスを起業したり、農業経営を拡大したりするなど、女性たちは地域社会の表舞台に登り始めている。このように、外国人女性が地域で定着することによって、女性たちの参加で地域振興ができ、地域の活性化が実現したこともある。

　複数の研究者の知見をまとめると、結婚移住女性の地域社会での定住を促す居住期間ごとの条件は以下の通りである。①入国初期段階において、受入れ地域で行政バックアップと親身になるキーマンが存在すること、日本語教室によって生活支援と日本語支援を受け、家族関係が概ね良好であること。日本語および生活支援は、家族成員との良好な関係を築いていくことに大きな影響を与えている。この段階で、女性たちは、来日して嫁ぎ先への失望を経験し、文化の違いに戸惑い、互いの母語を話せないままでの夫婦家族間のコミュニケーションが誤解やトラブルを生みやすく、丁寧な支援が必要になる。②中期段階において、地域に就業先があり、近隣や職場や子どもを通じて地元の日本人とのネットワーク、また同国人とのエスニック・ネットワークがあること。こうしたネットワークに支えられた良好な家族関係を構築できることは、結婚移住女性自身の定着意識を強め、よりスムーズに地域生活に参加することができる。また、夫が定年退職を迎える年齢に達している家庭が多く、子どもの教育資金や家計や介護といった面で女性側の負担が大きい。女性たちは、近所で働き口を見つけることが必要となり、それは自己実現にもつながる。その際、エスニック・ネットワークを活用することが多い。③居住長期段階において、高齢化していく結婚移住女性たちの居場所づくりができ、安心してケアを受けられる多文化介護施設があることである。

4. 農村花嫁の将来像と施策

　結婚移住女性が日本の地方の地域社会で居住するようになって、四半世紀が経過している。結婚移住女性は比較的若く、移住を選択して新しい人生を切り開こうという積極性を有しており、過疎化が進み社会基盤が弱まりつつある農山村や地方では、地域社会の担い手として重要性を増しつつある。この意味においても、単純に日本社会が強力なマジョリティで外国人が弱いマイノリティという構図だけでは語り切れない要素が存在している。農業就業人口が減少するなか、農村部の維持や変革の役割を担ってきた結婚移住女性の社会への貢献度は小さくなかった。ただ、外国人女性がどれだけ地域に貢献したとしても、「外国人」という目

で見られることは多く、帰化という選択をしたときですら社会的にその扱いを受け続けることもある。その結果、移住女性は農村部のコミュニティの中での居場所を築けず、地域から浮遊したあげく、離婚を選択することもある。決意を持って移住してきた女性が、移住先を自らの場所として認識できず、母国やその他の場所に新たな場所を求めるとすれば、何らかの誤りがあると言わざるをえない。

　結婚移住女性を「日本人」に含めるだけでは十分ではない。移民の人権を考えるにあたり、移住先で尊厳のある生活を送るための日本語の学習権を保障し、行政への平等なアクセスが確保でき、同時に、自らの文化を保持し、次世代へ受け継がせる権利も守られるべきではなかろうか。さらに、施策の面では外国人に対する基本法をもうけてスタンスを明らかにすることが望まれるところである。

（賽漢卓娜）

注

1）ただ多様な議論があり、詳しい説明は賽漢卓娜（2017）を参照。
2）サバルタンとは、「従属する、下層階級の」という意味である。

《文献》

李善姫 2012「グローバル化時代の仲介型結婚移民――東北農村の結婚移民女性たちにおけるトランスナショナル・アイデンティティ」大西仁・吉原直樹監修、李善姫・中村文子・菱山宏輔編『移動の時代を生きる――人・権力・コミュニティ』東信堂、3-41 頁

小島宏 2016「国際人口移動と農家における労働力雇用」『早稲田社会学総合研究』16（2・3 合併号）、27-49 頁

賽漢卓娜 2014「新たなライフステージに至った結婚移住女性への支援」『移民政策研究』6 号、116-131 頁

賽漢卓娜 2017「『ナショナルな標準家族』としての日本の国際結婚」平井晶子・床谷文雄・山田昌弘編『出会いと結婚』〈家族研究の最前線 2〉日本経済評論社、71-101 頁

南紅玉 2010「外国人花嫁の定住と社会参加」『東北大学大学院教育学研究科研究年報』59（1）、187-207 頁

高畑幸 2003「国際結婚と家族――在日フィリピン人による出産と子育ての相互扶助」駒井洋監修、石井由香編『移民の居住と生活』〈講座グローバル化する日本と移民問題　第Ⅱ期第 4 巻〉明石書店、255-291 頁

富谷玲子 2009「ニューカマーとの共生と日本語教育――言語計画からの分析」『神奈川大学言語研究』31、29-48 頁

Spivak, G. C., 1988, "Can the Subaltern Speak?" In Cary Nelson and Lawrence Grossberg, eds., *Marxism and the Interpretation of Culture,* University of Illinois Press.〔=1998, 上村忠男訳『サバルタンは語ることができるか』みすず書房〕

11　日本社会を変える | 239

11-4　当事者による活動／運動／組織化

(1) 兵庫県の「外国人」コミュニティの自助活動

はじめに——自助組織の阪神・淡路大震災以前と以降

　兵庫県は、日本全国の縮図と言われ地形的にも文化的にも多様な特徴を持つ。本節(1)では中でも外国出身の住民率が高い神戸市で、当事者によるどのような活動が生まれ組織化されていったのか、また今後はどのようにして日本社会に権利を持って参画し、共生に向けた動きへと導いていけるのか、その可能性を探っていきたい。

　2018年に神戸港開港150周年を迎える神戸市は、もともと外国への門戸を開き、多くの移民も受け入れてきた。その歴史は外国出身の住民と共に紡いできたといえる。実際に神戸市中央区内には、日本で唯一のジャイナ教寺院をはじめ、ユダヤ教のシナゴーク、シーク教寺院、プロテスタント、カトリック、正教などのキリスト教の教会、イスラム教寺院、そして本願寺神戸分院や生田神社など、古くからの宗教寺院があり、加えて中華街や異人館通りにある外国人クラブ、神戸インドクラブの存在、また中華料理やインド料理レストランの多さをみても、ここに暮らしてきた人々の歴史を実感することができる。しかしながら、これらは主に「外国人」の自助努力によって確立されたものであり、それが地域社会に認められて棲み分けられてきたものである。

　一方、神戸市長田区の靴産業地域は、戦前から暮らす在日コリアンや、1980年代から海を越えてきたベトナム難民の集住地域で、彼らがこの町の経済活動を支えてきた。在日コリアンは居住の歴史も古く第一言語もすでに日本語になり、権利保障の課題は残しつつも地域住民として暮らしてきたことは周知の通りである。神戸の湊川と長田の間にある会下山公園近くには、戦時下に強制労働で建設にたずさわって命を落とした朝鮮人労働者の慰霊碑が建っている。ベトナム人は、在日コリアンが経営する靴工場などの仕事に就きながら、言語・文化・習慣などの差異により地域住民とは一線を画した形で棲み分けをしていた。

　また、神戸市灘区・東灘区では、1990年の改正入管法施行によって入国した多くの日系南米人も食品工場で働いていた。コンビニエンスストアに並ぶ弁当を日系南米人たちがつくっていることを知る人は少なく、多くは会社の借り上げた

アパートで暮らし、工場とアパートを送迎バスで行き来する生活をし、やはり地域住民と棲み分けられていた。

このように、世界に開かれた港を持つ国際都市「神戸」は一枚岩ではなく、その華やかなイメージとは異なる、光と影のような「国際的」な状況が存在していた。そして、1995年に起きた阪神・淡路大震災により、棲み分けられてきた住民が共に助け合い復興に向かうプロセスでさまざまな気づきを得て、現状が少しずつ変わりつつある。棲み分けているだけでは災害時に混乱することなく助け合うことが難しい。対等な立場での日常的な社会参画により、住民としての関係性を築くことができる。

それは、きれいごとではなく小さな意識改革を経た実践の積み重ねの上に実現でき、制度改革も含めて構築されなければならない。外国人の自助努力のみに任せる同化政策ではなく、住民と共に、分断や排除を生むことのないまちづくりの視点が大切である。外国人の支援活動において、当事者の自助活動の有効性は自明であるが、その体制づくりと、あくまでそれが目的ではなくひとつの過程であることを意識し、最終的には対等な社会参画を目指す意識がどう共有できるのかが、これからの課題である。

1. 旧渡日外国人自助組織と新渡日外国人自助組織

兵庫県には現在、在日本大韓民国民団兵庫県地方本部、在日本朝鮮人総聯合会（朝鮮総聯）兵庫県本部、神戸華僑総会、神戸定住外国人支援センター（Kobe Foreigners Friendship Center: KFC）、神戸コリア教育文化センターなどの旧来と新設も含めた旧渡日の当事者団体と、ベトナム夢 KOBE（NGO ベトナム in KOBE から2013年に改称）、ひょうごラテンコミュニティ、関西ブラジル人コミュニティ、CHIC（Community House & Information Centre）などの新渡日外国人の自助団体がある。

旧渡日外国人の場合、来日背景が日本の植民地政策という個人の意志ではない場合も多く、また移住後も日本社会の政策により非人道的な扱いを受けながら、当時日本社会に根深かった差別と偏見を乗り越えて必死の思いで始めた自助活動が起点となり、公民権を獲得する闘いを続けてきた。旧渡日外国人の運動の積み重ねのおかげで、国民年金制度など改善された制度も多い。これに関わったホスト社会側の住民はそれほど多くはなく、特定の人権意識の高い人たちの運動とみなされ、大半の日本人にとっては関心の低いものであった。一方、新渡日外国人については、1980年代のベトナム難民やフィリピン人、1990年代の日系南米人の急増などにより、地域社会のさまざまな分野で混乱が起き、難民条約批准に

伴う法律の改定なども含めて、生活支援の動きが少しずつ生まれていた。そして阪神・淡路大震災を契機に、生活ニーズに応じた市民活動が横に広がり、関心のある市民の増加とともに、当事者自身の自助活動の有効性が認められてきた。

　旧渡日と新渡日外国人の組織についての大きな違いは、その設立背景にある日本社会の状況である。日本社会には依然として入居差別や就職差別などの問題はあるが、旧渡日外国人の自助組織設立当時の厳しさと比較すれば、現在は少し緩和されてきているといえる。ヘイトスピーチのようなあからさまな差別行動は許すことのできない現象であるが、それを強く批判し抗議する運動も生まれている。旧渡日と新渡日の組織の設立背景は同じではないが、自分たちの暮らしに必要なサービスを自助活動で担うという意味で設立趣旨は同じであった。1世から2世、3世、4世へと時間の経過とともに少しずつそのニーズは移り変わりながら人権運動は続けられ、発信が続けられている。日本社会の入り口となる言語の壁についての対処から、その権利保障要求も含めて、戦後70年を経てもなお日本では、自助活動が求められている。

2. ゲットー化しない自助組織——サポートされる側から主体へ

　阪神・淡路大震災から23年が経ち、旧渡日外国人の自助組織も、日本社会が変えなければならない課題に対し、新渡日外国人や日本人も含めて同じところに知恵があることに気づき、旧渡日組織が新渡日外国人への支援も含めて連携する活動も多い。そこに日本人が関わっていくことは不可欠である。なぜならば、同じ社会を構成する住民として、出自や民族の違う集団が対立して権利・権威を奪い合うのではなく、ゲットー化しないための連携プロセスを経なければ、対立構造はなくならず社会統合には向かわない。その連携のために必要な視点は以下にまとめられる。

(1) 意識の共有

　多文化共生社会の実現という目的意識を明確に持った自助組織でなければならない。圧力や集住により同質性を求めて自然発生的にできる集団を待つだけでは、棲み分けの壁を高くすることになりかねない。課題の効率的解決のための対症療法としてだけの外国人自助組織の発展を目的とするわけではない。自助・互助活動として、母語による情報提供や生活相談、子どもの教育権利の保障、平等な労働環境や安心できる医療環境のためなどの具体的な活動を日本人と共に行い、外国人が同じ住民であるという意識を持つ。一人では届きにくいマイノリ

ティとしての声を組織として伝えることで効果的な発信も可能にする。また、地域のすべての人的資源活用は、地域社会にとってもプラスである。日本社会が抱えているさまざまな課題は、周縁に追いやられてしまう人々を襲い、その課題解決は日本社会そのものの成熟につながるという、住民の意識の共有が大切である。

（2）対等で具体的な協働

意識を共有した新渡日外国人と日本人が、得意分野を役割分担する形で協働して活動を行う。日本社会の仕組みをよく知る住民は自助活動にかかる経費の獲得という役割を担いやすく、行政や地域住民と新渡日外国人とのつなぎ役にもなりやすい。「支援」ではなく、「お互いのまちづくりのための助け合い」という意識の共有で成り立つ対等な立場で協議できる関係性が大切である。新渡日外国人自助組織の自立に向けたプロセスにおいて、日本人の市民団体あるいは旧渡日外国人自助組織で当事者リーダーを雇用して支え、いずれ自立を促すことも一時的に必要な場合もある。日本でリーダーとして団体を運営できる経験とノウハウを新渡日外国人自身が身につけ自立への基盤づくりを目指す協働のプロセスが、アファーマティブ・アクションになるからである。それは対等な社会参画へのインキュベートである。

（3）制度

日本社会において弱い立場の新渡日外国人が対等な参画を可能にする組織基盤を築くには、少なくとも数年間を要する。自助組織形成のための安定的な協働を、公的な制度で保証する助成金制度か公的機関の設置が求められる。国内で活動をする市民団体で当事者リーダーを雇用し、協働という形成プロセスと経済的な自立を果たすための経費を、ひとつの市民団体の自力に頼ることには限界がある。日本における市民団体の運営基盤そのものも脆弱な現状では、人件費、事業費などの安定的な予算確保が困難であり、支援活動を継続することは容易ではない。また、この自助組織が自立した後の基盤づくりにも、ある程度の公的機関の補助が必要となる。多様性を活かしマイノリティを排除せず社会に分断をもたらさない多文化共生社会を目指すひとつのプロセスとして、新渡日外国人自助組織の自立支援に向けた動きをサポートすることは、公共政策として位置づけられることが必要である。

おわりに——先例に学ぶ

　多文化主義政策を打ち出すオーストラリアには、自助組織的な移民団体への支援策として移民定住団体助成制度などがある。この自助制度は、移民自身の役割を積極的に活用して多文化主義の目標を達成しようとするものであると肯定的に評価されている。ただし、オーストラリア社会の目標が移民の自助努力から平等な社会参加へと変化していくなかで、移民に対するサービスは助成される移民団体のみが責任を負うものではないとの見解から、この制度は批判もされた。そのことを踏まえて、日本が先例を参考にするうえで、旧渡日・新渡日外国人の自助組織の形成プロセスにおいて以下のようなポイントを挙げておきたい。

⑴外国人がホスト社会に参加するためのつなぎ役、公的サービスの手の届かない部分のサポート役などの相談業務は、文化的・言語的に理解の容易な、同じ国出身の外国人団体が担うことが望ましい。

⑵外国人団体の自助・互助活動は、問題解決のために大切であるが、外国人と地域社会の対立構造を生まないためにも、活動をその自助努力だけに任せてはいけない。

⑶各外国人団体の文化的多様性を尊重し認めることは、ホスト社会の受入れの懐の深さを感じさせ、ホスト社会での生活への不安を取り除き、外国人側もホスト社会の文化を受け入れやすい。

⑷ホスト社会側の市民の積極的な意識啓発として、外国人とホスト社会の住民の交流活動とともに、教育現場での外国人の言語や文化、宗教などの存在を認める環境は、双方の意識改革に効果がある。

⑸文化的多様性のみを尊重するのではなく、その経済的効果についても考える必要がある。

⑹持続可能な自助組織の運営とその事業を担う外国人の社会的立場の尊重および労働条件の改善、さらに外国人のグループ同士の横の連携も視野に入れる必要性がある。

　以上のような点を踏まえて外国人自助組織が形成された延長線上には、地方参政権の獲得がなければならない。世界で国政参政権には国籍が関連するが、ヨーロッパの多くの国では、EU圏内や在住期間などの条件付きで地方参政権を認めている。地域社会では、不具合について気づきの多い外国人の視点が政策に反映され、民主的で成熟した社会の確立につながるはずである。　　　　（吉富志津代）

⑵ 東北における「多文化・多民族共生」の課題と展望

はじめに

> （前略）小さい頃、周りの皆と違うことを理由にいじめられたことがあった。帰り道にすれちがう知らない子にも悪口を言われる毎日。違うことはいけないことなのだろうか。幼心で周りに溶け込み、あまり目立つ行動はいけないと考えた。そうしていくうちにいじめもなくなった。それからだろうか。自分一人だけが違うというのがとても怖くなった……（後略）

　上記の文は、2013 年に福島県が開催した中学生人権作文コンテスト県大会で最優秀賞に選ばれた後藤光さんの「ダブルの私と母」という原稿の一部である。光さんは、日本人の父とフィリピン人の母を持つダブルの子どもだ。ある日、学校で母の名前で笑われたことで、母にその怒りをぶつけてしまった自分を反省しながら、人と違うことに対するこれまでの恐怖心を表した文である[1]。

　光さんの経験は、日本のどこでも経験するものなのかもしれない。それにもかかわらず、ここで取り上げるのは、彼女が言う「幼心で周りに溶け込み、あまり目立つ行動はいけないと考えた。そうしていくうちにいじめもなくなった」（下線筆者）という言葉が、東北に住む外国人の状況を端的に代弁しているように思われたからである。

　「東北」は確かに地域に溶け込んでいれば住みやすい社会だ。地域に溶け込むために東北に住む移住女性の多くが「戦略的不可視化」を選択していることはすでに指摘している（李 2012）。そして、その傾向はニューカマーだけではなく、いわゆる在日と呼ばれる特別永住者にも見受けられる。宮城の在日本大韓民国民団（民団）幹部の一人は「民団は我々にとって特別な場所で、普段は日本人の中で自分が韓国人であることを隠しているが、ここに来たら羽を伸ばすことができる場所だった」と回顧した。しかし、その裏面を取れば、東北は差異には不慣れな社会ともいえる。多様性に寛容でないため、マイノリティは自分の自尊心を高めることが難しく、光さんのように、自分の属性を隠すことになりかねない。

　そんな東北でも、「多文化・多民族化」は進んでいる。同時に、ニューカマーとして来日した外国人住民の高齢化も進んでいる。これまでとは違う多様で複雑な問題が問われるようになっている。本節⑵では、これまでの東北の多文化の状況と取り組みを概括し、現状としての東北の外国人住民の多様化と周辺化の事例を紹介したうえで、今後の課題について検討する。

11 日本社会を変える | 245

表1 2016年（平成28）年住民基本台帳に基づく人口および外国人人口

都道府県名	総数	外国人	人口総数に対する外国人人口の比率
全国	128,066,211	2,174,469	1.70%
青森県	1,338,465	4,207	0.31%
岩手県	1,289,470	5,863	0.45%
宮城県	2,324,466	17,379	0.75%
秋田県	1,043,015	3,579	0.34%
山形県	1,129,560	6,051	0.54%
福島県	1,953,699	10,845	0.56%

出所：E-stat 住民基本台帳に基づく人口、人口動態及び世帯数調査より筆者作成

1. 東北地域と外国人、行政の対策と日本語教室

　人口過疎が心配される東北は、滞在外国人数も極端に少ない地域であり、滞在外国人が散在している。2016（平成28）年の住民基本台帳に基づく総人口対外国人住民の比率は、東北6県の平均で0.53%である。政令指定都市の仙台市がある宮城県でさえも、外国人住民は0.75%にすぎず、青森、秋田では、0.3%台にとどまっている（表1）[2]。全国的には、総人口に対する外国人比率が1.7%であることと比べると外国人に接する機会が少ない、外国人に慣れていないことが理解できなくもない。

　そんな東北に、コミュニケーションがとれない外国人として、地域に入ったのは日本人男性の妻として来日した、いわゆる「外国人花嫁」たちであった。東北の「ムラの国際結婚」は、1985年山形県から始まり、たちまち全国に広がったのは周知の通りである。当時、山形は「3世代同居率、1世帯当たりの人員数、65歳以上の親族のいる世帯割合、核家族世帯割合の低さ、夫婦共働き率がいずれも全国一の自治体でもあり、伝統的な家族規範が根強く残っている地域」と言われていた（中澤 1996: 84）。こういった地域の遅れた近代化とともに、人口減少、嫁不足、後継者不足の問題は、東北の各地で問題となった。「ムラの国際結婚」から30年、東北の「多文化共生」は、日本語もできない日本人の配偶者（＝外国人花嫁）の増加とともに進んできたことは間違いではない。

　東日本大震災の被災地である岩手、宮城、福島における移住女性の増加も山形と同じ背景の中で進む（図1）。ただ、行政主導の仲介結婚から始まった山形では、以後移住女性たちの地域への定着を助けるため、行政側からのサポートがあったのに比べ、東北の太平洋側の国際結婚は、業者や個人による仲介が多く、した

IV 移民政策の確立に向けて

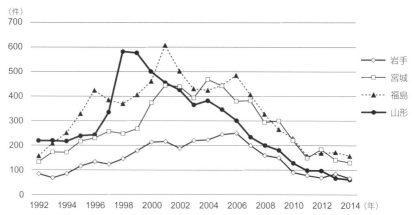

図1 東北4県の国際結婚（夫日本人・妻外国人）の推移（1992-2014年）
出所：厚生労働省人口動態統計より筆者作成

がって行政側は長い間、特に何もしなかったという状況であった。1996（平成8）年に宮城県登米郡中田町の農業委員会は「宮城県内における外国人花嫁の現況と対策の概要——外国人花嫁に関するアンケート調査から」という調査報告書を作成する。これによると、当時（合併前）の宮城県の自治体は71市町村で、その中56の自治体からアンケートの回答を得ている。その結果、56の自治体のうち外国人花嫁対策として何か事業を実施しているのは、4自治体にすぎなかった。他の52の自治体は何も実施していないと答え、そのほとんどが、「外国人花嫁に関する地域での問題はない」と答えている（宮城県登米郡中田町の農業委員会編1996）。

　行政の姿勢が多少とも変わるのは、2006年に総務省が「地域における多文化共生推進プラン」を発表した後である。宮城県は、2007年7月、日本の自治体の中では最初に「多文化共生社会の形成の推進に関する条例」を策定した。この条例をもとに県は、2009年3月に「宮城県多文化共生社会推進計画」を作成した[3]。総務省のプランと比べると、外国人の家族問題を明記し、それに対処するためには外国人だけではなく、その家族全体に対する支援が必要であると指摘している点は、宮城県の外国人の多くが日本人の配偶者という滞在資格で移住してきた「外国人花嫁」である現実を反映しているといえる。

　東北の多文化共生のもう一つの軸は、ボランティア日本語教室といえる。2011年3月11日の東日本大震災後、被災地域で大きく取り上げられたのは、セーフティネットとしての日本語教室であった（モリス2015）。発災後、一番早く地域の

外国人の安否を確認してくれたのは、日本語教室の先生たちだったからである。実際に市町村で外国人住民と一番接しているのは、地域の「日本語教室」のボランティアたちであり、各地域の日本語教室は外国人住民の心のより所となっている。結婚移住女性たちにとっては、「ガイコクジン」として日本人と関係を持てるのは、地域の「日本語教室」の場合が唯一のことも多い。中には、秋田県能代市のように、地域の日本語教室の活動が地域社会の多文化共生の推進役になっているところもあるほど、「草の根」運動として日本語教室は高く評価すべきであろう[4]。

　しかし、セーフティネットとしての日本語教室は、家庭不和、在留問題、女性の人権問題といった移住女性がもっとも多く抱えている悩みに対応はできない。それらの問題解決は、ボランティアの先生たちの領域ではない。日本語教室の中では、地域内で面倒なことに巻き込まれないように、受講者の個人相談は受け付けないとしているところもある。また、日本語教室に対する需要は、来日して2〜3年ほどであり、その後多くの結婚移住女性は、仕事が忙しい、コミュニケーションに困らないということを理由に日本語教室には通わなくなる。中には、嫁ぎ先の家族の理解を得ることができずに、最初から日本語教室に通えなかったという声もある[5]。また、住む場所によっては、近くに日本語教室がなく学習する機会さえも得られなかったという人もいる[6]。

　震災でよりその役割の重要性が問われ、移住女性のセーフティネットとしての役割までが期待されている日本語教室であるが、法律的根拠もなく公的社会システム外の存在である。ただボランティアの先生の好意に依存しているだけでは、十分な移住女性の支援と社会包摂は期待できないのが現状といえる。

2. 移住女性の多様化と周辺化、そして今後の課題

　震災後、何人かのキーパーソンとなる移住女性たちは、被災地に同国人の組織をつくり、支援の受け皿として、災害時の安否確認の母体として活動を始めた。震災後の外国人支援を受け、地域の介護現場で活躍する女性も出てきた。すると、マスコミや地元の行政側は、地域住民として「頑張る外国人嫁」として彼女らの姿をクローズアップした。被災地で元気に働き、地域住民として励む彼女らに希望を見るということであろう。

　その反面、課題を抱える移住女性が多い現状にはあまり目が向けられていなかったのも事実である[7]。筆者が参加した「外国人被災者支援センター」の調査によると、そもそも移住女性と日本人配偶者の社会的ステータスがあまり高くな

いことが多く、震災のような非常時には職を失い直接的な収入の減少で家計が困るケースが多い。また、潜在的脆弱性としては、夫と移住女性の間の大きな年齢差、移住女性の日本語能力の低さなどが浮き彫りになった。移住女性の高齢化が進むなかで、日本で自立する社会的資源が乏しいことも今後の問題として指摘できる。

　宮城県に住む韓国出身 C 氏は、36 年前に結婚で移住した。今は 60 代になっている。彼女は現在、ひどい躁鬱の状態で生活保護を受けている。夫が健康だった時は、マンションも購入し、幸せだった。8 年前に夫が病気で倒れ、寝たきり状態となった後、夫の病院代や生活費などでマンションを手放し、年金はすべて夫の施設費にかかっている。C 氏自身は、運転もできず、仕事をする能力を何も持っていなかった。

　同じ韓国出身の H 氏も自分より 15 歳ほど年齢差がある日本人男性と 40 歳で結婚し、子ども一人をもうけた。夫は、2012 年に癌で亡くなり、現在子どもと二人で生活保護を受けて生活している。周辺には、保護を受けていることがばれるかと「生きた心地がしない」と言う。まだ 50 代後半であるが、社会との接点を持てず、子どもとの関係も良くないのが現状である。

　深刻な人権問題も見られる。宮城県気仙沼市に住む中国人 K 氏は、来日して 8 年間舅の介護をした。近年多く見られる「介護のための国際結婚」だったのである。舅が亡くなった後に、持病があった夫も倒れ、寝たきり状態になった。彼女の財産権を奪うため姑や親戚から不当な扱いをされているが、自分一人では対抗することもできない。K 氏のように、外国人妻側は日本語によるコミュニケーション能力不足や、情報不足で、自分の権利主張を十分できないケースが多い。

　移住女性の場合は、ホスト社会のジェンダー構造により、社会との関係性＝リレーションシップが非常に限定されるか弱いことが多い[8]。普段は、地域に溶け込んでいて問題がなさそうに見えても、普段からの社会参画がないまま生活してきた場合、たちまち社会の周辺に置かれやすいのは自明であろう。

　外国人移住者がホスト社会とのリレーションシップを太く、堅実なものにするためには、リレーションシップをシティズンシップに変えなければならない。市民として日本語を学ぶ権利、社会活動に参画する権利、社会保障を受ける権利を明文化することが、より多くの移住者が生きやすい社会をつくる第一歩であり、また、周辺化する脆弱層の市民を最小限化することになるだろう。外国人住民だけでなく、日本人にとっても。

（李 善姫）

※本稿は、『東北文化研究室紀要』第 59 集 (2017 年 3 月) に掲載される拙稿「外国人結婚移
　住女性と『東北の多文化共生』——『他者化』と『不可視化』を乗り越えて」に修正・加筆し
　たものである。

注
1) 全文は http://www.moj.go.jp/jinkennet/fukushima/b_katudo/sakubun_2013/saiyuusyuu.html で読
　むことができる (2017 年 3 月 25 日閲覧)。
2) E-stat 住民基本台帳に基づく人口動態及び世帯数調査の 2016 年統計より (https://www.e-stat.
　go.jp/SG1/estat/GL08020103.do?_toGL08020103_&listID=000001154737&disp=Other&requestSen
　der=estat, 2017 年 4 月 10 日閲覧)。
3) http://www.pref.miyagi.jp/kokusai/multicultural/law.htm 参照 (2017 年 3 月 25 日閲覧)。
4)「のしろ日本語学習会」(代表 北川裕子) の活躍などは、http://njsl016.web.fc2.com/sub2.html
　を参照 (2017 年 4 月 1 日閲覧)。
5) 2011 年 9 月 8 日に行った T 市の日本語教室、K 先生とのインタビューのほか、多数の移住
　女性から日本語教室に通うために毎日のように家を出ると嫌な顔をされたと聞いている。た
　だ、中には夫や家族から積極的な支援を受けながら勉強をする人もいるので、一概にはいえ
　ない。
6) 参考として、3 県の各国際交流協会の HP に掲載している日本語教室を整理すると、宮城県
　内には、35 市町村中 15 の地域で、岩手県は 44 の市町村中 14 の地域で、福島県は 82 の市
　町村中 21 の地域で日本語教室が開設されている (宮城県国際化協会 http://mia-miyagi.jp/、福
　島県国際交流協会 http://iwate-ia.or.jp/?l=jp、岩手県国際交流協会 http://www.worldvillage.org/
　〔いずれも 2017 年 4 月 3 日閲覧〕)。
7) 被災地で行った外国人調査および支援活動に関しては、外国人被災者支援センター編 (2012,
　2013) のほか、李善姫 (2015) もご参照いただきたい。
8) より詳しいことは、別論文 (李 2015) を参照。

《文 献》
李善姫 2012「ジェンダーと多文化の狭間で——東北農村の結婚移民女性をめぐる諸問題」
　『GEMC journal』No.7、88-103 頁
李善姫 2015「移住女性の震災経験から問う日本の課題——なぜジェンダー平等と多様性が減災
　につながるのか」『学術の動向』20 (4)、公益財団法人日本学術協力財団、26-33 頁
外国人被災者支援センター編 2012『石巻市「外国人被災者」調査報告書 2012 年』外国人被災
　者支援センター
外国人被災者支援センター編 2013『気仙沼市「外国人被災者」調査報告書 2013 年』外国人被
　災者支援センター
中澤進之右 1996「農村におけるアジア系外国人妻の生活と居住意識——山形県最上地方の中国・
　台湾、韓国、フィリピン出身者を対象にして」『家族社会学研究』8、81-96 頁
宮城県登米郡中田町の農業委員会編 1996『宮城県内における外国人花嫁の現況と対策の概要
　——外国人花嫁に関するアンケート調査から』
モリス, J. F. 2015「災害と外国人支援」J. F. モリス・公益財団法人宮城県国際化協会・公益財団
　法人仙台国際交流協会編『東日本大震災からの学び——大災害時、県・政令市の地域国際
　化協会の協働と補完を再考する』7-28 頁

Column 在日コリアンの当事者活動

「韓国併合」以後に在日朝鮮人留学生が増加するなかで、朝鮮留学生学友会が1912年に結成された。1919年2月8日、数百名の朝鮮人留学生が在日本東京朝鮮YMCAに集まり採択した「独立宣言文」は、その後に朝鮮半島全土を覆った3.1独立運動につながった。

貧困を背景に日本に渡る朝鮮人が増加するにつれて、関西をはじめ日本各地方に「朝鮮部落」が生まれ、在日朝鮮人の労働組合もつくられた。こうした共同体や組織が、在日朝鮮人の脆弱な生活基盤をかろうじてつないできた。

その構図は戦後にも引き継がれた。日本政府は1947年の外国人登録令で「当分の間、これ（朝鮮人、台湾人）を外国人とみなす」とすることで、いまだ日本国籍であった旧植民地出身者を各種公的制度の枠組みから排除した。したがって、在日朝鮮人は自らの手で生活を支え続けるしかなかった。1945年10月に結成された全国的な民族団体の在日本朝鮮人連盟は、祖国への帰還事業、民族教育、生活権の保障などを求めて活発に行動した。このように、自らの生活を守るための互助組織が在日コリアンの当事者活動の原点であり、今にもつながる基本線である。

在日コリアン団体は実に多様である。まず、在日本大韓民国民団、在日本朝鮮人総聯合会というオールドカマーコリアンの二大組織がある。日本全国各地に支部組織を置くとともに、女性・青年・学生・科学技術・スポーツなどの分野別団体、さらには民族学校、商工会、金融機関、新聞社に至るまで多種多様な組織を自前でつくり出した。さらに、1980年代以降に増加した韓国からの移住者（ニューカマーコリアン）が中心となって、在日本韓国人連合会（韓人会）が2001年結成された。地域の当事者コミュニティに根差した団体や、教育や福祉、人権など課題別に目的を持って活動する団体などもある。中国朝鮮族の在日団体もすでに複数結成されている。

在日コリアンの当事者活動を構成する核心の一つに文化・芸術活動がある。文学・演劇・映画・音楽・舞踊などで活躍する在日コリアンの人士は多く、優れた作品が数多くある。

指紋押捺拒否などの在日コリアンの権利獲得運動、そして日本軍「慰安婦」や元BC級戦犯など、植民地・戦争被害者たちの尊厳回復を求めて現在も続いている"過去清算運動"も、欠かすことのできない当事者活動の一つである。

特に日本生まれの2世以降は、民族的アイデンティティの確立という課題に直面する。「私は何者か」と自らを問い続けるときに、出自を同じくする同胞との出会いは、他に代え難い価値を持つ。まさに民族団体が本領を発揮すべき領域だ。しかしながら、若い世代の組織離れなど民族団体が抱える課題が多いのも現実だ。

100年を超える在日コリアンの当事者活動の歴史的経験は、ますます外国ルーツの住民が増えていく日本社会にとって、多くの示唆を与えるだろう。その検証作業が望まれる。

（金 朋央）

11-5 移住者の第二世代による日本社会への発信
──浜松市のニューカマー第二世代を中心に

はじめに

　移住労働者として、結婚移民として、あるいは難民として日本にやってきた大人たちは母国の文化の中で社会化されており、日本にいながらも母国の文化に大きく影響を受けつつ生きている。一方、その子どもたちの世代は親からの文化的影響を色濃く受けながらも、日本の社会の中で育ち、程度の差はあれ、親たちとは異なる日本的な価値規範や文化の影響を受けながら生活している。もちろんこうした世代間の文化的相違やそれに伴うアイデンティティの葛藤は日本に限ったことではなく、歴史的・地理的広がりのなかで移民の家族を考える際に一般的に認められる状況であるといえる[1]。

　日本社会においては在日コリアンのアイデンティティをめぐる膨大な研究や当事者による発信の蓄積があるが（例えば福岡 1993; 李 1997 等）、ここでは限られた紙幅のため、1970 年代後半以降に増え始めたニューカマー外国人のうち、特に 1990 年の改定入管法施行以降急増した南米系の人々に焦点を絞って、移住者の第二世代による日本社会への発信について取り上げたい。なかでも筆者がこれまで主たる研究対象としてきた浜松市における動きを中心に紹介したい。

1. 第二世代の台頭とその可能性への注目

　改定入管法施行から 30 年近い年月が経過したにもかかわらず、南米系の子どもたちの教育をめぐっては数多くの課題が依然として指摘される。例えばブラジル人の集住する基礎自治体によって 2001 年に設立された外国人集住都市会議では、初回以降一貫して教育をめぐる課題が主要テーマに位置づけられている（池上 2013a）。しかしその一方、一世代が入れ替わる 20 年から 30 年ほどの時間の流れのなかで、高校進学を果たし、さらに大学にまで進学するブラジル人の子どもたちもその数はわずかながら確実に増加してきている[2]。

　ここ数年、ブラジル人をはじめとするニューカマー外国人の第二世代の若者たちが地域活動の担い手として台頭してきた。最近では自治体の多文化共生に関するプランでも、こうした認識のもとに新しいビジョンが立てられるようになってきている。例えば、「あいち多文化共生推進プラン」（2008 年 3 月策定）を改定し 2013 年 3 月に策定された愛知県の第 2 次プランでは、日本で育ち、日本の大学

などで教育を受けた外国人青少年が増えており、今後の多文化共生の担い手として期待できること、企業にとっても外国人は特別な存在ではなくなりつつあること、そして東日本大震災を機に、地域づくりの担い手として外国人の重要性が認識されるようになってきたことが記されている（愛知県 2013）。

外務省と国際移住機関（International Organization for Migration: IOM）は 2004 年より毎年、外国人住民と社会統合をテーマとする国際シンポジウム（2010 年からの数年は自治体も共催に加わった国際ワークショップ）を開催しているが、2014 年 2 月に目黒区で開催された国際ワークショップでは「若手外国人とともに歩む――次世代に向けた挑戦」というサブテーマのもと、地域における外国人の役割がトピックのひとつに挙げられた（外務省 2014）。

浜松市においても、2013 年に「浜松市多文化共生都市ビジョン」が策定された。これは欧州のインターカルチュラル・シティ政策の知見を参照した新たな多文化共生の指針であり、「相互の理解と尊重のもと、創造と成長を続ける　ともに築く多文化共生都市」を将来像として提示している。このビジョンでは協働、創造、安心の 3 点を中心的コンセプトと定め、「外国人市民の生活基盤の安定と自立」「将来の浜松を担う次世代の育成」「地域の一員としての外国人市民の社会参画」を主要な課題として掲げている。欧州では移民など多様な文化を持つ市民の存在を都市の活力の源泉として捉え、多様性を生かしながら、住民間の交流や対話を通じて社会統合も進める「インターカルチュラル・シティ」が近年推進されている。2011、2012 年度に東京と浜松で開催された日韓欧多文化共生都市サミットに参加した浜松市は、そうした欧州の知見と経験も参考としつつ、このビジョンを策定し外国人市民がもたらす多様性を市の活力として生かす新たな方向を目指している[3]。

2. 浜松市における若者たちの発信

浜松市では輸送機器関連の製造業現場を中心に外国人労働者、特にブラジル人が数多く就労している。2008 年のリーマンショック以降、浜松市でもブラジル人は減少し、フィリピン、ベトナムなどアジアからの労働者や技能実習生が増加しているが、ブラジルをはじめとする南米系外国人の定住化傾向は顕著である。浜松市においては、行政、市教育委員会、公益財団法人浜松国際交流協会（Hamamatsu Foundation for International Communication and Exchange: HICE〔以下、HICE〕）、NPO、大学等、多様なアクターのゆるやかな連携が特徴となっている。こうしたゆるやかな連携に支えられて第二世代の発信活動が展開していった。

浜松市における第二世代による最初の発信は、2003年に浜松NPOネットワークセンター（以下、Nポケット）が外国にルーツを持つ高校生リーダー養成を目的として展開した「ミューラル・プロジェクト」だった。前年の2002年にNポケットが浜松市で主催した外国人教育支援全国交流会において、外国人の子どもの不就学・不登校の問題を解決するには、子どもたちが将来に希望を持てるようなロールモデルが必要との共通認識が形成された。それを受けて、公立高校に進学した外国人生徒に注目し、その存在やメッセージをミューラル（壁画）というコミュニティ・アートの手法を使って地域に伝え、共有した。実際の壁画ではなくベニア板を組み合わせた組み立て可動式の"壁画"を作成し、浜松市内外の各所で展示した。作成の過程で日本人の大学生や高校生との協働作業もあり、第二世代のメッセージを強烈なビジュアルイメージで日本社会に伝えることになった[4]。Nポケットではその後、2004年と2005年の2回、「わかものたちの多文化共生 全国交流会」を開催し、第二世代の若者たちの交流を促進するとともに、彼らの提言をまとめて日本社会に向けて発信した。「ミューラル・プロジェクト」に参加した第二世代の若者たちがこれらの全国交流会でも主導的役割を担い、さらにその中には、その後浜松市や周辺地域で多文化共生活動の推進役となって活躍する者も出てきた。

　次にHICEがサポートした活動に注目してみよう[5]。HICEが第二世代の若者に焦点を当てた最初の事業は2009年の「多文化教育ファシリテーター養成講座」であった。これは外国にルーツを持つ若者が自身の体験に向き合い、受容し、社会に向けてメッセージを発信するという1年がかりの事業で、最終的にブラジル、ベトナムにルーツを持つ3人の若者がメッセージを発表し、それぞれの思いを冊子にまとめた[6]。

　この講座を修了した若者が中心となって、HICE最大のイベントであるグローバル・フェアの機会に自らと同じく外国にルーツを持つ少し年下の若者たちをエンパワーメントしようと企画されたのが、2013年の「可能性へ向けてのリスタート」であった。ブラジル、ペルー、フィリピン、ベトナムにルーツを持つ社会人や大学生の若者6名が自分たちの経験や思いを発表した。特に差別や逆境をバネにたくましく生きようとする前向きの姿勢には、会場から大きな反響があった。

　同企画に関わった若者たちが日常的な交流を目指して2014年に結成したのがCOLORS[7]である。2014年度は自分のルーツやライフストーリー、学習経験、結婚、就職などのテーマで座談会形式の集まりを4回実施した。活動はさらに展開し、正社員として働く第二世代の先輩や地元企業の採用担当者を招いた就職セ

ミナーを開催した。同じルーツを持つ若者たちに向けたセミナーであると同時に、定住外国人の若者の存在を企業の採用担当者や地域にアピールする機会にもなった。2015年度からは「出張COLORS」として、メンバーが浜松市内の定時制高校に出向いて外国籍生徒を対象に進路に関するワークショップを展開した。こうしたCOLORSの活動は、メンバーたちの社会参画意識を涵養するだけでなく、外国につながる第二世代であることの意義を積極的に捉えるエンパワーメントの機会になっており、日本のメディアでも取り上げられた。

3. むすび

　ニューカマー第二世代の台頭はここ数年の大きなトレンドのひとつである[8]。本節で事例として取り上げたような活動は各地で展開しつつあり、移住者と連帯する全国ネットワーク（移住連、移住労働者と連帯する全国ネットワークより改称）の情報誌「Migrants Network（Mネット）」でもいくつかの特集号が発行されている[9]。ニューカマー第二世代の多くはまだ比較的年齢が若く、アイデンティティや日本社会への発信、社会参加の側面に注目が集まっているが、オールドカマーの経験が教えるように、その先には政治参加の課題がある。いま発信活動を熱心に展開している第二世代の若者たちが家族形成してゆく頃には、政治参加の課題が大きな焦点になってゆく可能性が高い。移住者の第二世代としての経験を共有する在日コリアンの大人とニューカマー第二世代の若者が出会い、在日コリアンの経験から学ぶ機会を持つことも大切であろう。

（池上重弘）

注

1) 現代のアメリカ合衆国における中南米やアジア等からの移民の子どもたちとその親を対象に、世代を経た移民のアイデンティティを分析した代表的研究として、ポルテス・ルンバウト（2001=2014）を挙げることができる。

2) 日本におけるブラジル人の教育達成水準の低さは他国籍の外国人と比較しても顕著であり、2000年の国勢調査では留学生ではないブラジル人大学生の存在はほぼ皆無だった（鍛治2011）。大学では必ずしも定住外国人の学生の在籍状況を組織的・体系的に把握していないが、静岡県西部地域の大学に対する調査結果からは定住外国人学生が微増している様子がうかがえる（池上2013b）。

3) 山脇（2013）参照。https://www.jiam.jp/melmaga/kyosei/newcontents75.html（2016年2月29日閲覧）なお、山脇はその中で、インターカルチュラル・シティでは、多様性をさまざまな分野で生かしながら、社会統合を推進することを目指しているが、そうした取り組みは、欧州でもまだ必ずしも大きな成果を挙げているとはいえないだけに、「多様性を生かした文化の創造」や「多様性を生かした地域の活性化」を掲げる浜松市の多文化共生都市ビジョンは、

日本のみならず、アジアで初めての試みとして、そして日本の多文化共生の進化形（多文化共生 2.0）を目指したものとして、高く評価することができると述べている。

4）特定非営利活動法人浜松 NPO ネットワークセンター「ミューラル・プロジェクト」http://www.n-pocket.jp/foreigner/foreigner/message/mura/（2018 年 1 月 26 日最終閲覧）

5）HICE がサポートした活動の詳細については松岡・鈴木（2017）を参照。

6）「多文化なわたし、あなた、みんな」HICE の HP から「刊行物」→「教材・マニュアル」とたどることでダウンロードが可能。http://www.hi-hice.jp/publish/tools.html（2018 年 1 月 26 日閲覧）

7）Communicate with Others to Learn Other Roots and Stories の略。静岡文化芸術大学に在籍するブラジルやフィリピンにルーツを持つ大学生が中心メンバーとなっている。2017 年時点のメンバーは十数名である。

8）2017 年 9 月 30 日に名古屋市内で開催された「外国人県民あいち会議 2017」では、日本で教育を受けた 20 代から 30 代の第二世代の若者たちが思いを語った。そこでは子どもの頃の経験とその意義、コスモポリタンとしてのアイデンティティ、愛知県への提言等が話題となった。「外国人県民あいち会議 2017 − 第 2 世代の私たちが伝えたい思いとは − 」http://www.pref.aichi.jp/uploaded/attachment/253919.pdf（2018 年 1 月 26 日閲覧）

9）例えば、2012 年 12 月号では「外国にルーツをもつ子どもたち」、2017 年 12 月号では「自分に向き合う――国籍、ルーツ、アイデンティティ」といった特集で、複数の記事が掲載されている。

《文 献》

愛知県 2013「あいち多文化共生推進プラン 2013-2017――ともに生き、ともに輝き、ともに創る」愛知県地域振興部国際課多文化共生推進室

李青若 1997『在日韓国人三世の胸のうち』草思社

池上重弘 2013a「外国人集住都市会議」吉原和男編者代表、蘭 信三・伊豫谷登士翁・塩原良和・関根政美・山下晋司・吉原直樹編『人の移動事典――日本からアジアへ・アジアから日本へ』丸善出版、184-185 頁

池上重弘 2013b「定住外国人学生の修学実態調査報告――静岡県西部地域の大学を中心に」『静岡文化芸術大学研究紀要』14 巻、97-100 頁

外務省 2014『平成 25 年度「外国人の受入れと社会統合のための国際ワークショップ」若手外国人とともに歩む〜次世代に向けた挑戦〜』外務省領事局外国人課

鍛冶 致 2011「外国人の子どもたちの進学問題――貧困の連鎖を断ち切るために」移住連貧困プロジェクト編『日本で暮らす移住者の貧困』〈移住連ブックレット 4〉現代人文社、38-46 頁

福岡安則 1993『在日韓国・朝鮮人――若い世代のアイデンティティ』中公新書

ポルテス，アレハンドロ・ルンバウト，ルベン（村井忠政訳代表、房岡光子・大石文朗・山田陽子・新海英史・菊池 綾・阿部良吉・山口博史訳）2014『現代アメリカ移民第二世代の研究――移民排斥と同化主義に代わる「第三の道」』明石書店〔=2001, Portes, A. and Rumbaut, R. G., *Legacies: The Story of the Immigrant Second Generation,* Oakland, CA.: University of California Press.〕

松岡真理恵・鈴木恵梨香 2017「外国にルーツを持つ若者たちが社会を変える――浜松国際交流協会の活動を通して」『部落解放』748 号、188-200 頁

山脇啓造 2013「浜松市多文化共生都市ビジョン」『JIAM メールマガジン』第 75 回、2013 年 6 月 26 日、全国市町村国際文化研修所、https://www.jiam.jp/melmaga/kyosei/newcontents75.html（2018 年 1 月 26 日閲覧）

Column 多様な子どもたちと考える名古屋の未来

「きれいなまち」、「緑が多いまち」、「人にやさしいまち」、「幸せなまち」、名古屋。これらは名古屋に暮らす外国人の子どもたちが「NIC子どもサミット宣言」として発信した名古屋の未来への想いである。本稿では、公益財団法人名古屋国際センター（以下、NIC）が実施した「NIC子どもサミット〜届け!! ぼくたちわたしたちの想い〜」を紹介する。なお、ここでは便宜上、外国人とは国籍が日本、外国、二重であるかにかかわらず、外国にルーツのある者とする。

当事業は、ワールド・コラボ・フェスタ（以下、WCF）2016におけるステージ企画として実施した。WCFは、（公財）愛知県国際交流協会、（独）国際協力機構中部国際センター、なごや国際交流団体協議会、NICの4者が協働して開催する来場者8万人規模のイベントである。NIC子ども日本語教室で参加者を募り、5か国出身の小中学生16名が参加した。また、子どもと年齢が近く、1つのロールモデルとなり得る大学生や教室出身の高校生の9名にサポートしてもらった。うち、2名は第二世代の若者である。実施目的は、親の移住に伴い日本で暮らす、いわゆる第二世代の子どもたちが学習の成果として自らの想いを日本語で発信し、活躍できる場を設けること、外国人の子どもとの協働で学生に学びをもたらすこと、外国人の子どもも今後の地域社会を担う存在だと広く知ってもらうこと、である。

WCFまでに、週に1度のワークショッ プを3か月間行った。学生が引き出し役となり、自身が思い描く未来の名古屋の姿や実現に向けて自分ができることを子ども各々が考えた。そして、想いを先記4つの宣言にまとめた。WCFでは、これらを全員で発表し、代表4名の子どもが各宣言について、自身の想いを発信した。また、「目標に向けて皆で頑張ろう」という想いを込めた創作ダンスも皆で披露した。終盤には来場者も交えて踊り、一体感のあるステージとなった。

事業の成果を来場者、学生、子どもの観点から述べる。発信に涙する来場者もおり、子どもたちのメッセージを届けることができた。また、外国人に対する自身のステレオタイプに気づいたり、NICの他事業において運営に携わる等、活動に広がりを見せたりした学生もいる。そして、子どもたちが主体的にNICに足を運ぶ契機となった。

外国人の定住・永住志向は高まりを見せており、今後も外国人とともに地域社会をつくっていくことになるだろう。従来は支援の客体として語られていた外国人が「社会に貢献したい」という想いを持って、主体として活躍し始めている。とりわけ、浜松市や名古屋市をはじめとする各地で、大学進学を果たした者を筆頭に自らの経験や想いを社会に発信する第二世代が着実に現れている。次代を担う第二世代による多様な視点を活かした発信が社会の柔軟性を育み、誰もが生きやすい開かれた社会づくりにつながると考えている。

（近藤大祐）

V

学会設立 10 周年記念座談会

移民政策学会のこれまで、これから

日時：2017 年 8 月 25 日（14:10～16:20）
場所：明石書店会議室
参加者（50 音順）：
　井口 泰（関西学院大学）
　石川えり（認定 NPO 法人 難民支援協会）
　児玉晃一（弁護士）
　駒井 洋（筑波大学名誉教授）
　近藤 敦（名城大学）
　鈴木江理子（国士舘大学、司会）
　吉富志津代（名古屋外国語大学）
　渡戸一郎（明星大学）

V　学会設立 10 周年記念座談会

移民政策学会のこれまで、これから

学会設立 10 周年を記念して、歴代の会長を含む設立時の理事メンバーが集まり、設立からこれまでの 10 年間を振り返るとともに、学会の今後の発展に向けた課題を話し合う座談会を開催した。

1. 学会設立以前の、日本における移民／外国人をめぐる状況

鈴木　では始めさせていただきます。まず、なぜ学会をつくろうと思ったかを児玉さんからお話しいただけますか。

児玉　最初、移民法学会をつくりたいと考えたんです。その動機なんですが、裁判で私たち弁護士が、国際法や海外事例を収集・調査して文書を提出するにもかかわらず、歯牙にもかけられない状況がずっと続いてました。私たちの主張の方が正しいにもかかわらず、なぜ通らないんだと思ったときに、こう考えました。やっぱりそこに権威付けみたいなものが必要なんだろう。ということは、研究論文のような形で出せば、今すぐには無理だとしても、いずれは顧みられるようになるのではないか。それで移民法学会みたいなものをつくれないかと思って、鈴木さんに話をしました。その後、話を深めるなかで、法律部門だけじゃなくて、移民に関連する他の分野も含めて横断的

に扱う移民政策学会の方がよいのではないかという話になり、渡戸さんなどにも示唆をいただいて設立に至りました。

鈴木　当時は、法曹界も含めて、各学会がつながっていなかった。私たちはよく、外国人政策に関して「縦割りだ」と批判しているけれども、研究者も縦割りだったと思います。設立当時の状況について、社会学はどうでしたか。

駒井　学会がつくられた 2008 年という年は、大きな節目の年でした。「90 年体制」が成立しておよそ 20 年弱後という時点なのですが、3 つの流れがせめぎ合うなかで新しい潮流が生まれるかもしれないと思われた年でした。第 1 の流れとしては、2001 年に 9.11 テロがあって、日本でも、外国人が増加すると犯罪が増えるという犯罪キャンペーンがなされ、2003 年に犯罪対策閣僚会議ができたことに象徴されるように、外国人排斥の強い流れがありました。それに対して、現実に住んでいる移民たちを住民として受け入れようとする第 2 の流れが台頭しま

した。外国人集住都市会議が2001年に結成され、かなりの影響力を持ったことには大きな意味があります。そして、ついに中央省庁である総務省でさえ、「多文化共生推進プラン」を2006年に出しました。さらに、移民受入れを図ろうとする第3の流れが登場しました。我々の学会ができた2008年5月のすぐ次の月に、自民党のプロジェクトチームが、「人材開国！日本型移民国家への道」という積極的な提言を出しています。そういう意味で、学会成立が2008年であったということは、「偶然にして必然」だったと感じます。

2008年頃までの社会学の研究動向に触れますと、90年体制の確立までは、欧米の事例、しかもそれを困った事例として紹介する通奏低音がありました。私は90年体制の直前に初めて日本における外国人労働者の就労実態についての分析をしました。ここから日本における社会学的な本格的調査が始まったと自負しております。その後、地域調査が行われ、教育分野が続きました。2000年代半ば頃から、ブラジル人や非正規就労者の労働実態についての研究や、エスニック集団別の分析が現れました。

渡戸 若干重なりますが、90年代後半以降、ニューカマー外国人の定住化傾向が指摘されるなかで、日系人労働者、エスニック・ビジネス、エスニック・メディアの調査などが取り組まれました。同時に、外国につながる子どもの保育や教育問題に目が向けられ始めます。もう

一つは、超過滞在外国人の家族や単身者から在留の正規化を求める声が高まって、在留特別許可取得を目指す社会運動がNGOによって展開され、研究者のネットワークも協力しました。

2000年代に入ると、日本語教育学会などの学会、日本経団連などの経済界、日弁連などの法曹界、市民運動を行うNGOなどといった、多様な主体から外国人・移民政策に関する提言が相次いで提起されます。そうしたなかで移民政策学会創設となったという流れもあったと思います。同時に、台湾、韓国、シンガポールなど近隣諸国での外国人政策が日本に紹介されるようになって、アジアにおける日本の政策展開が必要だという認識が高まったことも背景の一つにあったのではないでしょうか。

鈴木 欧米だけでなく、アジアも参照するようになったということですね。いま、触れられなかったもので、在日コリアンの問題もありますね。設立にあたって、ニューカマーとオールドタイマーをどうつなげていくかというところも一つの課題でした。

渡戸 1960年代末頃から、いわゆる革新自治体のもとで在日コリアンに対する権利擁護施策が取り組まれるようになりました。もちろん、当事者たちの社会運動が背景にあったわけですが、それが80年代の指紋押捺問題などにつながり、さらに90年代以降の多文化共生施策に展開していきました。

鈴木 では、法学ではどうでしょうか。

近藤　法律の分野はオールドタイマーの人の問題が当初中心で、70年代までは「排除と差別と同化の時代」といえ、就職差別など市民的権利の課題が争点でした。80年代が最初の大きな転換で、難民条約に加入したことによって、外国人の社会権が保障されました。当時は平等と国際化が時代のキーワードで、女性差別撤廃条約が国籍法を父母両系血統主義に変え、その副産物で、帰化しても日本的氏名を名乗らなくてもよくなりました。

　90年代は「定住と共生の時代」で、定住外国人という言葉がキーワードとして使われ、参政権や公務就任権が裁判で争われていきます。特に1995年の最高裁判決では、「国会が法律を改正すれば、外国人地方参政権は可能だ」というシグナルを送った。ところが、9.11が冷や水みたいな形になって世界的に外国人の権利保障がトーンダウンしてくるんですね。

　これに対して、2006年に総務省の「多文化共生」ということばで、文化的権利が熱心に論じられるようになってきた。2008年、ちょうど学会ができた時に（これまで外国人が最高裁で勝つ裁判というのはほとんどなかったんですけど）、国籍法違憲判決では、JFC（Japanese Filipino Children）という多文化な子どもたちが勝つんですね。そこには、人権条約委員会の勧告が使われていて、最高裁の雰囲気が変わったのではないかということを示す画期的な判決でした。

　いま法学をやる人たちは、それぞれの法律の現象をみるうえでは、国内外の実務の発展動向を追う必要があるし、いろんな実務家や他分野の研究者の研究に触れることが大事なんですね。学際的な交流や、実務家や実践者の人たちの声を踏まえて考えていくうえで、移民政策学会は非常に有益だと思います。

鈴木　次に、経済学はどうでしょうか。

井口　経済学の議論では、長年、日本は労働力の受入れ国でアジアや南米は送出し国だというフレームが一般的でした。そのマインドセットを壊すのは容易ではありません。そこで、1994年から旧労働省が予算を取り、当時の日本労働研究機構に委託し、「アジアにおける人の移動と労働市場」という国際会議を約10年間開催しました。残念ながら予算が減らされ、2006年度を境に実施できなくなりましたが、この枠組みで、毎年、東アジア各国・地域から、研究者と行政官をペアで招き、多国間で状況を把握し政策を論議していました。

　この間、1990年代の後半、円高と日本企業の中国移転が本格化し、製造業を中心に国内雇用が大きな影響を受けます。特に南米日系人労働者とその家族が、どのような影響を受けているかを実地調査するため、桑原靖夫さんを中心としてアメリカのカリフォルニア大学サンディエゴ校と協力し、静岡県浜松市とサンディエゴ市周辺において実施した大規模な国際比較調査が、きわめて重要であったと思います。

　その後、2001年に、浜松市のイニシアチブで「外国人集住都市会議」が発足

しました。そのアドバイザーになったのが、池上重弘さんと山脇啓造さん、私でした。2005年になって、内閣府の規制改革会議が海外人材部会を設置し、内閣官房を巻き込んで外国人労働政策を見直す方針を掲げました。その規制改革会議が出したさまざまな答申が、各年末に閣議決定され、関係省庁を動かすことができたのです。私は、専門委員として、外国人集住都市会議と協力し、自治体の規制改革要望を規制改革会議の審議に反映させました。その成果の主たるものが、2007年の厚生労働省の雇用対策法改正であり、2009年の総務省と法務省の協力による外国人登録法の廃止と出入国管理及び難民認定法および住民基本台帳法の改正だったのです。また、当時の技能実習制度の改革の提案は、2016年には技能実習適正化法の制定に至り、2017年に施行されます。

このような経緯から、経済学の研究においても、アジア域内・外との間で双方向に移動する実態を、貿易や直接投資との関係も含めて把握し、多面的な政策の形成を視野に入れています。こうした流れから、経済学者も移民政策学会の設立に参加することが重要と考えたわけです。

鈴木 2007年に、たまたま児玉さんから学会設立の声かけがあったのですが、それが社会学としても、法学でも経済学でも求められていたと言えますね。おそらくNGOの動きもそうだったと思いますが、吉富さん、どうでしょうか。

吉富 私は関西を中心に見ていたので、東京とちょっと違う状況かもしれません。兵庫県は在日コリアンの運動が以前から盛んでしたが、そこに、南米日系人の人たちやベトナム難民が入ってきた。在日コリアンに関しては、入口の問題はすでになかったところに、ことばの問題から困る新しい人たちが増えたことで、地域社会に混乱が起き、なんとかしようとする市民活動が必要に迫られていたと思います。それまでの在日コリアンの人たちの人権運動と少し違う形で、たまたま関わった地域住民が何かしようよ、と。そして日本語教室がたくさんできるなどで広がっていきました。

1995年に阪神淡路大震災が起きたことも影響が大きくて、その時に多様な人たちがそこに住んでいることが否が応にでも見え、多様な市民活動も生まれて「ボランティア元年」と言われました。住民自治の意識が芽生え、拳を上げるという運動ではない形で横に広がり、約10年経ったのが学会設立時の2008年頃です。それらは別の運動というわけではなく、実は社会を変えるという目的は同じで、以前からの運動とも連携しなければならないと気づいてきた頃だったのではないかと思います。

しかし、市民活動関係者が行政と課題を協議する場では、活動者に対する軽視が見られます。対等に話すためには理論武装とか、客観的な裏付けのような、いわゆる箔を付ける必要があり、政策の中に要求を組み込んでいくためにはそういう力も付けなければならないという意識

が高まってきた頃かと思います。

鈴木 現場の実践家が大学職になることもその頃から増えてきて、大学もちょっと変わりましたね。

吉富 そうですね。市民活動の人たちの多くが、ヒアリング対象になっていたんです。研究者が現場でいっぱいデータ取って好きなこと書いてる、みたいな（笑）。「それなら、自分で書く」と思った人が大勢いたんじゃないかと思います。事実はきちんと伝えなければと。手法はそれぞれが考えたと思うのですけど、そんな時期でした。

鈴木 ここまで外国人・移民について語ってもらいましたが、石川さん、難民についてはどうでしょうか。

石川 難民については1970年代後半からインドシナ難民の受入れがあり、1981年の難民条約加入の契機ともなりました。インドシナ難民は閣議了解に基づいての受入れで、難民認定手続きといった法的な議論よりは日本語教育など定住に向けての議論もありました。政府も宗教団体も連携して定住支援をしていましたが、その後増えていくインドシナ以外の出身の個別難民への支援のつながりが弱かったと思います。90年代はインドシナ難民の受入れが一段落し、個別の難民申請者が増えていくなかでアムネスティ日本、弁護士などが手探りで個別に支援を始めていきます。その中で99年に難民支援協会が設立されました。

難民申請者数は去年初めて1万人を超えましたが、移民政策学会立ち上げの2008年頃までは200人、300人程度でした。難民法の研究者以外と接点もなく、人数の少なさもあってか、あまり注目されていない印象を持っていました。

難民支援協会の活動としても、（母国に）戻ったら人権侵害を受けるという深刻な現実を前に組織を立ち上げ、明日の住居もないという差し迫った状況に対して主にセーフティーネットを担うような活動をしてきたので、中長期的な定住、社会統合に関しては非常に弱い視点でした。しかし、難民申請手続きは3年以上を要し、実際には地域社会で多くの人が暮らし、（先の見通しがないながらも）定住傾向にあるなかで、移民政策学会の立ち上げ自体が、日本社会で暮らしていく難民の視点、社会統合の視点に気づかせるきっかけになりました。2008年は（難民キャンプなどから日本へ難民として受け入れる）第三国定住の開始も決定され、また、アジア太平洋地域での難民の権利保護に取り組むNGOネットワークが立ち上がるなど、新しい展開が生まれてきた年でもありました。

鈴木 最初に駒井さんが仰った地域、教育、労働、エスニック集団というのは、難民も同じです。共通の課題はたくさんあって、それがつながるのがこの学会の一つの意義かなと思います。学会設立の目的は、まさにさまざまな立場の人がつながるプラットフォームの構築でしたね。

2. 学会設立準備に向けて

鈴木 学会設立準備会を立教大学で開催

移民政策学会設立総会の様子（東洋大学、2008年5月17日）

した時には、佐久間孝正さんがご尽力くださり、東洋大学での設立総会の際には、金泰泳さんにご協力いただきました。また、大学教員の仕事が忙しいなか、どこに事務局を置くか、誰に事務局長を引き受けてもらうか、当時は困りました。

児玉　設立前、ここにいらっしゃるような方々と何度かミーティングをして、事務局をどうするか悩んでいた時に、東大の留学生支援をされていた栖原暁さん（2011年7月逝去）とお目にかかって、実はこういう学会を考えていますと話をしたら、「何か手伝えることがあったらやりましょうか」と言っていただき、事務局長をお引き受けいただくことになりました。実は、設立総会の当時もがんを再発されていて、体調的にも非常に厳しく、設立総会の時も高熱があったと亡くなられた後にうかがいました。そういうのを押して、すごく情熱を持って支えていた

だいていたことに改めて感謝しています。

渡戸　2007年に立教大学でプレシンポを2回開いたとき非常に盛況で、熱気を感じました。翌年の学会設立総会は東洋大学の300人くらいの会場が一杯になりましたね（写真）。

3. 移民／外国人をめぐる社会経済的状況の変化

鈴木　2008年までのところを指摘していただきましたが、その後ちょうど10年経つなかでの変化について、ご自由に発言いただけますでしょうか。

渡戸　まずリーマンショックの世界的な影響がありました。日本ではとりわけ日系南米人労働者の脆弱性が浮き彫りになり、日本政府は帰国支援政策をとりました。第2に東日本大震災が「多文化防災」というテーマの重要性を広く知らしめました。従来、散在地域あるいは分散地域

において見えにくかった結婚移住女性などの存在が浮き彫りになると同時に、その人たちが支援する主体としても登場したことが指摘されました。第3に人口減少社会の到来。これは近年、「地方創生」の文脈で地方の人口減少に悩む都市の首長さんが外国人誘致政策を掲げるようになってきたのが最近の変化ではないでしょうか。さらに4つ目として、技能実習制度によるご都合主義的な短期労働者の導入・拡大が顕著に見られますが、他方で外国人労働者100万人超えでも「移民政策をとらない」という日本政府の本音と建て前の乖離が改めて浮き彫りになっていると思います。

駒井　ひと言言わせていただくと、2008年から2017年というこの10年間に、90年体制の基本的な骨格がまったくと言っていいほど変わらなかったということが強調されるべきだと思います。入国管理政策だけが一人歩きして、移民受入れ政策についての議論はもちろんのこと、いま日本で暮らしている移民たちをいかに包摂していくかという方策についてもほとんど立ち遅れたまま現在に至っています。これだけ状況が変わっているにもかかわらず、移民政策は停滞しているということを認識の基本に置くべきです。

井口　外国人政策の動向を考えるうえで、忘れてはいけない背景は、2008年のリーマンショックの後に、政府が緊急雇用対策を含む緊急経済対策を発動したことです。2015年度時点では、定住外国人施策は年間18億円程度ですが、2010年頃は、これを大きく上回る額が支出されていたとみられます。当時は、外国人雇用対策の予算も大きく膨張しました。この時期に、日系人の就労支援事業（現在は、日系人以外の外国人にも適用）が導入されています。また、外国人学校で、日本語の教員を雇うときにも、雇用対策として給付金を受給できました。その結果、外国人学校の運営には大きな支援を得られたのですが、問題はその後で、2014年頃から急速に予算がカットされるようになりました。何が問題かといえば、緊急経済対策として実施された対策は、ほとんどが予算措置として実施され、関係法令の改正を伴わなかったので、恒久制度としてつくられたものは一部を除いてなかった。したがって、予算が削減されると施策が小規模になるかまたは実施それ自体ができなくなり、その結果、NPO法人が倒産したり、外国人学校自体が閉鎖する事態となりました。

もう1つの重要な背景は、2008年秋の政権交代で成立した民主党政権の動きでした。民主党政権は、あの時期に定住外国人対策を進め、内閣府には定住外国人施策推進室ができました。しかし、2012年に自公政権に戻ってからは、この仕組みはほとんど機能しなくなりました。民主党政権の時に進めた施策を、自公政権は否定するという動きが強まり、その結果、政策の後退を招いてしまったという皮肉な状況があることを、知っておいていただきたいと思います。

渡戸　リーマンショックでまがりなりに

も定住外国人施策が始まった。しかし、恒久的な制度になっていないという脆弱性があったということですね。

吉富 活動でも対症療法的に動きました。その結果、定住している外国人の当事者が自分たちの活動として動き始めてきたように思います。東日本の災害の時もそうですが、外国人も助け合う仲間だとか、その力が活かせていないのではないかとか少しずつ住民の意識も変わってきているので、当事者が目立ってきたと思うんですね。それが排斥の意識につながる、つまり見えてきたからこそ、自らを恵まれていないと思っている人たちのやっかみとか、外国人のせいで自分が端っこに追いやられているかもしれないという気持ちを、在特会とかが煽るようなことになったのかなと思っています。もちろんそれだけではないとは思いますが。そして逆にそういう差別行動は絶対に許せないという人たちも出てきた。現状が可視化されたから状況が少し前に進んだと言えるのではないか、という気がしています。

井口 最近の地域の動きからは、ボランティアの高齢化が進んでいることを見過ごすことはできません。さらに、いままで専業主婦でボランティアをやっていたような方々が減っていて、後継者不在の問題が生じています。共稼ぎが増えていくと、ボランティアをする時間がありません。確かに、昼間学校の教員をしている方が、夜日本語を教えている場合もあります。多くの場合、自分の仕事とボランティアを両立させる条件が十分とはいえないので、ボランティアは、高齢化するだけでなく、参加者が縮小していくのではないかと予想されます。外国人集住都市会議のデータでは、日本語講師の8割以上がボランティアです。日本語講習を制度的に確立させて、日本語講師を職業として確立することがぜひ必要です。しかし実態をみると、地域でコミュニティを支える力がだんだん弱くなっている印象があるのです。

吉富 市民団体の中でもボランティアだけの団体がある一方で、コミュニティ・ビジネスという手法を取り入れて安定的に職員を雇用している組織もある。その差が広がり、二極化している気がします。そして、市民団体でもいま世代交代は大きな課題です。続けられる条件を第一世代がつくって、活動が必要とされるならば続ける、必要ではないならやめるという感じです。

鈴木 市民運動はかなり地域差がありますね。

吉富 神奈川は多いですよね。兵庫県も比較的多いと思うんですよ。震災があったということもあって。住民自治の意識という意味で、それを何とか続けようという動き。ただ増えたわりには続けられないところもいっぱい出てきていますね。

近藤 国はやっていないんだけれど、多文化共生推進プランはかなりの自治体がつくっていて、統合政策の枠組みづくりは実はかなり進んでいるんですよね、2000年代から。それ自体は非常に大き

なことだと思う。

井口　外国人集住都市会議は、関係省庁にさまざまな要望をするのですが、「その施策は、自治体で条例になっていますか」と聞かれるわけです。つまり、自治体として、どうして条例で決められないのかと逆に指摘されてしまう。多文化共生推進プランの多くは、行政の計画であって、それを地方議会で、認めてもらう形になっていないところが多いのです。そこを、どう改善したらいいのか、悩んでいるわけです。

渡戸　多文化共生推進プランをつくったセクションは頑張っています。でも全庁的に有機的に施策が動いているわけではない。

井口　自治体は、そもそも、地方公務員の数をかなり削減しており、多文化共生担当者が1人だけ、2人だけしかいなかったり、多くの仕事を兼務している方も多いのです。専任で政策を実施できないことも弱点です。

鈴木　井口さんが仰るように進んだ部分はあると思うのですが、一方で、先ほど近藤さんが仰った政治的権利については、結局、地方参政権は実現していないし、公務員の国籍条項だってやっぱり残っている。先ほどのヘイトスピーチが出てくるように、「外国人／移民の権利を奪う」という声や、「二重国籍はけしからん」とか、いろんな反発が出てくるんだけど、権利を拡大するというところがなかなか進まない。さらに、もう一つの変化として、多文化共生と言いながら、管理の強

化や非正規滞在者の排除が進んでいます。

児玉　非正規滞在者への締め付けはむしろこの10年できつくなっています。在留特別許可ガイドラインが2006年に最初に出て、2009年に改訂版が出たんですが、当初はそれに従ってわりと10歳くらいの子どものいる家族に在留特別許可が出たりしました。けれども、従来だったら在留特別許可が出ていたのが最近になって出ないことが続いている。司法、裁判所も情けなくて、「法務大臣の裁量っていうのが本当に幅広いから、私たちは口出しできません」というみっともない判決がいっぱいあるんですね。

あと、仮放免にされている人に対する締め付けは過去最悪ですよ。従来は就労していて、入管も黙認していた状況がありました。でも、2015年頃から就労禁止が明文で入れられるようになって、それに違反して収容されている人も沢山いるんです。この10年間、というか、私が弁護士になってからの25年間で、最悪の状況と言えると思います。収容所などで亡くなる人が出てきたのは、この10年間のことですね。2010年にガーナ人が送還の時に、その後東京入管でスリランカ人が亡くなりました。牛久でカメルーン人とイラン人が2日続けて亡くなり、2017年にベトナム人が亡くなったりとか。私が関わっている分野では、なかなか厳しい現実が続いています。

石川　国内人権機関の設立へ向けた動きが90年代後半くらいから日本でもありました。メディアの監視の側面があった

ので非常に反対も強かったですが、拘禁施設内での人権侵害への対応も責務として入っていました。国内人権機関設立のための法案も出されましたが、最終的に影も形もない。これは日本全体の移民を超えたところとして不幸なことだと感じています。

4. 学会をめぐる状況の変化

鈴木　学会をめぐる状況はどうでしょうか。

児玉　設立時の会員は151人でした。初年度で240人くらいになって、その後、年によって30〜50人くらい入会いただいて、いまは400名ですね。そのうち学生会員が80人くらいです。

渡戸　私の会長時に日本学術会議に協力学術研究団体（人文・社会科学分野）として申請しました。その際に把握したデータによりますと、当時の会員の大まかな内訳としては研究者が一番多くて、あとはNGO、自治体関係者、ジャーナリスト。そしてわずかに国の政策担当者がいますが、残念ながら政治家がいない。研究者の中では社会学のほかに、人類学、地理学、経済学、法学・行政学などもっと増えてよいですね。

鈴木　投稿論文の状況はいかがですか。

駒井　8年間に学会誌に掲載された34本の投稿論文の内容を見ると、対象が偏り過ぎる傾向があると判断できます。半数の17本が、なんと日本ではなく外国の調査結果です。日本のエスニック集団については9本ありますが、中国人とブ

ラジル人に集中しており、それ以外の集団については手薄です。特定のテーマを検討する論文は8本しかありません。このように、対象の偏りの結果として、重要性を持つ研究対象が欠落しているという印象は否めません。

渡戸　特集テーマが投稿論文の偏りを補正し、実践的な報告も随時掲載してきました。

鈴木　大会での企画のエントリーの方はどうですか。

近藤　前半5年くらいは私が企画委員長でしたけど、論文の方と似ていて、ドイツ、アメリカ、韓国が目立つのは感じます。論文の場合は査読のチェックが入ります。ところが、自由報告はそういうチェック機能がほとんどないんですね。いまのところ報告する意思を持っている人は、なるべくすぐ報告できるようにしている。報告したい人にとってよいことだし、新たな会員を広げるにはよいけど、少し問題があるような報告が出てくる。そうしたものは、パネル、昼食ミーティング、ラウンドテーブルなどの多様な報告形態に回す方が、学会にとってもよいのではないでしょうか。

吉富　それは学会で方針を決めたらいいと思います。自由報告は若手の練習の場みたいなイメージがあるので、来るもの拒まずという感じなのかと思っています。

近藤　テーマは自由なんだけど、明らかに問題があるものは事前に修正してもらう形にした方がいいと思います。もう一つはシンポジウムについてですが、いろ

んな多様性のバランスを考えてそれなり
に人選は工夫している点はよいと思うん
ですけど、別の学会だと事前のプレ研究
会で問題点を改善して本番に臨みますが、
こちらはバタバタで（笑）。もうちょっ
と事前にコーディネートした方がよいの
では。この点も改善点ですね。

井口　国立大学の中には、博士課程前期
課程の大学院生が論文を書くときに、政
策を論じさせるのは無理だと考えている
ところもあるほど政策提言を書くのはす
ごく難しい。もちろん、実態把握も必要
だし、制度のことも知らなければいけま
せん。国際条約も含め、いろいろなこと
を知らないと、本当は政策提言はできな
いのです。私たちは移民政策学会ですか
ら、政策について論文を書けるように大
学院生をサポートができるのが理想だと
思います。同時に、学会がシステムとし
てサポートするとなれば、負担が大きく
なる懸念もあります。いずれにせよ、必
要なときに、学会員の誰かにアドバイス
を求めたら、返してあげるくらいのこと
をしてあげると、大学院生であっても政
策を論じやすくなると思います。移民政
策学会の国際セッションにおいても、必
ずしも政策を真正面に論じている報告は
多くありません。多くの場合、事例分析
で報告をまとめています。そこで、政策
の議論をするためには、国際セッション
の場合も、さまざまな報告を組み合わせ
ることで、政策の議論をしやすい状況を
つくる必要があります。

近藤　学会での報告について言えば、事

前に公募申請を受理した委員からの、
「こういう点をもう一度考え直して報告
してください」といったコメントが必要
なのではないでしょうか。

井口　大学院生にアドバイスする際に、
あまりアドバイスしすぎると、本人のオ
リジナリティを損ねると懸念される方も
います。しかし、こういうことをしたら、
研究がもっと前進するのではないかと
いったアドバイスは必要だと思います。

鈴木　ぜひ今後の企画委員にそれは伝え
ていきたいと思います。

5. これからの学会の役割

鈴木　次に、これからの学会の役割につ
いては、それぞれの立場によって違いが
あると思いますが、石川さん、NGOと
してどうですか？

石川　難民の定義や手続きなど主に法
学系の限られた研究者の方とのお付き合
いしかなかったなかで、移民政策学会を
通じて、いろいろな専攻の研究者の方々
とつながれたのは私たちにとって大きな
財産です。NGOも多様ですが、私たち
は個々の支援に加えて政策を変えていく、
難民を受け入れる社会をつくることを掲
げている団体です。その立場からすると、
日本社会はもっと変わる必要があると
思っていますし、移民政策学会としても
発信があってほしいと思います。

吉富　市民活動者にとって学会は違う世
界というか、壁を感じていますが、この
学会はそれを取り払ってくれる可能性が
あったし、その気軽さは持っていてほし

いと思うんです。私が大阪大学で学会を開催した時のメインのシンポジウムは、研究と関係のない人たち――たとえばチャングを演奏する人――が中心となり、もちろん学会として研究者のコメントとか分析もしてもらい、まさにその学会の場で実践とつなぐようなことができたので、それは続けていってほしいと期待しますね。研究としての質の向上とともに一般社会の実践とのつなぎ役としての工夫に期待をしています。

駒井　石川さんが言われたことを私なりに翻訳すると、学会は日本社会を変革するという役割を果たすべきだということになりましょう。2016年の冬に神戸で開かれた学会の理事会で、私は同趣旨の発言をしました。その時の理事の方々の反応は、規約の冒頭にこの学会は「研究の発展を目的とする」とあるので、政策提言とは距離を置くべきであろうというものでした。しかし、それでいいのでしょうか。

　ここで次のような提案をさせていただきます。「研究の発展を目的とする」という規約の冒頭を「研究の発展ならびに研究成果の発信をする」として、「研究成果の発信」という目的を付け加えたらどうでしょうか。具体的には、学会を開くときには主要な新聞メディアにこういうテーマでシンポジウムを行いますということを掲載してもらう。それから、近藤さんが言われたような揉みに揉んだシンポジウムの重い結論を、メディアに発信するということを積極的に考えたらど

うでしょう。

鈴木　以前、広報担当を決めましょうと言って、そのままになっていますね。たしかにメディアに対する発信はしていませんね。

児玉　駒井さんが仰られたことについては、設立趣意書をつくる時にかなり議論しました。

近藤　政策提言をまとめるにはすごいエネルギーがいるので、それを避けたいのと、まとめて多数派をつくると少数派の人が学会をやめちゃうとか、そういうことになるのはできるだけ避けたい。その2つですね。報告されたことが学会の総意ですとか、学会のオーソライズした意見ですよというコンセンサスを得る手続きはやらない方がいいんじゃないかと。

井口　2016年10月に「国際メトロポリス会議愛知・名古屋2016」を実施した際には、事前に、主要報告について日本語の要約版をつくって、メディア関係者に送付しました。決して、会議として一定の結論は出したわけではないけれど、こういう趣旨のこういう報告をして議論したということがわかるようにすることは必要と思います。広報の仕方によって、十分発信ができると考えています。

近藤　抄録はホームページに載せてますから、シンポジウムなどについて、司会者を中心に、4、5行くらいでまとめてもらって、終わった後にアップしていくというのはどうですかね。

渡戸　ほかに、特定の緊急テーマはプロジェクトチームで出す。もう一つは、日

弁連などのように会長声明をその都度出すというやり方もあります。

井口 あとワーキングペーパーみたいな提言は結構出てますよね、日弁連は。

近藤 何か緊急のものがあったら、それをシンポジウムにしてしまうみたいにできればそれでもいいでしょうね。

駒井 そうすると学会の発信力はずいぶん強まりましょう。設立後10年経ちましたが、日本社会の変革にいかに切り込んでいくかということについて、そろそろ学会として考える時期に来ていると私は思います。

渡戸 駒井さんの問題提起を受ければ、なぜこの10年間変わらなかったのか、そこを掘り下げる必要がある。

近藤 今後の課題をひと言で言うと、本格的な移民政策の研究者と政策担当者と実践者、それらを育てる場所にすることだと思います。移民政策研究は新しい学問で、この学会が果たす役割は大きい。質的にも量的にも移民政策研究を充実させていくことが学会の役割ですし、そのためには駒井さんが仰ったように、こちらのアピールの仕方を工夫する必要があります。そこで、1つ提案ですが、座談会の掲載の最後に、日本における移民政策研究を発展させるという意味でも、今後、学会として議論すべき日本の政策課題を提示してはどうでしょうか。

鈴木 それはよい提案ですね。現会長である近藤さんを中心にまとめることにしましょう。みなさん、今日は長い時間、大変ありがとうございました。

　この座談会を踏まえて、今後の日本の政策課題として、少なくとも次の点について取り組むべきことを提言する（座談会出席者一同）。

- 国は国内労働者によって充足できない分野の職種について、国際貢献を目的とする技能実習制度を活用するのではなく、諸外国の事例を参照しつつ、労働者として受け入れる方法を検討する。
- 国は自由権規約9条の恣意的拘禁に該当する、全件収容主義を入管法の明文で禁止し、必要性のない収容はしないようにする。
- 国は入国時に永住を許可される人としての「移民」の受入れ政策の可否を議論するだけでなく、すでに日本で暮らす移住者のための政策としての「移民政策」に取り組む。
- 国は外国人および外国生まれの人の就業率や進学率といった移民政策の基本データの収集と開示に取り組む。
- 国は差別禁止法を制定する。また、複数国籍を認めたり、地方参政権を保障し、移民の社会参加を促進する。
- 国は多文化共生社会基本法を制定し、関連政策を統括する独立した官庁を設ける。自治体は多文化共生推進条例を制定する。

移民政策学会と栖原氏

　栖原　暁――初代事務局長。学会の設立趣旨にある、「研究者」と「実践者」間の知識・情報・経験の共有と相互活用を、まさに一人の人間の内部で実現してきた先駆者と言えるのではないだろうか。

　1976年、アジア学生文化協会入職を皮切りに、1997年に東京大学留学生センターへと留学生支援の最前線から、研究組織へと身を移しながらも、一貫して在日留学生の悩みや不安、憤りに寄り添い続けた。東大に移った理由に、「外国人の問題解決に説得力のある立場だから」と答えたように、法務省・入管・文科省と常に議論し、留学生受入れ政策・制度改革の陣頭に立ち、彼らの生活環境等の整備を訴えてきた。そして留学生の身元保証人制度の撤廃をはじめ、留学生受入れの歴史に数々の足跡を残すだけでなく、常に「地域住民としての外国人受入れ」の視点を重視し続けたのが栖原流だった。

　2007年終盤、居酒屋で児玉弁護士と学会立ち上げの話で意気投合したその翌日には、持前の「面白そう！」スイッチが入り、すでに縁の下の力持ちとして、裏方を担う意思を固めていた。ゆるやかに人をつなぐ秘技を持ち、その時に求められる事象への関わりには天性の勘が働く。創成期の2年余り、社会的注目を集める学会の対外窓口として、迅速かつ的確な対応をし、幅広いジャンルの会員の束ね役として、肝の据わった絶妙な手腕を発揮した栖原事務局長。その一貫した姿勢から、私は事務局実務を担当するなかで、本学会の意義と醍醐味を教えていただいた。

　熱く燃える開拓者であると同時に、多様な人をつなぐハブとなる人格者である栖原さんにとり、本業外で最後に関わり、船出を見届けたのが本学会であった。2011年7月に他界されたが、その時々の課題意識を持ち続け邁進する移民政策学会の10周年を共に喜び、さらに期待を大きくしているに違いない。

　個性豊かな学会発足メンバーを下支えし、志を共にする研究者・実践者をつなぐプラットフォーム形成を楽しんだ栖原さん。10周年の今、深謝。

（原田麻里子）

資料篇

戦後の日本と諸外国における
外国人／移民政策関連年表

		日本の動き		諸外国の動き
		外国人／移民をめぐる動き	その他	
1945		→旧植民地出身者は、「解放臣民」となる	○8月、ポツダム宣言受諾	
1946			○11月、憲法公布（47年5月施行）	
1947		○5月、外国人登録令制定 ・旧植民地出身者は「当分の間、これを外国人とみなす」として外国人登録の対象に		
1948			GHQ占領下	○8月、大韓民国樹立 ○9月、朝鮮民主主義人民共和国樹立 ○12月、国連、世界人権宣言採択
1950	戦後入管体制の確立	○5月、国籍法制定（7月施行） ・父系血統主義の導入 ○10月、外務省に出入国管理庁設立		○6月、朝鮮戦争勃発
1951		○10月、出入国管理令制定（11月施行） ○11月、出入国管理庁を入国管理庁に改組		
1952		○4月、通達により、条約発効とともに旧植民地出身者は日本国籍を喪失　→恩給・年金の対象外に ○4月、外国人登録法及び法律126号制定・施行 ・外国人登録証の常時携帯・提示義務 ・指紋押捺制度の導入 ○8月、入国管理庁が法務省に移管され、入国管理局に	○4月、サンフランシスコ講和条約発効	
1953		○3月、公務員に関する内閣法務局見解 ・当然の法理として、公権力の行使又は国家意思の形成への参画にたずさわる公務員となるためには日本国籍が必要		
1954	在日コリアンを中心とした差別との闘いと権利の獲得	○4月、国費外国人留学生制度創設		○9月、国連、無国籍者の地位に関する条約採択（60年6月発効）
1956			高度経済成長期	○7月、『経済白書』で「もはや戦後ではない」と記述 ○10月、日ソ共同宣言→ソ連との国交正常化 ○12月、国連加盟
1959		○12月、赤十字による在日朝鮮人の北朝鮮への帰国事業開始（〜84年）		
1960			○1月、新日米安保条約締結	

戦後の日本と諸外国における外国人／移民政策関連年表

年		在日外国人関連		日本の動き	諸外国の動き
1961	在日コリアンを中心とした差別との闘いと権利の獲得	○12月、在留外国人に関する世論調査実施	高度経済成長期		○8月、国連、無国籍の削減に関する条約採択（75年12月発効）
1962					○10月、キューバ危機
1964				○4月、海外旅行自由化 ○4月、OECD加盟 ○10月、東京オリンピック開催	○アメリカ、公民権法制定
1965		→韓国籍にのみ協定永住制度を適用		○6月、日韓基本条約調印（12月発効） →韓国との国交正常化	○アメリカ、移民法改定・国別割当て制度の廃止
1965					○12月、国連、人種差別撤廃条約採択（69年1月発効）
1967		→外国人労働者は受け入れないことを口頭了解		○3月、第1次雇用対策基本計画閣議決定	○7月、EC正式発足 ○8月、ASEAN発足
1968				◆GNP、世界第2位に	
1970		○日立就職差別事件 ・日立製作所は、在日韓国人だとわかった朴鐘碩氏の内定取消し。これに対して朴氏は会社を提訴 →74年、原告勝訴で、朴氏は日立製作所に入社		○3月、大阪万博開催 ◆日本の人口、1億人を突破（国勢調査結果）	
1971					○カナダ、多文化主義宣言
1972				○5月、沖縄返還 ○9月、日中共同声明 →日中国交正常化	
1973		○3月、政府による中国残留孤児・婦人の帰国支援開始 ○川西市や尼崎市など阪神地域6市1町で、一般事務職公務員任用の国籍要件の撤廃		○第1次オイル・ショック	○第4次中東戦争 →アラブ諸国の石油戦略による石油高騰
1974				◆戦後初のマイナス成長	○8月、世界人口会議
1975		○5月、ベトナム難民、初めて日本上陸			○4月、サイゴン陥落 →ベトナム戦争終結
1976					○イギリス、人種関係法制定
1977		○4月、金敬得氏、外国人として初めて司法修習生に採用			
1978		○4月、ベトナム難民の定住に関する閣議了解		○8月、日中平和友好条約調印	○オーストラリア、多文化主義を本格導入
1979				○6月、国際人権規約（社会権規約及び自由権規約）批准（9月発効）	
1980		○7月、外国人の入国と在留に関する世論調査実施 ○9月、新宿区で韓宗碩氏が指紋押捺拒否　→指紋押捺拒否運動の拡大			

		日本の動き		諸外国の動き
		外国人／移民をめぐる動き	その他	
1981	在日コリアンを中心とした差別との闘いと権利の獲得	○中国残留邦人、肉親探しのため初来日 ○10月、出入国管理及び難民認定法制定（82年1月施行）	○10月、難民の地位に関する条約加入（82年1月発効）	
1982		○8月、外国人登録法改定（10月施行） ・確認申請期間を3年から5年に ・指紋押捺、携帯義務年齢を14歳から16歳に ○9月、国公立大学外国人教員任用特別措置法制定・施行 ・国公立大学において外国人教員の採用が可能に	○1月、難民の地位に関する議定書加入・発効	○フィリピン、海外雇用庁を創設
1983		○7月、留学生のアルバイト解禁 ○8月、留学生10万人計画		
1984		○2月、中国帰国者定着促進センター開所（～2016年3月閉所） ○5月、国籍法改定（85年1月施行） ・父母両系主義の導入		
1985		○山形県朝日町、男性の結婚難解消のためフィリピン女性を迎え入れ →農村花嫁の始まり →急激な円高の進行	○6月、男女雇用機会均等法制定（86年4月施行） ○6月、女子差別撤廃条約批准（7月発効） ○9月、プラザ合意	○6月、シェンゲン協定締結（95年3月施行）
1986	外国人労働者「問題」への対応	○8月、フィリピンマニラでジャパゆきさん問題を検討する日比両国協議を開催 ○11月、法務省、不法就労外国人対策月間の実施	○5月、東京サミット バブル景気による空前の人手不足	○2月、中国、公民出境入境管理法施行 ・私用による出国を許可 ○アメリカ、移民改革・統制法制定 ・国境管理の強化 ・非正規移民を雇用した者への処罰 ・5年以上滞在する非正規移民の合法化
1987		○4月、語学指導等を行う外国青年招致事業（JETプログラム）開始 ○8月、（財）入管協会設立 ○9月、外登法の改定（88年6月施行） ・指紋押捺は、原則、最初の申請のみ ○12月、労働省、外国人労働者問題研究会を組織		
1988		○2月、外国人の入国と在留に関する世論調査実施 ○3月、労働省、外国人雇用許可制度提案（→9月、先送り） ○5月、内閣官房に、外国人労働者問題省庁連絡会議設置 →専門的・技術的外国人は受け入れ、いわゆる「単純労働者」は受け入れないことを閣議決定	○6月、第6次雇用対策基本計画閣議決定	

年	区分				
1988	外国人労働者「問題」への対応	○7月、自治体国際化協会（CLAIR）設立 ○11月、上海事件 ・中国上海の日本総領事館に、日本語学校で学ぶための「就学」在留資格を求める申請者が押し寄せた ○資格外就労摘発者数、男性が女性を上回る			
1989		○1月、日本語学校に対する「適格校」取消し処分相次ぐ ○2月、地域国際交流推進大綱の策定に関する指針 ○4月、労働省、職業安定局に外国人雇用対策室を新設 ○11月、大阪在住イギリス人、国政選挙権を求めて提訴（91年3月、地裁棄却） ○12月、入管法改定（90年6月施行） ・在留資格の整備（「定住者」の新設、「研修」の在留資格及びその基準の明確化など） ・不法就労助長罪の新設 ○12月、第1回「外国人労働者問題に関する閣僚懇談会」開催	バブル景気による空前の人手不足	○1月、昭和天皇崩御 ○4月、消費税導入	○1月、韓国、海外渡航を自由化 ○6月、中国、天安門事件 ○11月、ベルリンの壁崩壊
1990	非正規滞在者や日系南米人の激増	○5月、定住者に関する法務省告示 ・日系3世とその配偶者等に就労の制限のない在留資格「定住者」を付与 ○8月、研修生受入れ基準の要件を一部緩和する法務大臣告示 ・中小企業に研修生受入れを可能とする団体監理型の導入 ○9月、『警察白書』が「外国人労働者の急増」を特集 ○国勢調査、日本語と英語を含め12言語表記（→95年調査15言語、00年調査17言語、05年調査19言語、10年調査27言語、15年調査27言語） ○10月、不法就労助長罪による初の摘発 ○11月、外国人労働者問題に関する世論調査実施 ◆外国人登録者数100万人超（年末数値）		◆1.57ショック ・1989年の合計特殊出生率が、丙午である1966年の1.58を下回り戦後最低となったことが公表され、「少子化」の進行として、社会に衝撃を与えた	○6月、シェンゲン施行協定（第2次シェンゲン協定）締結（95年3月施行） ○8月、イラク軍、クウェート侵攻 ○10月、東西ドイツ統一 ○12月、国連、移住労働者とその家族の権利に関する国際条約採択（03年7月発効）
1991		○5月、入管特例法制定（11月施行） ・旧植民地出身者とその子孫は「特別永住者」に ○10月、（財）国際研修協力機構（JITCO）設立 ○文部省（現文科省）、日本語指導が必要な外国人児童・生徒の調査を開始	平成不況	○1月、在日韓国人の法的地位に関する日韓覚書調印 ◆バブル崩壊	○1月、湾岸戦争勃発 ○9月、韓国と北朝鮮、国連へ同時加盟 ○11月、韓国、海外投資企業を対象とした外国人産業研修制度導入 ○12月、ソ連崩壊

		日本の動き			諸外国の動き
		外国人／移民をめぐる動き	その他		
1992	非正規滞在者や日系南米人の激増	○2月、法務省・労働省・警察庁、「不法就労外国人対策等関係局長連絡会議」及び「不法就労外国人対策等協議会」開催 ○5月、第1次出入国管理基本計画策定 ○6月、外登法改定（93年1月施行） ・永住者及び特別永住者に対する指紋押捺制度の廃止。		平成不況（金融不安、リストラ、消費低迷……）	○2月、EC諸国、マーストリヒト条約調印（93年1月発効） ○4月、アメリカ、ロサンゼルスで人種暴動発生 ◆中国、社会主義市場経済を導入
1993		○4月、技能実習制度創設 ○5月、外国人労働者の雇用・労働条件に関する指針策定 ○6月、外国人雇用状況報告制度の導入 ○9月、労働省、外国人雇用対策室を外国人雇用対策課へ昇格	○8月、非自民連立政権発足（～94年4月）		○1月、EU、単一市場発足 ○6月、ドイツ、基本法16条（庇護権規定）及び庇護手続法改定 ○6月、ブラジル、海外への就労斡旋を合法化 ○11月、韓国、対象を中小企業にまで拡大した外国人産業研修制度導入
1994			○4月、子どもの権利条約批准（5月発効）		
1995	ニューカマーの滞在長期化・定住化	○2月、最高裁、定住外国人に対する地方参政権の求めを棄却する一方で、傍論で外国人に参政権を付与することは「憲法上禁止されていない」との見解	○1月、阪神・淡路大震災 ○3月、地下鉄サリン事件 ○12月、人種差別撤廃条約加入（96年1月発効） ◆年平均失業率3％を超過		○1月、WTO発足
1996		○5月、川崎市、政令指定都市で初めて職員採用の国籍要件を撤廃 ○7月、日本人の実子を扶養する外国人親の取扱いについての法務省通達 ・未婚・未成年の日本人の実子を扶養する外国人親に対して「定住者」の在留資格を付与			
1997		○4月、研修・技能実習制度の滞在期間延長 ・最長2年から3年に	○4月、消費税3％から5％に ◆生産年齢人口の減少		○7月、香港返還 ○7月、アジア通貨危機
1998		○新党平和と民主党、永住外国人の地方参政権を認める法案提出、共産党は被選挙権も求める法案提出	○3月、特定非営利活動促進法制定（12月施行） ◆74年以来24年ぶりのマイナス成長		
1999		○8月、外登法改定（00年4月施行） ・指紋押捺制度の完全撤廃 ○8月、入管法改定（00年2月施行） ・不法在留罪の新設 ・上陸拒否期間を1年から5年に延長 ・再入国許可の有効期限を1年から3年に延長	○7月、民間職業仲介事業所に関する条約批准（00年5月発効） ○8月、国旗及び国歌に関する法律制定・施行		○1月、EU、単一通貨「ユーロ」導入

1999		○12月、留学生及び就学生の入国・在留審査に係る審査方針策定	◆労働力人口の減少	
2000	ニューカマーの滞在長期化・定住化	○3月、第2次出入国管理基本計画策定 ○4月、石原都知事、自衛隊記念式典で「三国人」発言 ○9月、中国からの団体観光旅行解禁 ○11月、外国人労働者問題に関する世論調査実施	○1月、「21世紀日本の構想」懇談会最終報告書 ○10月、介護保険制度導入	○3月、国連人口部「補充移民」とりまとめ ○6月、韓国と北朝鮮、南北共同宣言
2001		○5月、外国人集住都市会議発足 ○10月、アフガン難民申請者の一斉摘発・収容 ○11月、入管法改定（02年3月施行） ・フーリガン対策及び外国人犯罪対策のための上陸拒否事由及び退去強制事由の整備 ・偽変造文書対策のための退去強制事由の整備 ・入国審査官による事実の調査等に関する規定の新設 ・法務大臣の権限の委任に関する規定の新設	○1月、省庁再編	○8月、オーストラリア、タンパ号事件→パシフィック・ソリューション ○9月、アメリカ、9.11事件 ○10月、アメリカ、愛国者法制定
2002		○8月、「難民対策について」閣議了解 ・条約難民に対する日本語習得のための便宜供与、職業紹介又は職業訓練 ・各行政機関は条約難民の就職先の確保を努力	新自由主義の高まりと規制緩和の進行 ○6月、日韓共催サッカーワールドカップ開催 ○9月、日朝首脳会談と平壌宣言→北朝鮮、過去の日本人拉致を認め、謝罪	○1月、EU、単一通貨「ユーロ」流通開始 ○5月、瀋陽総領事館、北朝鮮脱北者駆込み事件
2003	非正規滞在者の排除強化	○4月、ビジット・ジャパン事業開始 ○6月、厚生労働省職業安定局に、国際労働力対策企画官設置 ○10月、首都東京における不法滞在外国人対策の強化に関する共同宣言 →5年間で「不法」滞在者を半減する数値目標設定	○6月、労働者派遣法改定（04年3月施行） ・派遣最長期間が1年から3年に延長 ・製造業への派遣解禁 ○7月、イラク特措法成立（09年7月失効） ○12月、自衛隊イラク派遣 ○12月、犯罪対策閣僚会議「犯罪に強い社会の実現のための行動計画～『世界一安全な国、日本』の復活を目指して～」	○1月、EU、ユーロダック（Eurodac）の開始 ・庇護申請者（非正規移民も含む）の指紋を採取したデータベース ○3月、アメリカ、イラク侵攻
2004		○2月、入国管理局HPで、「不法滞在等の外国人情報」の受付		○1月、アメリカ、US-VISITの導入 ・査証を所持して入国する外国人に対して、指紋等の個人情報を収集して入国審査を実施 ○3月、スペイン、列車爆破事件

	日本の動き		諸外国の動き
	外国人／移民をめぐる動き	その他	

2004 — 非正規滞在者の排除強化 — 新自由主義の高まりと規制緩和の進行

- ○4月、留学生の就職活動のための在留資格変更を許可
  - ・卒業・修了後、在留資格「短期滞在」で最長180日
  - →09年4月、在留資格「特定活動」で最長1年
- ○4月、（社）日本経済団体連合会「外国人受け入れ問題に関する提言」
- ○5月、外国人労働者の受入れに関する世論調査実施
- ○6月、入管法改定
  - ・不法滞在者の罰金引き上げ、出国命令制度の新設（12月施行）
  - ・在留資格取消し制度の新設（12月施行）
  - ・難民の仮滞在制度、難民審査参与員制度（05年5月施行）
  - ・精神障害者に対する上陸拒否自由緩和（8月施行）

諸外国の動き（2004）:
- ○5月、EU、中東欧諸国10か国新規加盟
- ○7月、ドイツ、移民法制定（05年1月施行）
  - ・社会統合を目的に、移民に対するドイツ語学習やオリエンテーションを導入
- ○8月、韓国、外国人雇用許可制度導入

2005 — 非正規滞在者の排除強化 — 人口減少・超高齢社会の到来

外国人／移民をめぐる動き:
- ○1月、事前旅客情報システム（APIS）導入
- ○1月、最高裁、東京都外国籍職員鄭香均氏の任用差別訴訟を棄却
- ○3月、第3次出入国管理基本計画策定
- ○6月、入管法改定（7月施行）
  - ・人身取引議定書の締結等に伴う人身取引対策のための整備
  - ・密入国議定書の締結等に伴う罰則等の整備
  - ・外国入国管理当局への情報提供規定の新設
- ◆外国人登録者数200万人超（年末数値）

その他:
- ○3月、島根県、竹島の日を定める条例制定
- ◆戦後初めて総人口が減少（国勢調査結果）
- ◆合計特殊出生率1.26、過去最低を記録

諸外国の動き（2005）:
- ○7月、ロンドン同時爆破事件
- ○8月、韓国、永住外国人に地方参政権付与
- ○10月、フランス、郊外で移民系若者の暴動発生
- ○10月、欧州対外国境管理協力機関（Frontex）の運用開始

2006 — 新たな外国人受入れの模索 — 人口減少・超高齢社会の到来

外国人／移民をめぐる動き:
- ○3月、総務省「多文化共生の推進に関する研究会報告書」
- ○3月、定住者に関する法務省告示改定
  - ・日系人の入国要件に「素行が善良であるもの」を追加
- ○4月、法務省、永住許可に関するガイドライン公表
- ○5月、入管法改定
  - ・外国人テロリスト等を退去強制事由に追加（6月施行）
  - ・自費出国許可時の送還先選択を可能に（11月施行）
  - ・上陸審査時における個人識別情報提供制度の導入（11月施行）
- ○10月、法務省、在留特別許可に係るガイドライン公表
- ○12月、観光立国推進基本法制定（07年1月施行）
- ○12月、外国人労働者問題省庁連絡会議「『生活者としての外国人』に関する総合的対応策」

諸外国の動き（2006）:
- ○3月、アメリカ、ロサンゼルスで100万人以上の移民のデモ行進

	新たな外国人受入れの模索 ／ 受入れ議論の停滞と管理体制の完成		人口減少・超高齢社会の到来 ／ 景気停滞と政治的混乱		
2007		○3月、（社）日本経済団体連合会「外国人受入問題に関する第二次提言」 →10月、外国人雇用状況届出制度の導入 ◆国籍別外国人登録者数、中国が第1位に（年末数値）		○1月、防衛庁、防衛省に移行 ○6月、雇用対策法改定（8月施行） ◆超高齢社会の到来	○1月、EU、ルーマニアとブルガリア新規加盟
2008		○日伯交流年：日本人ブラジル移住100周年 ○5月、移民政策学会設立 ○7月、留学生30万人計画 ○7月、日インドネシア経済連携協定発効 ・インドネシア人看護師候補者・介護福祉士候補者受入れ（8月〜） ○12月、日フィリピン経済連携協定発効 ・フィリピン人看護師候補者・介護福祉士候補者受入れ（09年5月〜） ○12月、第三国定住による難民の受入れに関するパイロットケース実施の具体的措置について（10年から受入れ開始） ○12月、国籍法改定（09年1月施行） ・外国人母の子に対して、日本人父による出生後認知で日本国籍取得を認める		→派遣切り、雇い止めの深刻化 ○10月、（社）日本経済団体連合会「人口減少に対応した経済社会のあり方」	○3月、韓国、多文化家族支援法制定（9月施行） ○9月、リーマンショック →世界経済危機
2009		○1月、内閣府に、日系定住外国人施策推進室設置 ○4月、日系人帰国支援事業開始（1年間） ○7月、入管法改定 ・研修・技能実習制度の見直し、在留資格「技能実習」創設（10年7月施行） ・在留資格「就学」を「留学」に一本化（10年7月施行） ・入国者収容所等視察委員会の設置（10年7月施行） ・新しい在留管理制度の導入（12年7月施行） ○7月、住基法改定（12年7月施行） ・外国人も日本人と同じ住民基本台帳の対象に ○7月、法務省、在留特別許可に係るガイドライン改訂 ○10月、日ベトナム経済連携協定発効 ・ベトナム人看護師候補者・介護福祉士候補者受入れ（14年6月〜）		○9月、民主党連立政権発足（〜12年12月）	
2010		○3月、第4次出入国管理基本計画策定 ○7月、中国からの個人観光に対する査証発給緩和		○3月、高校無償化法制定（4月施行）	○8月、イラク駐在アメリカ軍が完全撤退 ○9月、フランス、ブルカ禁止法制定（11年4月施行）

	日本の動き			諸外国の動き
	外国人／移民をめぐる動き		その他	
2010 受入れ議論の停滞と管理体制の完成	○8月、日系定住外国人施策に関する基本指針策定	景気停滞と政治的混乱	○9月、尖閣諸島中国漁船衝突事件	○12月、チュニジア、ジャスミン革命 →アラブの春 ◆中国、GDPで日本を抜き世界2位に
2011	○3月、日系定住外国人施策に関する行動計画策定 ○3月、文科省、「外国人児童生徒受入れの手引き」作成		○3月、東日本大震災	○4月、EU、新規加盟東欧諸国の外国人に対する就労制限廃止 ○6月、国連、家事労働者の適切な仕事に関する条約採択（13年9月発効） ○12月、北朝鮮、金正日総書記死去
2012	○5月、高度人材ポイント制度の導入 ○5月、「外国人との共生社会」実現検討会議を開催 ○7月、新しい在留管理制度の導入、外国人登録制度の廃止		○9月、日本政府、尖閣諸島を国有化 ○12月、第2次安倍内閣発足、日本経済再生本部の設置を閣議決定	○アメリカ、大統領令でDACAプログラムを実施 ・16歳未満で入国し、一定の学歴水準を持つなどの要件を満たす非正規滞在者の若者の強制送還を猶予 →中国で大規模な反日デモ
2013 労働力不足と「外国人材」の活用	○7月、非正規滞在のフィリピン人75人をチャーター機で集団国費送還（以降、チャーター機による集団送還は継続） ○10月、帰国支援の日系人に対して条件付で再入国許可	成長戦略の追求	○5月、ハーグ条約承認（14年4月発効） ○6月、「日本再興戦略－JAPAN is BACK－」閣議決定 ○9月、2020年東京オリンピック・パラリンピック開催決定 ○12月、特定秘密保護法制定（14年12月施行）、国家戦略特別区域法制定（14年4月施行）	○4月、アメリカ、ボストンマラソン爆破事件 ○12月、南アフリカ、ネルソン・マンデラ氏死去
2014	○4月、「特別の教育課程」導入 ・日本語指導が必要な児童生徒のために、小中学校の正規の課程として日本語指導を実施 ○4月、建設分野における外国人材の活用に係る緊急措置を検討する閣僚会議 ・2020年オリンピック・パラリンピック開催及び震災復興のための建設需要に対応するために、技能実習制度を活用した建設分野での外国人労働者受入れ（15年4月～） ○6月、入管法改定 ・在留資格「高度専門職」新設 ・高度人材の永住許可要件を滞在5年から3年に短縮		○4月、消費税5%から8%に	○2月、スイス、国民投票で、EUからの労働者受入れ人数制限案が可決

年	労働力不足と「外国人材」の活用	成長戦略の追求	
2014	○6月、経済財政諮問会議「経済財政運営と改革の基本方針2014」 ・外国人材の活用は移民政策ではない	○9月、地方創生担当大臣（内閣府特命担当大臣）を新設	
2015	○7月、特区法改定 ・特区での外国人家事労働者の受入れ可能に ○9月、第5次出入国管理基本計画	○6月、公職選挙法改定（16年6月施行） ・選挙権年齢を18歳以上に引下げ ○9月、安保関連法案制定（16年3月施行）	○1月、フランス、シャルリー・エブド襲撃事件 ◆欧州、難民危機 ・100万人以上の庇護申請者が欧州へ
2016	○3月、製造業外国従業員受入事業開始 ○3月、法務省、ヘイトデモの実態調査結果を公表 ○5月、ヘイトスピーチ解消法制定（6月施行） ○5月、シリア難民留学生の受入れ表明 ○5月、自民党政務調査会・労働力確保に関する特命委員会「『共生の時代』に向けた外国人労働者受入れの基本的考え方」） ○11月、日本語教育推進議員連盟発足 ○11月、入管法改定 ・偽装滞在者対策の強化（17年1月施行） ・在留資格「介護」の追加（17年9月施行） ○11月、技能実習法制定（17年11月施行） ◆外国人労働者数100万人超（10月末現在の外国人雇用状況届出結果） ◆年間難民申請者数1万人超	○12月、教育機会確保法制定（17年2月施行） ◆年間出生数、100万人を下回る	○6月、イギリス、国民投票でEU離脱を可決 ○11月、アメリカ、反トランプデモ
2017	○1月、外国人技能実習機構、設立登記 ○3月、法務省、差別に関する「外国人住民調査報告書」（人権教育啓発推進センターに委託）を公表 ○4月、法務省、永住許可に係るガイドライン改定 ・高度人材の永住許可要件を最短滞在1年に短縮 ○6月、特区法改定 ・特区での外国人農業就業者の受入れ可能に	○6月、組織犯罪規制法改定（12月施行） ・「共謀罪（テロ等準備罪）」の新設 ○7月、蓮舫氏、二重国籍問題で戸籍謄本の一部を公開	○1月、アメリカ、トランプ大統領就任 ○1月、アメリカ、イスラム圏7か国の入国禁止の大統領令
2018	○1月、難民申請の「濫用」抑制を目的とした申請者の振分けと在留・就労制限 ○7月、日系4世の受入れ開始 ・単身で最長5年、日本語能力要件あり ○介護福祉士資格取得を条件に介護実習生の就労継続を検討		

（作成：鈴木江理子）

索　引

数字／アルファベット

1965 年移民及び国籍法（アメリカ）　182

2.8 独立宣言文　250

3K 労働　207

90 年体制　24

APFS（ASIAN PEOPLE'S FRIENDSHIP
　SOCIETY）　221

ASEAN 共同体　208

Bridging Visa E（オーストラリア）　189

COLORS（Communicate with Others to
　Learn Other Roots and Stories）　253, 254

EU（European Union, 欧州連合）　200

FICAP（Filipina Circle for Advancement and
　Progress）　232

FMC（Filipino Migrants Center）　232

ID カード（身分証明証）　210

ILO 第 189 号　66

Irregular / Illegal Maritime Arrival: IMA
　188

MIPEX（Migrant Integration Policy Index, 移
　民統合政策指数）　112

NGO　214, 215, 219

あ行

アイデンティティ　251, 254, 255

新しい在留管理制度　42, 134

アドボカシー　214, 220

アムネスティ（正規化）　208

アルバイト　94, 97, 99

「アングロ・サクソン型」外国人受入れ制
　度／システム　123, 124, 126

委員会（国会）　219

イギリス国籍　201

イギリス市民　201

移住者　228

移住者と連帯する全国ネットワーク（移住
　連）　215-219

居場所　223, 225

移民国家　181

移民の女性化　207

移民の背景を有する人々　194

移民法（移民制御法）（ドイツ）　194, 195

イングリッシュなるもの　200

インターカルチュラル　145

　　──・シティ　137, 252, 254

インドシナ難民　127, 128

　　──定住促進センター　129

受入れ・統合契約（フランス）　198

受入れ政策　13, 17

受入れ人数枠　76

内なる国際化　135

永住許可　112

　　──に関するガイドライン　112

永住者　111

エスニック・スクール　169-171

エスニック・ネーション　18

エスニックな社会制度　135

エスノ・ナショナリズム（ethno-nationalism
　/ ethnic nationalism）　18,

エンパワーメント　232

オールドタイマー／オールドカマー／旧渡
　日外国人　241
親子分離　221

か行

外国人学校　160, 167, 169, 171
外国人産業研修制度（韓国）　204
外国人児童生徒受入れの手引き（手引き）
　155, 156
外国人児童生徒教育の充実方策について
　（充実方策）　155, 156
外国人市民会議　143
外国人集住地域／集住地域　79, 134, 234
外国人集住都市会議　124, 136, 156, 159, 222
外国人住民　48
外国人選別政策　137
外国人地方参政権　139
外国人登録法　133
外国人登録令　250
「外国人との共生社会」実現検討会議　137
「外国人ノ入国、滞在及退去ニ関スル件」
　39
「外国人ノ入国ニ関スル件」　39
外国人花嫁　245
外国人労働者　203, 204
　──受入れ論争　135
外国籍母子世帯　230
学習言語／学習思考言語　159
各種学校　164
革新自治体　141
学齢超過　160
過去清算　250
家事支援外国人材　67-70
家族移住　188, 189, 192

学校教育法　157
学校における外国人児童生徒等に対する教
　育支援に関する有識者会議　156
かながわ国際交流財団（KIF）　232
カパティラン（KAPATIRAN）　231
カラカサン　232
仮放免　51
　──取消　53
還流型　34, 35
帰化　115, 211
　──行政　20
　──率　116
帰還法　212
北朝鮮　162, 163
技能移住　188-190
技能移転　73, 76
技能検定　72, 73, 76
技能実習　77, 137
義務教育　165
義務教育の段階における普通教育に相当す
　る教育の機会の確保等に関する法律（教
　育機会確保法）　157, 158
客体　256
旧植民地出身者　250
教育基本法　155
教育職員免許法　156
教会　228
供給主導　189
行政差別撤廃運動　142
共生社会　147, 149, 152
グローバル・エリート　188, 190
グローバル人材　165
グローバル戦略　90
グローバルマイグレーション　133
ケア労働　60, 64

経済発展　207

経済連携協定（EPA）　60-65

結婚移住女性　205, 234-238

言語講習　123, 126

コーディネーター（日本語教育支援）　148,
　152

公営住宅　130

興行　229

合計特殊出生率（TFR）　32, 34, 36

高校進学　160

　——適格者主義　159

公務就任権　139, 143

高齢化　32, 33-36

　→少子高齢化

国際移動転換　26, 28, 29

国際結婚　229

国際交流協会　222, 223, 226, 227

国際交流センター　222, 223, 225

国際人口移動　25, 29

国際バカロレア　168, 169

国際離婚　230

国籍　211

　——選択制度　114, 206

　——剥奪禁止原則　114

　——唯一の原則　114, 206

　——留保制度　115, 206

「国民マイノリティ国家」　212

個人識別情報　46, 49

個人識別番号　48

国家安全保障　181, 186

国会　219

　——議員　218

国家試験　61-63

国家主権　104

国家戦略特別区域　67-69

コモンウェルス（英連邦）　201

雇用許可制　204

雇用対策基本計画　88

こりあんコミュニティ研究会　58

婚外子　85-87

　国際——　229

さ行

再生産労働　60

最低賃金　77

在日コリアン　250, 251, 254

在日朝鮮人　162, 163

在日フィリピン人　230

在留活動禁止説　51, 52, 54, 56, 57

在留管理　49

在留資格取消制度　42

在留朝鮮人名簿　58

サバルタン女性　236

サン・パピエ　199

シェンゲン協定　201

資格外活動　94, 97

事実の調査　45, 48

自助活動　242

自助組織　232, 239

自然増／減　31, 35

自治体国際化協会（Council of Local
　Authorities for International Relations:
　CLAIR）　135

執行保全説　51-56

実習実施機関　77

市民運動　214, 215, 220

市民権／シティズンシップ　18, 101, 248

市民的ナショナリズム（civic nationalism）
　18

索　引　287

市民的ネーション　19
指紋押捺拒否　250
指紋押捺制度撤廃闘争　143
社会参加　254
社会増／減　31, 35
社会的つながり　130
社会的包摂　123
社会統合　127
社会文化的な外国人　133
ジャパニーズ・フィリピノ・チルドレン
　　（Japanese Filipino Children: JFC）　86
自由権規約　172, 176
就籍　83, 84
周辺化　247
住民の法的な定義　133
「重要な投資者」ビザ　191
収容の目的　51, 53-56,
収容令書　51-55
就労支援　128
主体　256
出国命令制度　42, 53
出入国管理及び難民認定法（入管法）　40-
　　43, 45, 47, 49
出入国管理基本計画　89
出入国管理令　40
需要主導　190
巡礼　212
奨学金　97, 99
少子高齢化／少子化　32, 34
省庁　216, 218
情報の取得　46, 48, 49
情報法　45
初期指導　128, 130
女性活躍推進法　67
シリア難民　108, 210, 211

人権侵害　172, 175, 176, 204, 208, 212
人口オーナス　25
人口転換　25, 27
新自由主義　188, 191, 192
人種差別禁止法　172
人身取引　208
親族集団　85
スキルセレクト　190
頭脳流出　208
生活指導　128
生活者のための日本語　131
生活保護受給　232
生産年齢人口　25, 27
性別役割分業　235
世界人権宣言　175
選別移民法（フランス）　197
専門的・技術的職種の外国人　88
戦略的不可視化　244

た行

退去強制令書　51, 52, 54-56
大統領令（アメリカ）　181, 184
第二世代　251-256
「大陸欧州型」外国人受入れ制度／システム
　　124
「卓越した人材（Distinguished Talent）」ビザ
　　190
多言語教育　167, 168, 170
多言語政策　138
脱エスニック化　21
多文化・多民族共生　244
多文化共生　12, 17, 24, 80, 124, 136, 145
　　──教育　156
　　──推進プラン　136, 222

——推進プログラム　150

——都市　145　→インターカルチュラル・シティ

多文化主義　191

——政策　243

——的　131

ネオリベラル——　192

福祉——　191, 192

ミドルクラス——　191

リベラルな——　191

多様性　145

短期循環　204

団体監理型　71

地域日本語教育　147, 150, 152

仲介結婚　245

中国・サハリン帰国者　127

中国残留孤児定着促進センター　128

中長期在留者　45, 47

朝鮮　161-163

——学校　161-163

——人　250

ディーセントワーク　66

帝国　201

定時制　158, 159

定住化　133

顔の見えない——　80

定住外国人施策推進室　137

定住型　35

同化主義的　131

統合　194, 195

——講習　195, 196

——政策　121-127

——法（ドイツ）　196

特定公益増進法人　164

特別永住者　111

ドメスティック・バイオレンス（DV）　223, 225, 232

トランスマイグラント　139

トランプ，ドナルド　181, 184

な行

名古屋国際センター（NIC）　256

NIC 子どもサミット宣言　256

ナショナル・オリジン　114

難民　108, 188, 192

——議定書　211

——条約　101, 103-106, 211

日常生活言語　159

日系人離職者に対する帰国支援事業　78

日本語教育　128

——機関／日本語学校　95, 96, 98, 99

——振興協会（日振協）　98

——振興法法制化ワーキンググループ　151

——推進基本法　152

日本語教室　223, 225, 247

日本語研修　61

ニューカマー／新渡日外国人　241, 251, 254

入管特別法　41

入管特例法　40, 41

入国管理政策（入管政策）　13, 39, 40, 42, 44

ネットワーク　214, 215, 220

ノンルフールマン　173

は行

バイリンガル教育　164

発信　256

浜松宣言　150, 151

反定住政策 204
庇護希望者 188, 189
非集住地域 134
非正規滞在者 221
開かれた社会 256
複数国籍 117, 206
不就学 154, 160
不登校 166
普遍的な価値 194, 196
プライバシー 49
ブラジル学校 164
ブラジル人 251, 252, 254
ブリティッシュなるもの 200
「プレミアムな投資者」ビザ 191
ヘイトスピーチ 20, 173
　――解消法 138, 174, 175
ポイント・システム／ポイント制／ポイント制度 90, 137, 201
紡績工場 58
包摂 13-17
法的外国人 133
補完性 204
母子世帯 232
補充移民 28
保証人（カファーラ） 210, 212
補助金 161-163

ま行

マクリーン事件 174
マルチ・エスニック・ジャパニーズ 21
民間難民受入れ制度（プライベート・スポンサー） 185

民族学校 167
民族団体 250
民族的アイデンティティ 250
民族的同質性 22
無国籍 117, 118
　――防止原則 114
（高校）無償化 161-163
ムラの国際結婚 245

や行

夜間中学等義務教育拡充議員連盟 158
夜間中学校 158
ヨーロッパ国籍条約 113, 206
ヨーロッパ言語共通参照枠 112

ら行

リーマンショック 78
留学 212
　――生30万人計画 94, 96
　――生受入れ政策 198
リレーションシップ（ホスト社会との） 248
労働組合 216, 220
労務管理 77
ローカル・シティズンシップ 137
ロビーイング 214-216, 218

わ行

ワールド・コラボ・フェスタ 256
湾岸アラブ諸国 211, 212

◆執筆者等一覧（50音順）　※刊行委員

明石純一（あかし・じゅんいち）【II. 4-1】
筑波大学大学院人文社会科学研究科准教授

李 善姫（い・そんひ）【IV. 11-4(2)】
東北大学東北アジア研究センター教育研究支援者

※井口 泰（いぐち・やすし）【III. 7-2, V】
関西学院大学経済学部教授

※池上重弘（いけがみ・しげひろ）【IV. 11-5】
静岡文化芸術大学文化政策学部教授

石井由香（いしい・ゆか）【IV. 10-4(2)】
静岡県立大学国際関係学部教授

石川えり（いしかわ・えり）【V】
認定NPO法人 難民支援協会代表理事

石川クラウディア（いしかわ・くらうでぃあ）【I. 2. コラム p.24】
名古屋大学国際教育交流センター准教授

※榎井 縁（えのい・ゆかり）【IV. 11-2】
大阪大学未来戦略機構第五部門特任准教授

大坂恭子（おおさか・きょうこ）【II. 5. コラム p.77】
弁護士

※大曲由起子（おおまがり・ゆきこ）【IV. 11-1】
大阪経済法科大学アジア太平洋研究センター客員研究員

小ヶ谷千穂（おがや・ちほ）【IV. 11-3(1)】
フェリス女学院大学文学部教授

小川玲子（おがわ・れいこ）【II. 5-1(1)】
千葉大学法政経学部准教授

郭 潔蓉（かく・いよ）【III. 8-3(3)】
東京未来大学モチベーション行動科学部教授

鹿毛理恵（かげ・りえ）【II. 5-1(2)】
東京福祉大学国際交流センター特任講師

柏崎千佳子（かしわざき・ちかこ）【I. 2】
慶應義塾大学経済学部教授

加藤丈太郎（かとう・じょうたろう）【IV. 11. コラム p.221】
早稲田大学大学院アジア太平洋研究科博士課程

上林千恵子（かみばやし・ちえこ）【II. 5-2】
法政大学社会学部教授

柄谷利恵子（からたに・りえこ）【IV. 10-3(3)】
関西大学政策創造学部教授

金 朋央（きむ・ぶんあん）【IV. 11. コラム p.250】
特定非営利活動法人 コリアNGOセンター東京事務局長

窪　誠（くぼ・まこと）【III. 9】
大阪産業大学経済学部教授

倉田良樹（くらた・よしき）【II. 5-4】
一橋大学大学院社会学研究科教授

小島祥美（こじま・よしみ）【III. 8. コラム p.160】
愛知淑徳大学交流文化学部准教授

※児玉晃一（こだま・こういち）【II. 4-3, V】
弁護士

※駒井洋（こまい・ひろし）【I. 1, V】
筑波大学名誉教授

是川夕（これかわ・ゆう）【I. 3(1)】
国立社会保障・人口問題研究所国際関係部第2室長

※近藤敦（こんどう・あつし）【III. 7-1, V】
名城大学法学部教授

近藤大祐（こんどう・だいすけ）【IV. 11. コラム p.256】
公益財団法人 名古屋国際センター交流協力課職員

賽漢卓娜（さいはんじゅな）【IV. 11-3(2)】
長崎大学多文化社会学部准教授

佐久間孝正（さくま・こうせい）【III. 8-2】
東京女子大学名誉教授

佐藤由利子（さとう・ゆりこ）【II. 5-5】
東京工業大学環境・社会理工学院准教授

塩原良和（しおばら・よしかず）【IV. 10-2】
慶應義塾大学法学部教授

全泓奎（じょん・ほんぎゅ）【II. 4. コラム p.58】
大阪市立大学都市研究プラザ教授

※鈴木江理子（すずき・えりこ）【I. 3(2), V, 資料篇】
国士舘大学文学部教授

昔農英明（せきのう・ひであき）【IV. 10-3(1)】
明治大学文学部専任講師

宣元錫（そん・うぉんそく）【IV. 10-4(1)】
大阪経済法科大学アジア太平洋研究センター客員研究員

髙橋済（たかはし・わたる）【II. 4-2】
弁護士

高畑幸（たかはた・さち）【II. 5-3(2)】
静岡県立大学国際関係学部准教授

武田里子（たけだ・さとこ）【IV. 10-4(1)】
大阪経済法科大学アジア太平洋研究センター客員研究員

陳 天璽（ちぇん・てぃえんし）【III. 7-1】
早稲田大学国際学術院教授

津田友理香（つだ・ゆりか）【IV. 11. コラム p.228】
臨床心理士／四谷ゆいクリニック

手塚沙織（てづか・さおり）【IV. 10-1】
同志社大学研究開発推進機構／グローバル地域文化学部特任助手
〔*2018 年 4 月より南山大学外国語学部専任講師〕

錦田愛子（にしきだ・あいこ）【IV. 10-4(3)】
東京外国語大学アジア・アフリカ言語文化研究所准教授

野山広（のやま・ひろし）【III. 8-1】
国立国語研究所日本語教育研究領域准教授

橋本直子（はしもと・なおこ）【II. 6. コラム p.108】
サセックス大学移住問題研究所博士課程

長谷部美佳（はせべ・みか）【III. 7-3】
東京外国語大学世界言語社会教育センター特任講師
〔*2018 年 4 月より明治学院大学教養教育センター准教授〕

原田麻里子（はらだ・まりこ）【移民政策学会と栖原氏】
東京大学国際センター〔*2018 年 4 月より国際化教育支援室に改称〕講師

人見泰弘（ひとみ・やすひろ）【II. 6】
名古屋学院大学国際文化学部准教授

松下奈美子（まつした・なみこ）【II. 5-4】
名古屋産業大学現代ビジネス学部講師

松宮朝（まつみや・あした）【II. 5-3(1)】
愛知県立大学教育福祉学部准教授

宮島喬（みやじま・たかし）【IV. 10-3(2)】
お茶の水女子大学名誉教授

山田貫夫（やまだ・たかお）【III. 7-4(2)】
フェリス女学院大学／法政大学非常勤講師、元川崎市職員

山本かほり（やまもと・かおり）【III. 8-3(1)】
愛知県立大学教育福祉学部教授

山脇啓造（やまわき・けいぞう）【III. 7. コラム p.145】
明治大学国際日本学部教授

吉富志津代（よしとみ・しづよ）【IV. 11-4(1), V】
名古屋外国語大学世界共生学部教授

リリアン テルミ ハタノ（りりあん・てるみ・はたの）【III. 8-3(2)】
近畿大学総合社会学部准教授

※渡戸一郎（わたど・いちろう）【III. 7-4(1), V】
明星大学人文学部教授

【編 者】
移民政策学会設立 10 周年記念論集刊行委員会
刊行委員：井口 泰／池上重弘／榎井 縁
　　　　　大曲由起子／児玉晃一／駒井 洋
　　　　　近藤 敦／鈴木江理子／渡戸一郎

移民政策のフロンティア
──日本の歩みと課題を問い直す

2018 年 3 月 31 日　初版第 1 刷発行
2021 年 3 月 31 日　初版第 3 刷発行

　　　編　者　移民政策学会設立 10 周年記念論集刊行委員会
　　　　　　　井口　泰／池上重弘／榎井　縁
　　　　　　　大曲由起子／児玉晃一／駒井　洋
　　　　　　　近藤　敦／鈴木江理子／渡戸一郎
　発行者　　　　　　　　大江　道雅
　発行所　　　　　　　株式会社　明石書店
　　　　　　　〒 101–0021 東京都千代田区外神田 6-9-5
　　　　　　　電話 03（5818）1171
　　　　　　　FAX 03（5818）1174
　　　　　　　振替　00100-7-24505
　　　　　　　http://www.akashi.co.jp/
　　　装丁　　　明石書店デザイン室
　　　印刷／製本　モリモト印刷株式会社
（定価はカバーに表示してあります）　　　ISBN978-4-7503-4652-6

|JCOPY|〈出版者著作権管理機構　委託出版物〉
本書の無断複製は著作権法上での例外を除き禁じられています。複製される場合は、そ
のつど事前に、出版者著作権管理機構（電話　03-5244-5088、FAX　03-5244-5089、
e-mail: info@jcopy.or.jp）の許諾を得てください。

内容構成

Q&Aでわかる 外国につながる子どもの就学支援

「できること」から始める実践ガイド

小島祥美 編著

■A5判／並製／280頁 ◎2200円

国の調査で、日本に住む外国人の子どもの約6人に1人が不就学であると明らかになった。「不就学ゼロ」のために学校や地域で私たちにできることは何か。本書は、現場で使える支援のポイントをまとめた初のバイブルである。基礎自治体の職員、教育関係者必携。

第1章 【基礎知識編】外国につながる子どもの状況
外国につながる子どもをめぐる教育30年間の動向／外国籍の子どもにも「教育への権利」が当然にあることほか

第2章 【Q&A編】日本の学校での受け入れ
学校や学級にやってくる！／学校生活のスタート！／進路保障

第3章 【事例編】ケースから学ぶ進路を拓く方法
地域連携のつくり方／地域でつくる〈支える学習〉環境／既卒生を支える伴走支援／ダイレクト受験生を支える／居場所づくりほか

第4章 【資料編】すぐに使えるおススメ情報
現場からのおススメ！外国につながる子どもへの支援教材／進学・進路相談ができる窓口リスト

移民政策研究

移民政策学会編　移民政策の研究・提言に取り組む研究誌　【年1回刊】

移民社会学研究

実態分析と政策提言1987-2016

駒井洋著　◎9200円

外国人の子ども白書

権利・貧困・教育・文化・国籍と共生の視点から

荒牧重人、榎井縁、江原裕美、小島祥美、志水宏吉、南野奈津子、宮島喬、山野良一編　◎2500円

いっしょに考える外国人支援

関わり・つながり・協働する

南野奈津子編著　◎2400円

移民が導く日本の未来

ポストコロナと人口激減時代の処方箋

毛受敏浩著　◎2000円

医療通訳学習ハンドブック

医療現場で役立つ知識！8言語対応

G・アビー・ニコラス・フリュー、一枝あゆみ、岩本弥生、西村明夫、三木紅虹著　◎3600円

外国人の医療・福祉・社会保障 相談ハンドブック

移住者と連帯する全国ネットワーク編　◎2500円

図表でみる移民統合 OECD/EUインディケータ(2018年版)

経済協力開発機構(OECD)、欧州連合(EU)編著
斎藤里美、三浦綾希子、藤浪海監訳　◎6800円

〈価格は本体価格です〉

多文化共生と人権
諸外国の「移民」と日本の「外国人」

近藤敦 著

◆A5判／並製／336頁 ◎2500円

EU各国や北米、豪州、韓国における移民統合政策との国際比較を行い、日本の法制度と人権条約等の国際的な人権規範との整合性を検討することで、日本の実態と課題を多角的な視点から整理。求められる「多文化共生法学」の地平を切り開き、多文化共生政策の実態と課題、展望を考察する。

●内容構成●

第1章 人権法における多文化共生
第2章 多文化共生社会とは何か
第3章 外国にルーツを持つ人に関する法制度
第4章 移民統合政策指数等における日本の課題
第5章 ヘイトスピーチ規制と差別禁止
第6章 労働参加——民間雇用と公務就任
第7章 社会保障の権利
第8章 保健医療の権利
第9章 多文化家族と家族呼び寄せ
第10章 政治参加——参政権と住民投票
第11章 複数国籍
第12章 教育の権利と義務
第13章 難民の権利——とりわけ難民申請者の裁判を受ける権利
第14章 無国籍者に対する収容・退去強制・仮放免の恣意性
第15章 多文化共生法学の課題と展望——言語政策とその先

変容する移民コミュニティ
時間・空間・階層

移民・ディアスポラ研究9
駒井洋監修 小林真生編著
◎2800円

人口問題と移民
日本の人口・階層構造はどう変わるのか

移民・ディアスポラ研究8
駒井洋監修 是川夕編著
◎2800円

産業構造の変化と外国人労働者
労働現場の実態と歴史的視点

移民・ディアスポラ研究7
駒井洋監修 津崎克彦編著
◎2800円

難民問題と人権理念の危機
国民国家体制の矛盾

移民・ディアスポラ研究6
駒井洋監修 人見泰弘編著
◎2800円

マルチ・エスニック・ジャパニーズ
○○系日本人の変革力

移民・ディアスポラ研究5
駒井洋監修 佐々木てる編著
◎2800円

「グローバル人材」をめぐる政策と現実

移民・ディアスポラ研究4
駒井洋監修 五十嵐泰正・明石純一編著
◎2800円

レイシズムと外国人嫌悪

移民・ディアスポラ研究3
駒井洋監修 小林真生編著
◎2800円

東日本大震災と外国人移住者たち

移民・ディアスポラ研究2
駒井洋監修 鈴木江理子編著
◎2800円

〈価格は本体価格です〉

朝鮮籍とは何か　トランスナショナルの視点から
李里花編著
◎2400円

包摂・共生の政治か、排除の政治か
移民・難民と向き合うヨーロッパ
宮島喬、佐藤成基編
◎2800円

フランス人とは何か　国籍をめぐる包摂と排除のポリティクス
パトリック・ヴェイユ著
宮島喬、大嶋厚、中力えり、村上一基訳
◎4500円

グローバル化する世界と「帰属の政治」　移民・シティズンシップ・国民国家
ロジャース・ブルーベイカー著
佐藤成基、髙橋誠一、岩城邦義、吉田公記編訳
◎4600円

政治主体としての移民／難民　人の移動が織り成す社会とシティズンシップ
錦田愛子編
◎4200円

現代ヨーロッパと移民問題の原点
1970～80年代、開かれたシティズンシップの生成と試練
宮島喬著
◎3200円

外国人の人権へのアプローチ
近藤敦編著
◎2400円

難民を知るための基礎知識　政治と人権の葛藤を越えて
滝澤三郎、山田満編著
◎2500円

【増補】新 移民時代　外国人労働者と共に生きる社会へ
西日本新聞社編
◎1600円

芝園団地に住んでいます　住民の半分が外国人になったとき何が起きるか
大島隆著
◎1600円

にほんでいきる　外国からきた子どもたち
毎日新聞取材班編
◎1600円

「発達障害」とされる外国人の子どもたち
フィリピンから来日したきょうだいをめぐる、10人の大人たちの語り
金春喜著
◎2200円

日常生活に埋め込まれたマイクロアグレッション
人種・ジェンダー・性的指向：マイノリティに向けられる無意識の差別
デラルド・ウィン・スー著　マイクロアグレッション研究会訳
◎3500円

無意識のバイアス　人はなぜ人種差別をするのか
ジェニファー・エバーハート著
山岡希美訳、高史明解説
◎2600円

ヘイトスピーチ　表現の自由はどこまで認められるか
エリック・ブライシュ著
明戸隆浩、池田和弘、河村賢、小宮友根、鶴見太郎、山本武秀訳
◎2800円

日本社会のヘイトスピーチ
在日コリアン弁護士から見た差別の歴史からネット被害・大量懲戒請求まで
金竜介、姜文江、在日コリアン弁護士協会編
◎2200円

〈価格は本体価格です〉